日本のドン
血と弾丸の抗争

大下英治
Eiji Ohshita

さくら舎

はじめに――ドンの〝正体〟に迫る

私がヤクザの世界を描くようになったきっかけは、稲川《いながわ》会の稲川聖城《せいじょう》会長をモデルにした東映映画『修羅《しゅら》の群れ』の原作を書くように頼まれたことによる。

稲川会長が、住吉連合のように東京でもなく、山口組のように神戸でもない、神奈川県湯河原からスタートしながら、ついには巨大な組織にどう成長しえたのか、にも強い興味を抱いた。

私は、さっそく、俊藤浩滋《しゅんどうこうじ》プロデューサーと稲川会の本拠である熱海に行き、稲川会長と会った。なにより体のいかつさに驚いた。腕も巨木のように太い。

〈おそらく、若いときの稲川会長と一対一で素手で戦ったら、勝てる者は少なかったろうな〉

稲川会長とは、十数回は会い、半生について聞いた。稲川会の幹部もほぼ全員取材した。

稲川会長が、右翼の大立者児玉誉士夫と手を組み、児玉の力の源泉になっていくことにも興味津々であった。――そうした取材を基に《第一章》が語られていく。

《第二章》については、『修羅の群れ』の出版後、稲川会の新年会のパーティーで、出所してきたばかりの稲川会の石井《いしい》隆匡《たかまさ》理事長に会ったことに始まる。まわりを黒服の若い衆が取り囲んでいたが、石井理事長はまるで彼らとは異なった雰囲気を醸《かも》し出していた。まるで大銀行の頭取か、ビッグビジネスの幹部を思わせた。白髪で、表情も実に穏やかであった。

のちに石井は二代目会長となり、自民党の実力者竹下登が中曽根康弘総理の後継総理になることを防ごうとした皇民党の〝ほめ殺し〟をやめさせ、竹下総理就任を助ける。

石井二代目会長は、ヤクザに満足せず、親しくしていた国際興業の小佐野賢治社長のような事業家になることを目指していたのだ。

稲川会の二人の「首領《ドン》」は、タイプを異にした。稲川聖城はいわば「任侠ヤクザ」で、石井隆匡は「経済ヤクザ」といえよう。

《第三章》は、私のふるさと広島のヤクザについてだが、彼らが「仁義なき戦い」といわれる戦いを繰り返したのは、実は広島に投下された原爆と大きなかかわりがある。原爆により、戦前からの大物親分たちが死んだ。そのため、新しく力を持った者が勝利者となるいわゆる「下克上」が起こったのである。

私は、その下克上を戦い抜いた共政会三代目の**山田久**《やまだひさし》会長を一年にわたり取材し続け、『広島ヤクザ戦争』を描いた。

この作品は、いっぽう、広島の対立する組が、それぞれ神戸の山口組と対立し続けている本多会の二つの組に援軍を頼んだせいで、神戸の対立する二つの組の広島進出をめぐる代理戦争の様相を呈した歴史ともいえる。

《第四章》は、私が『週刊文春』のいわゆる「トップ屋」時代、「ホテルニュージャパン」の火災でクローズアップされた横井英樹社長の取材に動いた際、のちに俳優として活躍した**安藤昇**《あんどうのぼる》安藤組組長と会ったことに始まる。

私は、取材を終えたあとも彼に親しみ、当時赤坂にあった安藤さんの事務所に顔を出すようになった。

安藤さんは、いわゆる「インテリヤクザ」で、人間通であり、自らの自伝も書くほど文章も上手で、教養も深かった。話にユーモアもあった。

静かに笑うとき、若き戦後の焼跡闇市時代に斬られた左頰の深い傷跡が動くのが印象的であった。

のちに私も門下生である評論家の大宅壮一さんが、安藤さんに頼まれた色紙にその傷を見て、こう書いたものである。「男の顔は履歴書である」。この色紙はまた、それにより加藤泰監督が、安藤さん主演で『男の顔は履歴書』を製作するきっかけともなった。

その後、私は『週刊文春』を離れ、安藤さんの半生『小説安藤昇』『実録・安藤組解散　さらなる戦い』を上梓。さらに安藤さんとは、亡くなる前まで酒を酌み交わし続けた。老いてもなお、俠の色気のある魅惑的な人であった。

《第五章》は、美空《みそら》ひばりの生前、私が『週刊新潮』に一年近く連載し、上梓した『美空ひばり　時代を歌う』に基づく。

ひばりは、山口組の『神戸芸能社』のトップスターであっただけでなく、山口組の勢力拡大の強力な武器でもあった。

山口組三代目の田岡一雄《たおかかずお》組長は、ひばりの公演には、ほとんど同行していた。日本最大の暴力団の組長がなにゆえひばりの公演に欠かさず同行していたのか、単にひばりがかわいいという意味だけではなかった。田岡にとって、ひどくメリットがあったのである。ひばりの興行が打てれば、その興行にかかわれる地元のヤクザは大儲けできる。したがって、ひばりを抱えている山口組に頼み込み、興行を打った。

田岡組長は、その要求を受ける代償として、地方のヤクザの組と山口組との盃を交わしていった。このようにひばりの興行は、山口組の全国制覇の大きな武器であった。

ときに、この作品で描いたように、反山口組の地方のヤクザの組がひばりの興行を襲撃し、もし田岡組長がその場にいなければ、代理としてひばりを殺そうという動きもあったのだ。

まさに、田岡組長は、ひばりと二人三脚でのしあがっていったのである。

大下英治

【目次】日本のドン　血と弾丸の抗争

口組と正式縁組／ひばりをめぐり山口組VS稲川会の一触即発／山口組と姉ひばりの狭間に揺れる小野透／山口対稲川の抗争防止で小野を逮捕／ひばりの興行に影落とす広島戦争／新レコード会社クラウンの紛糾／神戸芸能から離れる「新宿コマ劇場」構想／小林旭・美空ひばり「理解離婚」／「かとう哲也締め出し旋風」と〝五本の矢〟論／ＮＨＫ紅白歌合戦に美空ひばり落選／田岡一雄の死と美空ひばりの弔辞

日本のドン　血と弾丸の抗争

第一章　激闘篇――稲川聖城と児玉誉士夫

弱い者に油断はない

〈はじめに〉にも記したように、私（筆者）が稲川聖城《いながわせいじょう》稲川会会長と初めて会ったのは、東映の山下耕作《やましたこうさく》監督の映画『修羅《しゅら》の群れ』の原作を書くためであった。

東映の岡田茂《おかだしげる》社長が、稲川会長の半生を映画にしようということで、その原作を私が書くことになった。

岡田社長は、こう言った。

「稲川会長は、山口組の田岡一雄《たおかかずお》三代目と並ぶ日本の首領《ドン》だ。関東のヤクザ、いや日本のもう一つの戦後史でもある。とことん話を聞き出せば、スケールの大きいドラマになる」

私は、さっそく俊藤浩滋《しゅんどうこうじ》プロデューサーと銀座の料理屋で会い、話を詰めた。

俊藤さんは、それまで山下耕作監督の『博奕《ばくち》打ち総長賭博《そうちょうとばく》』や、加藤泰《かとうたい》監督の『明治侠客伝　三代目襲名』など任侠映画の傑作を作っている。実録ヤクザ映画『仁義なき戦い』も、俊藤プロデューサーの手になったものである。なお『緋牡丹博徒《ひぼたんばくと》』の矢野竜子を演じた藤純子《ふじじゅんこ》（現・富司純子）さんは、俊藤プロデューサーの娘さんである。

俊藤さんは、この映画の狙いについて熱っぽく語った。

「任俠映画も飽きられ、『仁義なき戦い』のような実録路線も撮ったが、これまた、殺伐としすぎて、飽きられかけている。そこで、タッチは実録調で、しかし、任俠の魂を残した映画を作りたいのや。そのためにも、任俠の魂を、あなたのドキュメンタリータッチで描いてほしいのや」

私は、それまで描いてきた財界や政界でない、ヤクザの世界、それもその頂点を極め「首領」とまで呼ばれる人物に興味を抱いた。稲川会長が、住吉連合のように東京でもなく、山口組のように神戸でもない、神奈川県湯河原からスタートして、熱海を本拠としながら、稲川会をいかにして巨大な組織に成長させたのか、にも興味があった。

私は、さっそく、俊藤プロデューサーと稲川会の本拠である熱海に行き、稲川会長と会った。稲川会長は、このとき六十八歳であったが、なにより体のいかつさにおどろいた。腕も太い。

私は、一撃で牛を殺したといわれる「ゴッドハンド（神の拳）」の大山倍達《ますたつ》極真空手総裁に取材し、『風と拳』という作品を描いていた。稲川会長にも、大山倍達に通じる肉体的迫力を感じた。

〈おそらく、若いときの稲川会長と一対一で素手で戦ったら、勝てる者は少なかったろうな……〉

やはり、一対一で向かい合ったとき、相手にどれほどの脅威を与えるかは、力の世界で生き抜くためには必要なことであろうと思った。

取材を通じ、若いころは「モーさんと呼ばれるほど、獰猛《どうもう》な一面が露《あらわ》であったこともわかった。

なにしろ、博打《ばくち》の最中、天井から女郎蜘蛛《じょろうぐも》が降りてくるや、ふいに手を伸ばし、パクリと口に放り込み、ムシャムシャと食ってしまったという。これも、若き日の彼ならではの「稲川は何をしでかすかわからない」というパフォーマンスの一つといえよう。

荒くれ者ゆえ、敵も多かった。彼の活躍を嫉妬する仲間に、夜道で鉈《なた》で襲われ、頭を割られている。が、奇跡的に命をとりとめた。

彼は、襲われたとき、とっさに右手で頭をかばった。そのせいで、右手の人差し指が切れた。

稲川会長は前かがみになり、私に頭も見せた。頭には、鉈で割られた傷跡が、ナマナマしく残っていた。

稲川が襲われてから二、三日後に見舞いにきていた横山新次郎《よこやましんじろう》は、いくらか落ち着いた稲川にしんみりと言った。

「強い者に油断はあっても、弱い者に油断はねぇ……この言葉をよく肝に銘じておけよ」

稲川は、心の中で繰り返した。

〈強い者に油断はあっても、弱い者に油断はない……〉

横山は、説明を続けた。

「弱い者はよ、面と向かっちゃ強い者にかなわねえ。騙《だま》し討ちでも、飛び道具でも持ってきて襲いかかる。強い者は、つい強いという慢心ゆえに油断をする……」

この言葉は、稲川の胸にしみた。のちのち、何度このときの横山の言葉が思い返され、役立ったかしれないという。

稲川聖城

大きな器

私は政界、財界をはじめとしたさまざまな世界の作品を描くが、政治家に対しながら、ふと思う。

〈この人は、ヤクザの世界に入っていたなら、トップになれていたであろうか。頭はいいが、度胸がなさすぎる……〉

逆に、ヤクザと会うとき、ふと思う。

〈この人は、政治家になっても成功しているであろうか……〉

私は、何人ものヤクザの親分たちに会ったが、稲川聖城は、政治家になっていても、間違いなく首領と呼ばれる存在になっていたと思う。

稲川会長は、取材中、私に言った。

「いま、物書きとして、いわゆる売り出し中でしょう。おれは、売り出し中のときには、全国の賭場を歩き、顔を売った。そのときには、無理をしても大金を張ったもんだ。おッ、稲川は大銭《おおぜに》打ちだな、と目立った。しかし、勝ったときには、そのまま引き揚げることはしなかった。かならず、賭場の若い衆たちにチップをはずんで、気分よくさせて引き揚げたもんだ」

私は、稲川会長に十数回会い、取材を続けたが、その取材には、かならず俊藤さんが同行した。いい映画にしたいという鬼のような執念であった。

いまから振り返って、冷や汗の出る場面があった。翌朝の十時から、熱海で稲川会長の取材が入っていた。ところが、週刊誌の連載がなかなか思いどおりに進まず、ついに一睡もできなく徹夜となってしまった。私は、新幹線で熱海に向かいながら、さすがに不安にかられた。

〈取材中、もしウトウトし始めたら、どうしよう……〉

相手は、人の震え上がる「首領」である。いくらこれまでの取材で最初の緊張感は解けてきたとはいえ、その取材中に目の前でウトウトしたら、いったいどうなるか。

朝の十時から、いよいよ取材を始めた。この日も、俊藤さんが同席していた。

私は、テープレコーダーを回しながら、質問を続けるうち、恐れていることが起こった。眠気《ねむけ》が、どうしようもなく襲いかかってきた。

〈いけない……〉

私は、右脚の太股を抓《つね》った。が、それでも眠気はおさまらない。それどころか、執拗《しつよう》に眠気は襲いかかってくる。私は、血の滲《にじ》むほど太股を強く抓った。なお、眠気は襲いかかり続ける。

さすがに俊藤さんも気づき、私に代わって質問を続ける。

稲川会長に同席している森泉人副理事長は、大親分の前でウトウトする物書きが許しがたかったらしい。顔を真っ赤にして怒りを露にしている。私にも、はっきりと森副理事長の殺気立った雰囲気が伝わってくる。

俊藤さんも、さすがに困惑している。私は、体に脂汗《あぶらあせ》が滲んでくる。それでも、眠気は消えない。森副理事長の怒りの表情は、ついに爆発寸前となった。

そのとき、稲川会長が、ひと言、言った。

「物書きは、大変だなあ。昨夜徹夜したんだろうが、ふつうなら、徹夜だったので、取材の日時をずらしてほしいと言うのに、無理を押してこうして頑張っている。いや、頭が下がる」

そのとたん、森副理事長の怒りが、その顔からスッと引いた。

稲川会長が、一瞬間をおいて言った。

「早めだが、昼食にしよう。取材は、午後の一時半からにしよう」

私は、ホッとした。

それまでは、昼の十二時から一時間食事して、午後の一時から取材に入っていた。が、稲川会長は、午後の取材の時間も一時半からとずらし、私の眠気を覚ます余裕を与えてくれたのである。

私は、早めに食事を終え、午後一時半からの取材まで、仮眠を取り、午後の取材は、まともに質問ができた。

さすが大親分にまでなる器の大きさを見た思いであった。

稲川会長は、取材中、他の組との抗争について触れることもあった。私とすれば、実に興味深い場面であった。が、ときに、こう釘を刺すこともあった。

「今の話は、注意して書くように。他の組を踏み台にして、ウチの組を浮かび上がらせることになる。いくら事実であっても、それじゃあ、渡世の筋をたがえることになる」

ヤクザ小説は、書いたあとで、厳しく書かれた組や人間が、本を回収しろと怒鳴り込んできたり、「ただじゃおかねえぞ」と、脅しをかけてくることがある。

私も、別のヤクザ小説で「命を取る」と地方から脅しに来られたこともある。ある組の親分が語ったことをそのまま書いたのだが、屈辱を受けた破門された組員が、私を許せないと追ってきたのだ。その点、『修羅の群れ』では、書いたあとの揉《も》め事《ごと》はなかった。そういうのちのちのことも配慮しながら、稲川会長が語っていたせいもあるのだろう。

なお、小説のタイトルは、俊藤さんと何度も話し合った。

私は、一点にこだわった。

「修羅場をくぐってきた首領の話ですから、修羅は使いたいですね」

結局、修羅場をくぐり続けた男たちの群れ、その群れを統率する親分というニュアンスで、『修羅の群れ』と決定した。

任侠ヤクザと経済ヤクザ

稲川会二代目会長の石井隆匡《いしいたかまさ》は、私が『修羅の群れ』を『アサヒ芸能』に連載しているときには、刑に服していて娑婆《しゃば》にはいなかった。「韓国賭博ツアー事件」で昭和五十三年十一月、警視捜査四課に逮捕されていたのである。

代わりに石井夫人に取材した。興味深かったのは、横須賀の山手にある石井邸であった。他の幹部たちの邸や、会の事務所では、将棋の大きい飛車や角の駒が飾ってあったり、まるで生きているかのような虎の置物が睨《にら》んでいた。ところが、石井邸は、まるでフランスのシャトーに入り込んだような雅《みやび》さであった。ロココ調の戸棚の中には、ワイングラスが光っていた。

『修羅の群れ』の連載が終わって何年目であったろうか、あるパーティーで、出所した石井理事長に会った。まわりを黒服の若い衆が取り囲んでいたが、石井理事長はまるで彼らとは異なった雰囲気を醸《かも》し出していた。まるで大銀行の頭取か、ビッグビジネスの幹部を思わせた。白髪で、表情もおだやかである。

軽い立ち話で、突っ込んだ話はしなかったが、あとで二代目会長となってから「皇民党ほめ殺し事件」の自民党の金丸信《かねまるしん》とのかかわりなど周辺取材を進めていくうち、私が頭取のようだと感じたのも無理はなかった。石井二代目会長は、ヤクザだけでなく、親しくしていた国際興業《こくさいこうぎょう》の小佐野《おさの》賢治《けんじ》社長のような事業家になることを目指していたのだ。

二人の「首領」は、タイプは異なった。稲川聖城は、いわば「任侠ヤクザ」で、石井隆匡は、「経済ヤクザ」といえよう。

横山新次郎との出会い

稲川角二《かくじ》（のち聖城）は、大正三年十一月三日、横浜市西区浅間町に生まれた。

昭和八年ごろ、浅間町で柔道を教えていた吉岡日露史の門弟となった。

やがて、片瀬の堀井一家三代目加藤伝太郎親分のもとで修業を始めることになった三日目の朝のことであった。

「おい、稲川という若い衆は、どの男だ」

大声が家の中に響き渡った。

「はい、私です」

稲川は、廊下をへの字になって這いつくばるようにして拭き掃除をしていた。

顔を上げると、前に着流し姿の男が立ちはだかっていた。立ちはだかるといっても、大男が立ちはだかっていたわけではない。額がやけに広い。五尺足らず、いまでいう一メートル五〇センチくらいの背の低い、五分刈りの男であった。眼つきからして、精悍な顔をしている。頭はよさそうであった。先輩たちが、しきりに〝天一坊〟と呼んでいたのがこの男であることは、ひと目でわかった。

「おれは、横山新次郎っていうんだ」

小男のくせに、えらく威勢がいい。見るからに生意気そうである。

〈柄《がら》の小せえくせに、やな野郎だな……〉

血気盛んな稲川の、横山との初対面の印象であった。

横山は、掃除が終わって一服している稲川のところに再びやって来て言った。

「おい稲川、この世界の言葉に、『馬鹿でなれず、利口でなれず、中途半端じゃなおなれず』っていうのがある。生半可な修業じゃあ、男は磨けねえぞ。あとでこの言葉の厳しさがわかってくるだろう。よくおぼえておくんだな」

あとでまわりの者に訊いてわかったことだが、横山は、明治三十六年八月十四日生まれ。稲川より、十一歳年上であった。

不死身の男

加藤伝太郎の代貸《だいがし》山本信治が縄張りとしてあずかっているのが、横浜保土ヶ谷の賭場であった。

山本は、加藤の代貸のなかでも、親分の信頼がもっとも厚かった。堀井一家四代目の最有力候補といわれている。

博打好きの稲川は、長井誠造を連れ自分で張りに来たのであった。

加藤親分の代貸である山本信治の子分である郷三助の眼は、ぎらぎらと燃えていた。

〈今夜こそ、やつを始末する絶好の機会だ……〉

郷は、心の中でほくそ笑んでいた。

〈いま始末しておかなければ、あとあとやつに頭を押さえつけられるようになってしまう……〉

そう信じ、稲川を始末する機会を狙っていた。

郷三助は、〝ドモ誠〟と言われた長井誠造と闇の中へ消えて行った。

稲川は、賭場の帰り、片瀬まで夜道を急いでいた。御堂のそばを通りすぎたとき、ドモ誠が、鉈を振りかざし、振り下ろしてきた。

〈ど、どうして、てめえが……〉

稲川の脳天が割れた。グシャッという音が、自分でもわかった。眼の前が、激しく揺れた。地面に、くずおれた。

稲川は、無意識のうちに、利き手の右の手のひらで脳をかばっていた。鉈が、その上から振り下ろされた。右の人差し指が切れかけ、右耳に刃が流れた。

稲川はそれでもなお、郷に向かっていった。人差し指のぶらぶらする右手で、郷の鉈をもぎ取った。

今度は自分で鉈を振り上げた。一歩二歩と前へ進んだ。稲川の血にまみれた形相は、まさに悪鬼のようであった。

稲川も、気力でもったのはそれまでであった。鉈を持ったまま、ばったりと前に倒れた。

稲川の兄貴分である横山新次郎は、稲川の変わりはてた姿を見て、なかばあきらめかけていた。

〈こいつも、一巻の終わりだろう……〉

稲川を、病院に運び込んだ。麻酔もしないで六十数針縫った。縫う途中で、稲川が「ううッ……」とうめき声をあげた。意識が回復したのである。

院長も、驚嘆した。

「この男は、不死身ですよ……」

二百二十日、激しい暴風雨の夜であった。ときおり稲妻が光り、地が裂けたような轟音が響き渡る。稲川は、病室の窓から裏庭に飛び降りた。庭に生えていたヤブガラシの陰に身を潜め、あたりの様子をうかがった。誰にも気づかれた気配はない。着流し姿であった。頭には包帯を巻いたままであった。右手には、長ドスを持っていた。

病院の塀に上るや、外の道に飛び降りた。

稲川は、まず郷を刺し殺すつもりであった。もし山本信治が止めに入るようなら、山本も刺し殺してもいい。そう肚《はら》に決めていた。ドモ誠のような三下は、どうでもよかった。

小走りに進み、大きな欅《けやき》の木の下に来たとき、ふいに声がかかった。

「稲川、待て」

振り返ると、横山であった。

横山には、今夜あたり稲川が出かけるだろうとの察しがついていた。

「兄貴……」

横山は、稲川に言った。

「どうしても、行くのか……」

稲川は、横山の眼を見た。鋭い光の底に、やさしさがあふれていた。

「なあ、稲川、我慢しろ……」

横山は、雨に濡れた稲川の肩を抱くようにして言った。

「殺そうとしたやつを殺《や》るのは、わけはねえ。しかし、あんなくだらないやつのために、おまえを長い懲役にやるのはしのびねえ……」

横山は、稲川の肩を強く摑《つか》んだ。

「殺るだけが、男の道じゃあねえ。我慢することも、男の道だ」

「兄貴……」

稲川は、横山の言う言葉をぐっと嚙みしめ、こめかみを震わせながら聞いていた。

モロッコの辰

出口辰夫は、通称〝モロッコの辰《たつ》〟と呼ばれていた。戦前、『モロッコ』というアメリカ映画が、日本で大ヒットした。出口は、男のゴミ捨て場のような外人部隊の崩れた雰囲気に、強く惹《ひ》かれた。少年ながら、ゲイリー・クーパーとマレーネ・ディートリヒの恋に胸をときめかせた。

〈いつ死んだっていいが、死ぬ前に一度だけ、おれもモロッコに行ってみてえ……〉

そう思い続け、まわりの者にその夢を語り続けていた。いつの間にか、彼は〝モロッコの辰〟と呼ばれるようになっていたのである。

生まれは神奈川県の鶴見であったが、浅草を中心に、横浜、東海道を愚連隊として暴れ回っていた。愚連隊仲間では、小田原生まれの井上喜人と二人でコンビを組み、京浜地区から東海道にかけて名がとどろいていた。

昭和二十一年に、二人はそれぞれ傷害、恐喝などで横浜刑務所に収監された。モロッコが一年で、井上が三年の刑であった。

モロッコは、昭和二十三年の三月、娑婆に帰るや前以上に暴れ始めた。このとき二十六歳であった。

モロッコは、湯河原の旅館「静山荘」二階の賭場に座っていた。真っ白い背広を着ていた。進駐軍から流れたモダンな背広であった。しかし、小柄ゆえに寸法が合わず、衣紋掛けが突っぱったような感じであった。子分の田中敬を連れて、金を借りては張っていた。

負けがこむや、モロッコは背広の内ポケットから二挺の拳銃を取り出した。

そこに、一人の男が入ってきた。着流し姿であった。男は、その場の雰囲気で賭場荒しだなと、すぐにわかった。男は、背筋をぴんと伸ばし静かに座った。

男は、じろりとモロッコを見た。威圧感のある視線だった。稲川であった。

賭場は一瞬、静まり返った。稲川は、じっとモロッコと拳銃を睨んでいたが、おもむろに懐に手を入れた。胴巻きから百円札の束を取り出し、モロッコの前にぽんと放り投げた。

「おい、ここは、喧嘩場《けんかば》じゃやねえ」

モロッコの前に放った札は、相当な額であった。

モロッコは、大きな眼をひん剝《む》いて稲川を見た。貫禄の差はかくせない。何か得体の知れない威圧感に、モロッコのほうが、度肝を抜かれた。

モロッコは、いつの間にか拳銃を懐にしまった。モロッコほどの愚連隊でも、この場は逆らわずに、そうするしかなかった。

モロッコは、そのまま入口に向かった。

障子に手をかけようとしたとき、ふり返って、稲川に声をかけた。

「どちらの親分ですか……」

稲川は、ぴんと背筋を伸ばして座ったまま、モロッコをじろりと見た。

虎の眼を思わせる、らんらんと燃える眼であった。心の奥の奥まで見すかしてしまうような、独特の恐ろしさを持つ眼であった。

稲川は、静かな低い声で言った。

「いたずらの場所で名乗るほどのこともねえ。客人に迷惑だ。文句があるなら、いつでも来い！　稲川だ」

モロッコは、あらためて稲川にジッと見入った。

ひと言も言えずに、頭を軽く下げた。それからくるりと背を向け、田中を連れて賭場を出ていった。

「世間には、変わったやつがいるな……」

モロッコは、ひとり言でつぶやいた。

田中には、どうしても信じられなかった。これまでモロッコの兄貴がこういう場合でひと暴れしないで席を立ったことはなかった。それなのに、おとなしく引き下がった。

〈いったい、モロッコの兄貴に、どういう心境の変化があったのか……〉

井上喜人の出所

昭和二十三年八月十三日、群馬県前橋刑務所の低い、赤レンガの塀の前にトラックが二台、国産のポンコツ自動車が二台横づけになっていた。百人近い、当時はやりだしたリーゼントスタイルの若者が、そのそばにならんでいた。

若者たちの中心に、モロッコの辰がいた。モロッコは、苛々《いらいら》しながら刑務所の門の開くのを待っていた。隣りに、田中敬がいた。

兄弟分の井上喜人が、三年の刑を終えて出てくる。その放免に集まってきたのであった。

井上とは、少年院時代からの仲間であった。井上は小田原の出身で、鳶職《とび》の息子であった。子供のころから手のつけられない暴れ者で、十五歳のころから、たびたび警察ざたを起こしていた。その後、少年院を出たり入ったりの生活であった。

二人が知り合ったのも、少年院の中であった。モロッコのほうが、井上より二つ年上であった。

昭和二十一年、二人そろって横浜刑務所に収監されたが、すぐに二人で横浜刑務所を支配した。

刑務所の中には千二、三百人の囚人がいた。戦後間もないころで、手のつけられない愚連隊どもがそろっていた。喧嘩が絶えず、食糧事情なども悪く、いつ暴動が起きるかもわからない状態であった。それなのに、囚人の数の多さに比べて、看守の数は少なかった。囚人を抑え込める力はなかった。

そのなかで、囚人どもを支配していたのが、井上とモロッコであった。二人に逆らう者があれば、半殺しの目にあわせた。

ところがそのうち、モロッコと井上の二人を同じ刑務所に置いておくと、大きな事件が起きかねない、ということから、井上は、ついに前橋刑務所に移送されたのであった。

井上の出所から数日後の夜、浅草の料亭で、井上の放免祝いが開かれた。

上座に座った井上が、ビールを飲みながらモロッコと、これからの娑婆での生き方について話し合っていた。モロッコが言った。

「兄弟よ……いま、横浜は『京浜兄弟会』と呼ばれるグループがのしてきている。強力な博徒の親分七人が、おたがいに手を結んでしまったのさ。おれと、ムショから出てきた兄弟の命を取ろうって、おれたちを狙ってるぜ」

当時の横浜は、博徒の鶴岡政次郎、藤木幸太郎、笹田照一という戦前からの有名な親分とそれに連なる鶴岡町の雨宮光安、伊勢佐木町の秋山繁次郎、神奈川の滝沢栄一、高島町の高橋鶴松、鶴見の山瀬惣十郎、海岸の外峯勇、鶴屋町の漆原金吾の新興親分七人が兄弟分の縁を結んで、「京浜兄弟会」をつくり、勢力を誇示していた。

井上の細い切れ長の眼が、ぎらりと刃物のように光った。

「おお、命を取るっていうなら、取ってもらおうじゃねえか！」

まわりの子分どもがびっくりするほどの大声であった。

モロッコは、ぐいとビールをひと飲みすると、井上の肩に手を置いた。

「実は、兄弟に会わせたい男がいるんだよ」

井上は、別に興味もなさそうにビールを飲んだ。

「湯河原に、稲川って、いま売り出している親分がいるんだ。なんとも肚《はら》の据わった男で、その稲川が、近々熱海の縄張りをもらって跡目に座るという噂がある。おれもあることが縁で、何度も会っている。実にいい男だ。兄弟、この際どうだ、おれたちはこの男の舎弟になろうじゃないか」

二人の若い衆

モロッコと井上は、稲川が本拠としていた「下田旅館」の二階の奥の右手の部屋に通された。

モロッコは、相棒の井上喜人を稲川に紹介した。

「私の兄弟分の井上喜人です。つい先だって前橋刑務所から出たばかりですが、今後とも、よろしくお願いします」

稲川は、あらためて井上を見た。切れ長の細い鋭い眼をしていた。

稲川は、若い衆の長谷川春治を呼んで、何か耳打ちした。長谷川が「はい」と答えて、下に降りていった。

やがて祝儀袋に包んだものを持ってきた。稲川は、それを受け取って、井上の前に静かに置いた。

「長いこと、ご苦労だったな。垢落《あか》としの足しにでもしてくれ……」

ムショの味は、ヤクザも愚連隊もいっしょであった。

井上は、初対面の稲川から思いもよらぬ情のこもった金を渡され、一瞬とまどった。

二人が、丁重に礼を言ったあと、モロッコが急にかしこまって言った。

「親分、わたしたちを舎弟にしてください」

稲川は、舎弟分と聞き、きっぱりと言った。

「おれは、この渡世では兄弟分も舎弟分も、持たない……」

稲川の本心であった。

兄貴分の横山新次郎に、じっくりと言われたことがある。

「稲川よ、おまえが兄弟分を持てば、おまえの若い衆が伸びられなくなる。兄弟分を持つのはやめろ」

兄貴の言ったことが、稲川の心にしみていた。

稲川は、モロッコと井上を見た。

モロッコが返事をする前に、井上が坊主頭を下げていた。

「いや、舎弟分ではなく、若い衆でけっこうです！　親分に命をあずけます」

井上は、すっかり稲川に惚れ込んでいた。

こうして二人は、稲川の若い衆になった。モロッコ、井上についていた子分たち百数十名もいっしょに稲川の傘下に入ったわけである。これによって、稲川の勢力は、関東でも揺るぎないものとなっていった。

モロッコは、稲川親分のためにならいつでも鉄砲玉として死ぬ気であった。親分を思う気持ちは、組の誰にも負けないつもりであった。

モロッコは、愚連隊時代と同じ気持ちで賭場を荒し回っているのではなかった。

モロッコは、モロッコなりに計算して賭場を荒し回っていた。愚連隊時代は、どんな賭場であろうと、金にさえなれば荒していた。しかし、稲川の子分になってからは、荒す賭場の狙いをつけていた。稲川より力の低い親分の賭場へはいっさい出入りしなかった。当時、世間的に稲川より力のあるとされていた親分衆の賭場ばかりを荒し回っていた。

これから稲川が男として伸びてゆく前に立ちふさがるであろう、京浜兄弟会の博徒七人衆の賭場をとくに狙っていた。

モロッコは、七人兄弟たちの賭場で暴れ回りながら暗黙のうちに彼らにこう言っていた。

〈てめえら、下手に稲川に逆らうと、反対に手痛い目にあうぜ……〉

あえて七人兄弟の賭場を荒し回ることは、モロッコの稲川親分への惚れ込みの証《あかし》であった。

モロッコは、一人になると、いつもおのれに言い聞かせていた。

〈おれにはおれのやり方でしか、親分に尽くせねえんだ……〉

稲川は、昭和二十四年春、熱海を縄張りとしている山崎屋一家の親分石井秀次郎の跡目を継いだ。

石井隆匡の賭場

のちに稲川会二代目会長となる石井隆匡は、大正十三年一月三日生まれ、横須賀生まれの横須賀育ちであった。

田浦の蕎麦《そば》屋の長男として生まれたが、県立鎌倉中学時代には、すでに不良グループのリーダーとして頭角をあらわしていた。喧嘩が強い、というだけではなく、何か人を惹きつけるものを持っていた。いつの間にか横須賀の不良グループのなかではもっとも勢力のあるグループにのしあがっていた。配下も、三十人ぐらいを率いていた。

昭和十八年、武山海兵団に入団した。その直前には、石井のグループは、百五十人にふくらんでいた。舎弟に宮本廣志を加えたことが大きかった。当時、横須賀は横須賀海軍工廠があり鎮守府があった。そこに徴用で来た者のうち荒くれ連中のほとんどを、宮本が舎弟に引き込んだのであった。

そのため、石井が兵隊に行くときには、大変な数の餞別《せんべつ》が集まった。

敗戦を迎え、石井は、このグループを率い、横須賀の石塚儀八郎の若い衆になった。

石塚は、博徒というより、港湾荷役の親方であった。石塚は、横須賀四親分の一人、笹田照一の若い衆であった。いわゆる「双愛会」系の親分として、横須賀や三浦半島の一部を縄張りとしていた。

石井の勢力はふくれあがっていった。昭和二十九年の暮れには、五、六百人になっていた。

モロッコの辰は、石井のことを「石井さん」と呼び、石井は、モロッコの辰のことを「辰ちゃん」と呼んでいた。

だがある日、石井が拠点としていた横須賀市大滝町の二階建ての古い一軒家を借りた事務所に、モロッコの辰が顔を出した。モロッコの辰は、大胆不敵な笑みを浮かべた。

「石井よ、おれの舎弟になれよ！」

血の気の多い宮本は、食ってかかった。

「ふざけんな、この野郎！」

そのようなときでも、石井は、宮本を止める立場をとった。

「宮本よ、我慢しろ」

それから数日たって、モロッコの辰と兄弟分であった井上喜人が石井のもとを訪れた。

「石井さん、兄弟分にならないか」

井上は、冷静で、生き方が上手だった。井上の魅力に惹かれて、舎弟も増えた。山田芳彦、山川修身ものちに井上の舎弟となった。

ヘロインの打ち過ぎから体を蝕まれていたモロッコは、ふとんにおとなしくして寝ているのがいやで、川上三喜を連れ、石井の賭場に顔を出した。モロッコは、モロッコハットをかぶったまま賭場に座った。頬はげっそりと落ち、眼だけがぎらぎらと異様に燃えていた。

それでも、相変わらず威勢はよかった。少しばかりの持ち銭を取られると、代貸である石井から回してもらっていたが、いっこうに目が出なかった。

最後に、宮本がモロッコのそばに行き、耳元でささやいた。

「回銭がなくなりましたので、今日のところは、このへんで……」

賭場には、たくさんの客が来ている。ここでモロッコたちに暴れられては、客に迷惑がかかる。しかし、モロッコは聞く耳を持たなかった。

「なにィ……」

モロッコは、宮本の顔を睨みつけた。

「てめえ！　誰に向かって口をきいているんだ！」

モロッコは、ぐずり始めた。

ちょうど、そのとき、井上喜人が賭場に入って来た。井上はモロッコの顔を見て、賭場に流れる異様な雰囲気を感じ取った。

井上は、モロッコに言った。

「おい、兄弟……体が悪いんだ。休んだほうがいいよ……」

それから、モロッコのうしろに座っていた川上三喜に命じた。

「おい、兄弟を連れて帰れ！」

川上は、井上に言われ、モロッコの体を支えるようにして出ていった。

モロッコが部屋から出ていくと、井上は、石井に詫びて言った。

「兄弟がわがままを言って、悪かったな……」

石井は、澄んだきれいな眼を井上に向けて言った。

「井上さん、わかってます……」

宮本は、モロッコの辰を殺ってしまおうと何度も考えた。

そんなおり、宮本らの動きを察した石井は、静かに諭した。

「みんな、早まったことだけはするんじゃねえぞ。無理に体を懸けることはない。自然消滅って言葉もあるからな……」

石井は、昔から、「やれ！」と命じることはなかった。何事《なにごと》も、手綱を制するほうであった。武闘派というよりも、頭を使うほうであった。

石井の言葉どおり、モロッコは、昭和三十年一月十日に死んだ。喀血《かっけつ》して果てた。宮本らが手を染めるまでもなかった。

井上、石井が兄弟分に

稲川を施主としたモロッコの盛大な葬儀が終わった一週間後、井上喜人は、さっそく横須賀市内の料亭の一室で、石井に会った。

せっかくモロッコが開拓し楔《くさび》を打ち込みかけていた横須賀への縁を切りたくなかった。

そうした意味もあって、なんとしてでも石井と兄弟分の盃を交わしておきたかった。

井上は、石井にしんみりした口調で言った。

「モロッコの生前は、いろいろと迷惑をかけてすまない」

「いや……モロッコという人は、亡くなってみると、いっそう懐かしさの増す人ですよ」

しばらくモロッコの話をしたのち、井上が石井の眼を覗《のぞ》き込むようにして言った。

「石井さん、どうです。私と兄弟分の縁を組みませんか」

石井は、井上の眼を真っすぐに見返して言った。

「井上さん、あなたに兄弟分の縁を、と言われて身にあまる光栄です」

石井は、井上に感謝していた。これまでモロッコの軍団が暴れるたびに、井上が陰で、

「おい、石井のところだけは、暴れるのをやめておけよ」

と注意していることを耳にしていた。

それに、井上に親近感をおぼえていた。かつて井上がモロッコと横浜、東海道を愚連隊のリーダーとして暴れ回っているころから、一種の憧れの眼で井上を見ていた。

モロッコの単細胞的純情さも好きであったが、井上の頭の切れには、敬服していた。

「井上さん、個人的には、いますぐでも兄弟分の盃を交わしたい気持ちです。しかし、ご存じのように、私には石塚という親分がいます。石塚は、笹田照一の系統です。それらの繋がりから、いまは、盃を交わすことはできません。いずれ盃の交わせる時期になりましたときには、こちらからお願いにまいります」

井上は、深くうなずいた。

「わかった。兄弟になれる機会の早く来ることを、待っているよ……」

ところが、それから四ヵ月後、石井は、石塚親分の家の奥座敷に呼ばれた。

石塚親分は、白髪の交じった眉《まゆ》を寄せ、しんみりした口調で言った。

「石井、これまでよく辛抱してくれたな。実は、おれも年だから引退することにした」

「親分……」

「そこで、おまえに言っておきたいことがある。おれは笹田の系列に入ってはいるが、子飼いからの若い衆ではない。ましておまえたちは、笹田の若い衆ではないんだ。石井、おまえはおまえで、好きな道を歩め」

石井は、その言葉の意味はよくわかった。

「親分、わかりました。私の好きな道を歩ませていただきます」

石井は、心の中で井上に呼びかけていた。

〈井上さん、明日からでも、兄弟と呼ばせていただきます〉

石井は、井上と兄弟分になることによって、博打打《ばくちう》ちとして尊敬している稲川の若い衆になれる、という熱い期待に胸をふくらませていた。

山川修身の出自

井上喜人は、昭和三十三年の五月初め、さらに次の手を打つことを決めた。

〈山川修身を取り込む、いい機会だ……〉

山川が、井上が近いうち自分の賭場の客として呼ぼうとしていた日本橋の呉服問屋「富士屋」の旦那を彼の賭場に呼んでテラ（寺銭《てらせん》）を取ったというのだ。

山川は、神奈川県川崎の愚連隊のボスであった。八十人近い子分を連れて幅をきかせていた。川崎には、古くからの博徒である石井初太郎や山瀬惣十郎がいたが、山川は愚連隊として暴れまくっていた。

体こそそんなに大きくはなかったが、向こうっ気の強さと突っ張りぶりは、京浜間に知れ渡っていた。

井上は、山川に惚れ込んでいた。いつか山川を自分の舎弟にしたいと思っていたが、いい機会がなかった。

〈今度こそ、絶好の機会だ……〉

井上の胸は、はずんでいた。

井上が小田原、横須賀と睨みをきかせたあとに狙いをつけたのが、川崎であった。川崎へも稲川組が根を張るためには、山川を取り込む必要があった。

井上は、さっそく田中敬ら七人の弟分を集めた。相手が山川である。腕っぷしの強い幹部クラスばかり集めた。

「おい、明日、鶴見の花月園へ行って、山川を連れてこい。競輪好きのやつのことだから、かならずいるはずだ」

井上は、一つだけ釘を刺しておいた。

「いいか、山川を締めるのが目的じゃない。やつを、おれたちの仲間に取り込むのが最終目的だからな。そのことだけは忘れるなよ」

山川を取り囲んだ七人は、花月園を出ると、近くの雑木林に入って行った。

田中敬が、静かに言った。

「小田原まで来てほしい」

山川は、取り囲んでいる者たちをあらためて睨み据えた。

「おれの体をもっていくというなら、腕ずくでもっていけ」

相手がいくら陽《ひ》の出の勢いの井上軍団であろうと、納得のいかねえ喧嘩を売られちゃあ、黙って引っこむわけにはいかない。

しかし、弟分たちに体を懸けさせて全面戦争に入ると、相手は井上軍団だけではなくなる。井上軍団だけなら、どこまでも突っ張ってやる。

ところが、井上の背後には、稲川がひかえていた。井上と全面戦争に入ることは、稲川とも戦うことになる。

山川は、稲川とだけは事《こと》をかまえたくなかった。

〈稲川には、昔から惚れ込んでいるんだ……〉

山川は昭和二十三年ごろ、稲川がまだ堀井一家総長の加藤伝太郎のところから綱島一家鶴岡政次郎親分のところに預かりの身になり、湯河原の「下田旅館」を拠点として賭場を開いていたときから稲川と賭場で顔を合わせていた。

昭和二十三年の暮れの雪の降る夜のことであった。下田旅館の賭場で、売り出し中の博徒秋本次郎が、負けが込んでいて気が立っていたのであろう。怒鳴った。

「おい、そこの朝鮮人、黙っていろ！」

理の通らぬケチをつけられ、朝鮮人と呼ばれた男がやにわにドスを抜いて立ち上がり、秋本に襲いかかろうとした。

秋本も、負けずにドスを抜き睨み合った。

まわりの博徒たちのなかから、秋本への声援が飛んだ。理由がどうであれ、朝鮮人への差別感が秋本に味方させるのであった。

山川は、朝鮮人であった。

あまりの屈辱的な言動に全身の血が逆流する思いがしていた。立ち上がって同胞を応援しようとしたとき、大きな声が放たれた。

「やめろ！」

声のしたほうを見ると、稲川であった。稲川は、鬼のような形相で怒っていた。本気で怒っていた。

「秋本、やめろ！　なにが朝鮮人だ。朝鮮人も日本人も、あるか！」

秋本も、稲川のひと言にドスを懐にしまった。

山川は、稲川が金山太吉といういかさま博打をやる新宿の金貸しを二階から下に投げつけた話を聞いていた。あとで揉めたことも知っていた。

その事件は、あきらかに金山の悪いことを、山川は知っていた。

〈日本人であろうと、朝鮮人であろうと、いいやつはいい。悪いやつは悪いんだ……〉

山川はそう思っていた。しかし、その当たり前のことがわかる者は、日本人のなかにも、朝鮮人のなかにも少なかった。とくに戦争で日本が敗れ、それまで日本人に差別された朝鮮人や台湾人が、いまこそとばかりに鬱憤《うっぷん》を晴らし始めた時代においては難しかった。

そのような混乱した時代のなかで、稲川のような正しい眼を持ってくれている日本人の博徒がいたことがうれしかった。

〈この男こそ、朝鮮のことわざにある〝電気に伝わって生まれた〟男だ。きっと大親分になる〉

そのとき、山川はそう思いながら熱いまなざしで稲川を見た。

〝電気に伝わって生まれた〟というのは、大勢のリーダーとして人の上に立ち、人を率いる器量を持つ者は、生まれたときからすでに運命づけられていて、途中どのような紆余曲折《うよきょくせつ》があろうとも、いずれは人の上に立つ人物になるという意味であった。

山川は、一度稲川から直接に、「おれの若い衆にならねえか」と誘われたことがあった。昭和三十年の春、熱海の賭場で顔を合わせたあとであった。

自分の口から滅多《めった》に子分にならねえかと口をかけたことがない、と聞いていた稲川にそう言われ、山川は、感激に胸を熱くした。

しかし、そのときは断わった。

〈おれのような半端者が組に入ったんじゃあ、稲川親分に迷惑をかけるだけだ。もう少しはましな人間になってから、あらためて頼みにこよう〉

心の中ではそう思っていた。

いま井上軍団と一戦交えることは、稲川をも敵に回して戦うことになる。

七人のうちの顔見知りの男が言った。

「山川さん、おたがい事を荒立てるのはよしましょうや。兄貴が、とにかくあんたとじっくり肚《はら》を割って話してえ、と言ってるんだ」

山川は、その男の口ぶりから、

〈喧嘩が目的じゃあねえな……〉

と察した。

山川は、きっぱりと言った。

「今日は、殺されてもこのまま行くわけにはいかねえ。日をあらためてかならず出向いて行く、と伝えてくれ。男の約束だ」

田中敬ら七人にも、山川の男の心情はよくわかった。

田中が言った。

「わかった。待ってるぜ。男同士の約束だ」

山川は、稲川組に加わり、のち稲川会副理事長になり、山川一家総長となる。

稲川聖城長男裕紘

昭和三十四年の春、大船の横山新次郎は、稲川が連れてきた裕紘《ゆうこう》を、あらためてジッと見た。

それまでは、稲川の総領息子、という眼でしか見なかった。が、父親に内緒で背中に入れ墨を入れてしまった、と聞き、見る眼も変わっていた。同じ稼業の人間を見る厳しい眼に変わっていた。

横山が言った。

「ウチに置いておくより、修業に出すんだな」

「どこへ預けるのが一番いいでしょうか……」

横山は、なるべく裕紘の甘えにくいところがいい、と判断していた。古くからの幹部たちのところに預けると、小さいときから親しくなりすぎていて、つい甘えてしまう。

考えたすえ、言った。

「横須賀の石井のところがいいだろう」

石井は、井上喜人の兄弟分になり、稲川組へ正式に入ったのは、つい最近であった。裕紘にとっても、甘えにくい。

稲川は、ヤクザとしての石井を、これまで見てきた。

〈石井なら、信頼できる……〉

稲川は、横山にあらためて頭を下げた。

「わかりました。兄貴の言うようにします」

稲川裕紘は、石井の自宅に住み込んで修業を始めた。

裕紘は、それから八年間、石井のもとで修業をする。

右翼小沼正の要請

昭和三十五年六月初旬のことであった。

総会屋の吉川明と連れだって来た右翼の小沼正《おぬましょう》が、あらたまった口調で言った。

「稲川親分、今日は、一つ頼みたいことがあって来たんですが……」

前年二月に銀座七丁目の南欧ビル四階に新しく出した稲川組の興業事務所であった。

新条約として改定された日米安全保障条約の六月十九日の締結を前に、左右両陣営の激烈な対決が続いていた。

「ご存じのように、六月十九日には、アイゼンハワー大統領が、国賓として日本にやってくる。ところが、いまの警官の警備では、間に合わない。そこで、自民党筋から頼まれたんだが、任侠団体のみなさんに、警備の協力をしてもらいたい」

小沼の話によると、十九日当日、天皇陛下は皇后陛下を伴って、羽田空港までアイゼンハワー大統領を出迎える。羽田から皇居まで、アイゼンハワー大統領と天皇、皇后両陛下を乗せたオープンカーが、一八・七キロをパレードする。その沿道を二メートル間隔で警備するには、一万八千七百人の警官が必要となる。ところが、警視庁の全警官数は、二万四千人。警備動員数は、一万五千人が限度であるという。

稲川の兄貴分である大船の横山新次郎も、国を守ることに情熱を見せた。

「稲川、銭がいくらかかってもかまわねえ。できるかぎりの協力をしよう」

稲川と横山は、可能なかぎりの金を集め、準備に入った。

デモ隊と対決する戦闘服も、デパート高島屋から一万着買った。夏用として薄いベージュ色、冬用として紺色のものを五千着ずつ買いそろえたのであった。左翼勢力との対決は、六月だけで終わるとは思っていなかった。冬を越すことにもなりかねない。長期戦に入る用意もしていたのだ。

ヘルメットも、五千個買いそろえた。

横山が、稲川に言った。

「機動隊の立場もある。武器は持ち込めない。三尺の樫の棒に、紙の日の丸でいい、付けさせろ。アイゼンハワー大統領を出迎えるための日の丸の旗に見せかける。いざというときには、その樫の棒が、武器に変わる」

さすがに〝天一坊〟とまで言われた頭の切れである。

一万人の右翼行動隊

稲川は、井上喜人に命じた。

「動員数は、一万人だ。静岡、神奈川のバスを、当日すべてチャーターしておけ。バスのまわりには、稲川組の幕を張る準備をしておけ」

その準備が進められているあいだ、左右両陣営の対決は、血なまぐさいものにエスカレートしていた。

六月十日には、アイゼンハワー大統領秘書のハガチーが、日本にやって来た。

しかし、羽田で学生、労働者のデモに包囲され、アメリカ軍のヘリコプターで脱出。在日アメリカ大使館へ入った。

いよいよアイゼンハワー大統領訪日が五日後に迫った六月十四日、熱海の稲川邸の広間に、稲川組の幹部が集められた。

横山が、具体的な作戦指令を始めた。

「アイク訪日の当日は、早朝、川崎市の競輪場に全員集合し、バスを連ねて、明治神宮に参拝する。それから、五千人は、羽田空港に近い消防署付近に配置する。あとの五千人は、見物人に交じって、左翼のデモ隊と対決する」

稲川が、幹部一同に念を押した。

「バスをふくめてすべての用意は、できているな」

一同が、深くうなずいた。

アイゼンハワー大統領訪日を四日後にひかえた六月十五日、「安保阻止!」を叫ぶ全学連七千人が、国会になだれ込んだ。

夕刻、右翼の維新行動隊百三十人が、トラックで国会裏側をデモ行進中の全学連や新劇人会議に突っ込み、双方で三十人近い負傷者を出した。この事件により、警官隊とデモ隊のあいだにいっそう激しい揉み合いが起こった。乱闘のすえ、東京大学文学部国史学科の樺美智子が死亡した。彼女の死は、政府にも深刻な衝撃をもたらした。

六月十六日、岸首相は、記者会見で発表。

「アイゼンハワー大統領訪日は、延期いたします」

事実上の中止であった。

児玉誉士夫と六億円

それから一週間後、稲川は伊豆長岡の旅館の二階で開かれた賭場で、博打をしていた。

そのとき、玄関の前にタクシーが停まった。林一家総長の林喜一郎が、巨体を揺るがせるようにして車を降りてきた。

林は、かつて、出口辰夫、吉水金吾、井上喜人と「横浜愚連隊四天王」と呼ばれていた。吉水と抗争事件を起こしたあと、吉水とそろって稲川の若衆となっていた。

林は、怒った顔をしている。

「親分、児玉《こだま》が……」

林はまずそう言って荒い息を吐き、続けた。

「アイゼンハワー大統領が日本にやって来るのにそなえ、自民党の安保委員会とやらが、財界からこの日のために、六億円近い金を集めていたらしいんです」

稲川にも、それは初耳であった。

「ところが、その六億もの金が、アイゼンハワー大統領が来なかったのに、どこへやら消えちまったというんです。どうやら、その金を児玉誉士夫《よしお》が自分の懐に入れてしまったというんです」

稲川は、カッとなった。

〈いくら児玉でも、許せねえ……〉

児玉誉士夫は、右翼の大立者であった。児玉は、右翼、ヤクザへも睨みをきかせていた。「政財界の黒幕」と言われ、恐れられていた。しかし、稲川は、相手がいくら大物であろうと、許せねえものは、許せねえ……と思っていた。

それでなくても、自民党筋から、あれほど今回、博徒、テキヤ（的屋）の親分たちに声をかけて応援を頼んでおきながら、「ご苦労さん」のひと言もなかった。そのことで、全国の博徒、テキヤたちは怒りの声をあげているときであった。

稲川は、こみあげてくる怒りを抑えかねたようにして言った。

「児玉のところに、乗り込む！　話をつけてくる」

喧嘩相手として、不足はなかった。稲川の全身の血が、若いころのように熱く滾《たぎ》っていた。

稲川は、世田谷区等々力の児玉邸の前に車を停めさせた。

稲川は、書生の案内により、十七、八畳もある広い応接間に案内された。

しばらくして、ドアが開いた。いがぐり頭の児玉誉士夫が入ってきた。質素に見える久留米絣《くるめがすり》の筒袖姿であった。小柄ながら、威圧感が漂っていた。

部屋の空気が、にわかに張り詰めた。

児玉は、稲川を見た。細い二つの眼の奥が、一瞬ぎらりと光った。射すくめるような眼の光であった。

稲川も、真っすぐに児玉の眼を見た。

稲川は、児玉の眼を、あらためて見た。しばらくのあいだ、児玉の眼を睨みつけたまま、ひと言も発しなかった。

このときが二人にとっては、初対面であった。稲川、四十六歳。児玉、四十九歳であった。

稲川が言った。

「自民党から、アイゼンハワー大統領訪日にそなえて、任侠団体のためにおりた六億近い金が、児玉先生のところで消えた、という噂がある。真実をはっきりうかがいたいと思って来ました」

児玉は、厚い唇を開き、ひと言だけ発した。

「稲川君、私は、自民党に貸しはあっても、借りはない！」

稲川の胸に、ズシリとこたえるひと言であった。

児玉が、日本一の右翼の面子《メンツ》にかけて言っている言葉である。

稲川のそれまでの児玉への怒りが、そのひと言で鎮まった。その言葉を信じよう、と思った。

児玉は、稲川の眼をジッと見て言った。

「私と苦楽を共にしてきた妻が、安保のさなか、車に撥《は》ねられ、死ぬか生きるかの瀬戸際だった。私は、そのころは妻の看病で、病室から一歩も外へ出ていない。その私が、自民党から出た金を、勝手なことをするわけがない。——おれを信じてくれ」

児玉誉士夫の妻は、五月三十一日に自動車に撥ねられ、広尾の日赤中央病院に入院していた。児玉は、つきっきりで看病したが、六月十三日、ついに彼女は息をひきとった。

アイゼンハワー大統領訪日中止の決定した六月十六日には、池上本門寺で妻の葬儀をおこなっている。児玉はそのとき、妻といっしょに自分の葬儀も出した。いわゆる生き弔い（生前葬）であった。

妻の墓に、児玉の命日、昭和三十五年六月十三日、享年四十九と彫り込んでいた。

児玉は、いまひと言告げた。

「その金の動きについては、私も、うすうす噂は聞いている。そのへんの事情は、川島君に会わせるから、よく訊いてくれ」

川島正次郎は、安保のとき、自民党の幹事長をしていた。

稲川は、きっぱりと言った。

「その必要は、まったくありません！」

稲川は、児玉の眼を真っすぐ見て言った。

「よくわかりました」

それから、深々と頭を下げた。

児玉誉士夫

児玉は、稲川の、竹を割ったような性格に、久々に男らしい男に会ったようなすがすがしい気持ちになっていた。

児玉は、いままでの射るような眼をなごめ、稲川に声をかけた。

「稲川君、近いうち、時間をつくってくれないか。ゆっくり話し合いたい」

稲川も、胸を弾ませていた。

「よろこんで、おうかがいいたします」

児玉、稲川の赤坂会談

それから一週間後の夜、赤坂の料亭「中川」の座敷で、児玉と稲川は向かい合っていた。

児玉は、この夜は背広姿であった。家にいるときは着物姿で通すが、外出の際は、背広姿で通していた。ダークグレイの無地のジャージーの上着に、フラノのズボンというラフな格好であった。襟の小さいワイシャツを着、ネクタイをきちんと締めていた。

稲川も、きちんとネクタイを締めていた。

この夜は、初めて対決したときとはうって変わったなごやかな雰囲気で二人とも向かい合っていた。

しばらく話しているうち、児玉が突然言った。

「稲川君、どうだろう。これからは、兄弟分として付き合ってもらえないだろうか」

稲川は、熱い興奮をおぼえながらも、とまどった。

児玉とおれとは、格も、稼業も、生き方も違う。児玉は、政治の世界の黒幕だ。おれは、一博打打ちにすぎない。兄弟分になど、なれるわけがない。

稲川は、児玉を熱いまなざしで見返して頭を下げた。

「兄弟分とはありがたいことですが、わたしには、渡世上の親があります。先生には、心の親になっていただきたい。これからは、先生をオヤジと呼ばせてもらいます」

児玉は、何も言わないで、静かに笑い、首を縦に何度も振った。

児玉は、心の中では、稲川の申し出をよろこんでいた。

このころ、児玉の頭の中には、雄大な構想があった。安保での左翼勢力の盛り上がりを見てもわかるように、いずれ日本は共産主義革命の危機にさらされる。そのときには、一党一派にとらわれない、いっせいに決起できる強固な大組織をつくるべきだ。そのためには、これまでのように右翼だけ集めていては駄目だ。趣旨に賛同するいっさいの団体や個人を包含していくべきだ。が、現実には、そのような雄大な構想は、実現できない。とりあえず、全国の任侠団体を大同団結させようと考えていた。しかし、任侠団体の大同団結が難しいことは、児玉にはわかっていた。

児玉は、その難しい構想を実現させるため、これまで自分と親しい任侠団体の親分たちを頼りにしていた。北星会会長の岡村吾一はもちろん、義人党党主の高橋義人も頼りにしていた。

児玉は、あらためて稲川の精悍な顔を見ながら思った。

〈おれの大構想の実現も、早くなる……〉

児玉は、稲川と肚と肚を許し合ったことを、ことのほかよろこんでいた。

事実、児玉は、稲川と、自分の親しい親分たちの協力を求め、大構想実現に拍車をかけていった。

横山新次郎VS井上喜人

熱海市水口町に稲川邸が新築された二ヵ月後の昭和三十八年六月の末であった。

横山新次郎は、長い間考えたすえ、心の中でつぶやいた。

〈井上を、切らねばならぬ……〉

井上は、稲川の右腕ともいえる男であった。しかし、最近、井上の驕りが目にあまってきている。井上が、箱根あたりに関東各地の親分たちを集めてしょっちゅう賭場《とば》を開いていることは、横山の耳に入っていた。親分たちも、稲川の顔を立てるために、こころよく応じてくれている。

ところが、井上は、博打が終わったあと、親分である稲川になんの挨拶もしていないらしい……。

井上が、自分の器量で近くの商店の旦那衆を集めて開いた博打とは、わけが違う。関東各地の親分衆も、あくまで稲川への義理もあって出てきてくれているのだ。それなのに、井上喜人の名で親分衆が集まってきている、と錯覚している。慢心がすぎている。親を親とも思わぬ行動が重なりすぎている。

稲川の耳に入らぬ井上の行動も、横山の耳には、誰からとなく入っていた。

井上は、全国の親分衆と会うたびに、おのれの力を誇示している、という。

「稲川組の大半は、おれの配下だ」

と豪語し、井上の命令一下、稲川組は思いどおりに動く、と慢心している。

横山は、さらに険しい表情になった。

〈このまま井上を増長させておくと、組の鉄則を乱すもとになる。取り返しのつかぬことになる……〉

横山は、自分よりも齢の若い稲川を通じて自分の果たせなかった任侠道を全うしたいと思っていた。横山は、稲川組の百年後を見据えていた。

翌日の夜、横山は大船の自宅に稲川を呼んだ。

横山は、稲川に言った。

「稲川、井上を破門にしろ」

稲川は、横山の眼をジッと見た。

「………」

破門、という言葉が、稲川には雷鳴のような衝撃を与えた。相手は、稲川の右腕として組を支えてきた井上喜人だ。

長い間、沈黙が続いた。

横山が、烈しい口調で言った。

「稲川、井上の慢心は、ますます激しくなっていくぞ」

稲川は、これまで兄貴分の横山の言うことに逆らったことはなかった。しかし、今回だけは……。

稲川は、横山に訴えるように言った。

「兄貴の言うことは、よくわかります。兄貴に逆らうわけではありませんが、このことは、しばらく考えさせてください……」

井上はいまでこそ慢心して目にあまる動きが増えているが、頭の良さを活かし、知将としてよく尽くしてくれた。

稲川には、井上への熱い情があった。稲川は、井上とじっくり話し合ってみるつもりであった。そして、横山に訴えた。

「井上のことは、いま一度、わたしに考え直させてください」

横山は、険しい表情のまま言った。

「稲川、よく考えるんだぞ。情におぼれては、組の統制は保てないぞ」

横山から、井上の破門の話を持ち出されて二日後のことであった。

稲川は、世田谷等々力の児玉誉士夫邸に食事の招待を受けた。

筒袖の着物姿の児玉は、食事のあと、応接間でくつろぎながら、世間話をした。

その話のなかで、児玉はふと言った。

「井上喜人という男は、将来、きみにとって明智光秀的な存在になるかもしれんぞ……」

「先生、どういうことでしょうか……」

稲川には、あまりに突然なことで、なんのことかわからなかった。思わず訊き返した。

児玉は、一瞬間を置いて言った。

「具体的には、言えない。しかし、きみが、私のことを心の親と呼んでくれるので、きみの将来を心配してあえて言ったのだ」

稲川は、湯河原の道場のまわりの一千坪の土地を、最近売却した。そのとき、児玉の口利きで、児玉と親しい商社に買ってもらった。その折衝に、稲川は井上喜人を当たらせた。おそらく、その土地にからんでなんらかの問題があり、児玉は井上をそう判断したのであろう。

稲川は、児玉に頭を下げた。

「井上にどのようなことがあっても、私の不徳のいたすところです。もしご迷惑のかかったことがあるなら、このたびは、私に免じて許していただきたい」

稲川は、井上喜人に対する非難の火の手があちこちから上がり始めたことに、いまさらながら心を悩ましていた。

石井隆匡の小指

児玉邸から帰った稲川は、翌日、熱海の自宅に横須賀の石井隆匡を呼んだ。

稲川は、厳しい表情で言った。

「石井、井上はおまえの兄弟分だが、大船の兄貴が井上を破門にしろ、と言って怒っているぞ」

「………」

石井は、その夜いったんふとんに入り眠ろうとしたが、また体を起こした。あぐらをかいて、考え続けた。真夜中の三時過ぎであった。石井の頭の中は、井上の兄弟のことでいっぱいであった。

このままでは、横山の烈《はげ》しい気性からして、稲川親分がかばおうともいずれは断を下させるに違いない。

石井も、兄弟分である井上の最近の行動に、納得できないことが多くなっていた。

たしかに、井上はひときわ秀でたものを持っていた。石井は、井上から、判断力、統率力について教わった。

〈兄弟ほどに頭のいい、冷静な判断力を持った男が、どうして自分のこととなると目がくらむのか……〉

石井は、このごろ、そのことでしばしば淋《さみ》しい思いをしていた。

しかし、井上はあくまで兄弟分である。兄弟分が破門になるのを、黙って見すごしているわけにはいかない……。

石井は、一睡もしないで考え続けた。

石井は、夜の白み始めたころ、固い決心をし、ふとんからそっと脱け出した。

翌日の昼、石井は、熱海水口町の小高い丘に新築された稲川邸を訪ねていた。左手を包帯で巻いていた。

しばらくして稲川親分があらわれた。

石井は、稲川親分がソファーに座るや、背広の内ポケットから半紙に包んだ小指をテーブルの上に差し出した。

石井は、思い詰めた表情で言った。

「親分、もし許していただけるなら、これで井上の兄弟の破門を……」

稲川の顔が、一瞬強張った。

「おまえ……」

稲川は、石井にしんみりした口調で言った。

「兄弟分のために、親からもらった満足な五体を……」

稲川は、指を詰めればすべておさまるというヤクザの古くからのしきたりを好まなかった。しかし、稲川は、うれしかった。義に厚い子分を持ったことが……。

稲川は、石井の心を思いながら言った。

「おまえの指は、決して無駄にはしない」

翌日の朝、稲川は、大船の横山邸を訪ねていた。

横山新次郎に、石井が井上の破門を許してもらうため、指を詰めたことを話した。

稲川は、訴えるように言った。

「兄貴、なんとか、石井の指を生かしてやってください」

横山は、険しい表情のまま黙り続けた。

しばらくして、口を開いた。

「わかった。今回は、石井の心を汲んでやろう」


石井は、昭和三十八年十一月二十三日、三代目の稲葉多吉から横須賀一家を引き継ぐことになった。三十九歳の若さであった。

横須賀一家は、横須賀、浦賀方面を縄張りとして明治時代前に結成された名門である。縄張りはかなり広く伊豆七島までを縄張りとしていた。

初代は、小菅兼吉、二代目は岡安桝五郎であった。

東声会町井久之の怒り

井上喜人の破門は、いったんおさまったかに見えたが、それから二ヵ月後の昭和三十八年の夏の終わりに、井上が事件を起こした。

井上は、その夜、赤坂の「ホテルニュージャパン」地下にある高級ナイトクラブ「ニューラテンクォーター」で数人の舎弟を連れて飲んでいた。

井上たちが飲んでいると、目鼻立ちの鋭い、背の高い六尺近い偉丈夫が、若い衆を数人連れ、ホールに入ってきた。東声会会長の町井久之であった。

町井は、韓国人の仲間たちからは、〝ファンソ〟と呼ばれて尊敬されていた。ファンソというのは、韓国語で、雄の猛牛の意味である。

戦後、銀座を中心に暴れ回っていたころから〝銀座の虎〟とも呼ばれていた。町井は、終戦直後、銀座に進出、急激に台頭した外国人の勢力を集めのし上がっていった。

銀座に進出したときは三十人そこそこであったが、胆力と知力にものをいわせて、わずか数年で千五百人もの構成員を擁する大組織に急成長した。

町井は、昭和三十八年当時は児玉誉士夫と深い繋がりを持ち、児玉とともに日韓国交正常化の舞台裏で暗躍していた。

町井は、韓国の朴大統領と親しく、児玉と朴大統領の橋渡しをしたともいわれる。

児玉、町井は、岸信介をはじめ、大野伴睦、河野一郎、川島正次郎ら、いわゆる韓国ロビーといわれた政界の実力者たちの韓国との橋渡しもしていた。

町井は、三十八年の二月には、児玉の仲介で山口組三代目田岡一雄と舎弟分の盃を交わしていた。

町井は、井上たちのテーブルの隣りのテーブルに座った。

しばらくして、井上が町井に声をかけた。

「町井君……」

町井は、酒が入って赤黒くなった顔を井上喜人に向けた。

じろり、と井上を睨み据えた。

町井は、かつて碑文谷署に逮捕されたとき、怒って手錠を引きちぎったといわれるほど気性の激しい男である。

町井は、静かだが力のこもった声で言った。

「おまえさんに、君呼ばわりされるおぼえはねえ」

井上も、若いころは京浜、東海道の愚連隊では最強の暴れ者で通っていた男である。いまは、稲川組の最高幹部であり、全国的に顔も売れている。

町井の言葉を聞いて、井上のそばについていた若い衆たちが、いきり立った。

若い衆の一人が立ち上がり、町井に飛びかかっていこうとした。井上が、とっさに制した。

「静かにしろ！」

そばでは、堅気の者たちが楽しく飲んでいる。

井上も、静かに町井を睨み返した。

「話は、いずれつけてやる」

井上の腸《はらわた》は、煮えくり返っていた。かならず、決着はつけてやる。そう心に誓った。

井上は、湯河原の「のぞみ旅館」の大広間で声を張り上げた。

「これから、東声会と、全面戦争に入る！」

夜の十二時を過ぎていたが、広間には、百五十人を超える稲川組の主だった者が集まっていた。その夜のうちに、井上が緊急招集をかけて集めたのであった。

広間には、異様に緊張した空気が張り詰めていた。

井上は、いまさらながらこみあげてくる怒りにあおられるように言った。

「町井は、おれたちの組に喧嘩を売ってきた。近ごろ、のぼせ上がりすぎている」

井上は、東声会と全面戦争に入る肚であった。稲川組の代貸として全国的に顔が売れてきていた自分の誇りを傷つけられたことが許せなかった。

前列に座っていた長谷川春治は、あらためて井上の顔を見た。

長谷川と森田祥生は、稲川にとって初めての若い衆で、稲川への思いはより強かった。

その眼は、冷ややかであった。怒りをふくんだ視線であった。

〈なにが、組を挙げての戦争だ。この争いは、おれたち稲川組とは、関係ねえじゃねえか〉

長谷川は、「ニューラテンクオーター」で井上と同席していた若い衆たちから事情は聞いていた。井上は、あくまで、てめえの誇りが傷つけられたことでわめいているだけではないのか。別に、稲川親分が傷つけられたわけではない。組の代紋が傷つけられたわけでもない。親分や、代紋が傷つけられたのなら、真っ先におれが体を懸けて飛びこんでいく。

しかし、今回の喧嘩は、あくまで井上個人の面子が傷つけられた、というケチなことに端を発している。それも、相手の町井久之に問題があるわけではない。町井を君呼ばわりした井上こそ、思いあがっている。それなのに、組の幹部にまで招集をかけている。なんと思いあがった態度か。組の者を、まるで私兵扱いしている！

てめえが個人的に売られた喧嘩なら、なにも組挙げての喧嘩にしないで、てめえだけで片をつけたらどうだ。

長谷川は、隣りに座っている森田の横顔を見た。森田の眼も、井上に冷ややかであった。

長谷川は、さらに横須賀の石井隆匡の表情も見た。石井は、井上とは兄弟分であった。

石井の表情も、強張《こわば》っていた。

長谷川は、さらに川崎の山川修身の表情も見た。山川は、井上の舎弟であった。山川の表情も、石井同様厳しかった。

町井は、稲川親分が心の親と決めている児玉と特別親しい親分である。稲川親分の立場を考えれば、ケチな、個人的な感情で争い事を起こす問題ではない。親分の立場を、どうして考えてくれないのか。

井上は、日ごろ冷静で人一倍頭の回転が速い。ところが今回の、井上らしからぬ行動や言動に、稲川組の幹部たちや井上の舎弟、若い衆は、一様にとまどいを見せていた。

井上は、組の者たちから、完全に浮き上がっていた。

長谷川は、井上に言った。

「このことは、親分は知っているんですか」

井上は、表情を硬くして言った。

「親分には、これから話す」

稲川は、兄貴分の横山新次郎といっしょに湯河原の錬成道場の大広間に座っていた。

そこに、井上が入ってきた。井上は、稲川と横山新次郎に、東声会の町井久之との喧嘩のいきさつを告げた。「のぞみ旅館」に、喧嘩のためにすでに百五十人は招集している、ということも告げた。

井上は、自分の話を聞き、稲川がすぐにでも命令を下すかと思っていた。

稲川の顔色が、にわかに変わった。怒りをこめて井上に言った。

「すぐに、みんなを解散させろ!」

広い道場いっぱいに響きわたるほどの声であった。

稲川の顔が、怒りの色に染まっていた。

横山の顔も、怒りにゆがんでいた。

井上は、心臓をいきなり刃でひと突きされたような衝撃を受けた。その場にいたたまれず、ただちに引き下がった。

井上が道場から出ていくや、横山が言った。

「稲川、おれが言ったことは、間違いあるまい。このままあの男を増長させておくと、取り返しのつかぬことになるぞ……」

稲川は、その日の夜九時ごろ、世田谷区等々力の児玉邸の応接間に呼ばれていた。東声会会長の町井も、共に呼ばれていた。

いつものように久留米絣の筒袖の着物を着、暖炉を背にして座った児玉は、稲川と町井の二人の顔をあらためて見た。児玉の表情は、険しかった。

町井が、すかさず言った。

「私は、稲川親分に歯向かう気はさらさらありません」

稲川は、児玉に頭を下げた。

「オヤジ、ご心配をかけて申しわけありません」

稲川は、井上がくだらぬ問題を起こし、児玉にまで心配をかけたことを、心から恥じていた。

児玉は、稲川の言葉に、険しい表情をゆるめた。

「稲川君、よろしく頼む」

「ご心配かけました」

稲川は、児玉にそう答えると、隣りに座っている町井にも井上の非礼を詫びた。

町井も、恐懼《きょうく》して深々と、頭を下げた。

「私こそ、おとなげないことをしまして、恥じております」

稲川は、町井の驕ることのない素直さに感心していた。

児玉は、頼りにしている稲川と町井のやりとりを眼をなごめて見ながら言った。

「ありがとう……」

「ご心配をかけて、申しわけありません」

堅気になるか、命を取るか

稲川は、横浜に向けて車が滑り出すや、腕を組み、眼を閉じた。

万が一、井上が組を割って外に出る事態になれば、井上についていく若い衆もいよう。まかり間違えば、せっかく三千人を超えるまでにふくらんだ組の勢力が、二分されることも考えておかねばならぬ。

しかし、いまや問題は別であった。

稲川は、おのれに言い聞かせていた。

〈たとえ組が二分されようとも、筋は通さねばならぬ……〉

横山は、「横浜ホテル」の一室で、森田祥生に低い声で言った。

「森田、万が一のときには、おまえにもう一度体を懸けてもらうことになるかもしれんぞ」

横山は、思い詰めた、ひときわ険しい表情をしていた。顔色も、少し青ざめていた。

森田は、横山の眼を見返した。

横山は、森田の眼をジッと見て言った。

「井上を殺《や》ってもらうことになるかもしれぬ」

「……」

部屋には、重苦しい沈黙が流れていた。

横山は、さまざまな可能性を考えて手を打っていた。井上が反逆し、大勢の若い衆を引き連れ、組を割って出るかもしれなかった。

森田には、横山の思い詰めた気持ちがひしひしと伝わってきた。稲川親分と稲川組のために、いま一度体を懸ける覚悟はあった。

稲川は、奥座敷で、横山に畏《かしこ》まった口調で言った。

「兄貴の言うとおり、井上喜人を切ります」

稲川の顔には、苦しみの色がありありとあらわれていた。

横山は、稲川のこのように辛そうな表情を初めて見た。

〈よほど、苦しんだな……〉

横山は、稲川の心を思った。

「稲川……」

横山は、深くうなずいた。

稲川は、横山に訴えるように言った。

「井上を破門にしないで、堅気《カタギ》にさせます」

稲川が、悩んだすえに考えついた断であった。

井上の将来を考え、せめて、堅気に……と決めたのであった。

井上には、十二分な知恵がある。堅気として、立派に生きていけるはずであった。

横山が言った。

「いいだろう」

横山の厳しい眼と、稲川の鋭い眼が合った。おたがいに見合ったままであった。

おたがいの心の中は、わかり合っていた。

稲川は、「横浜ホテル」の一室に、井上を呼び出した。

窓の外では、激しい叩きつけるような雨が降り続いていた。

井上は、いままでのような元気な姿でなく、青ざめた顔で、うつむきかげんに一礼し、部屋に入ってきた。

稲川は、井上の眼を見た。

射すくめるような恐ろしい眼であった。

「井上……今日から、堅気になれ」

井上の顔は、ゆがみ引きつった。

稲川は、言った。

「共に体を張ってきたおれとおまえだ」

稲川は、血を吐くような口調で言った。

「おまえを助ける道は、おまえが堅気になるしかねえんだ。井上！」

井上は、強張り青ざめた顔で稲川を見つめた。

稲川はきっぱりと言った。

「それが承知できねえんなら、この場でおれがおまえの命を取る！」

「……………」

「おまえが堅気になるか、おれが命を取るか、二つに一つだ、井上！」

ホテルの窓を、激しい雨が叩きつける。

息詰まるような時間が続いた。

井上は、ようやく口を開いた。涙声であった。

「親分、ありがとうございました……」

稲川は、ようやく鋭い眼をなごめた。

井上は、稲川の眼をジッと見た。その眼には、涙が滲んでいた。

「親分……いろいろと、長いあいだ、ご迷惑をおかけいたしました」

その言葉には、井上の断腸の思いがこもっていた。

稲川の胸にも、熱いものがどっとこみあげてきた。

〈井上……〉

稲川は、その夜、井上の舎弟、若い衆たちを集めて言った。

「おれについてくる者は、来い。井上と共に堅気になるものは、堅気になれ」

その結果、井上の舎弟、若い衆のすべては、稲川親分を慕い、任侠の筋を通した。

児玉誉士夫の野望

昭和三十八年の初秋であった。

児玉誉士夫は、世田谷区等々力の自宅応接間で、稲川に、険しい表情で語っていた。

「稲川さん、若い者たちがやれ肩が触れたの触れないの、顔を潰したの潰されたのと、屁《へ》みたいなことで貴重な生命を取り合うような愚をやめて、もっと天下国家のためになることを考えるべきだ。体を張るのは、人のためとか国のためだけだ。全国の任侠団体がおたがいの融和をはかり、いままでと違った前進した生き方をしてもらいたい……」

児玉は、六〇年安保での左右両陣営の対決の経験から、一党一派にとらわれず、日本が共産主義革命の危機にさらされたときいっせいに決起できる強固な大組織をつくろうとしていた。そのため、全国の任侠団体を結集し、「東亜同友会」をつくろうという遠大な構想を抱いていた。

児玉は、強調した。東亜同友会を、単なる政治的団体にするのではない。高度成長を迎え各地で多発化しているヤクザ同士の抗争を未然に防ぐために、事件が起こってしまった場合、その解決にあたる全国的な権威ある連絡機関としても活かそう、と。

稲川は、これまで博徒一筋に生きてきた男であった。安保騒動のときには、常日ごろムダ飯を食っている人間として、国のために少しでも役立てれば……と手銭、手弁当で協力してきた。しかし、政治とはまったく縁のないところで生きてきた男だ。政治は、政治家に任せておけばいい。おれたち博徒の口を挟むことではない。稲川は、そう思っていた。

同時に、関西と関東の任侠団体を団結させようなんて、初めから無理なことはわかっていた。関西と関東のヤクザは、気質も違う。強引に束ねようとしても、無理がある。

が、児玉は、心の親と決めた人物である。心の親が命を懸けている構想のためには、力を尽くそうと決めていた。

東亜同友会実現のための発起人会は、昭和三十八年一月に関東の会合が、二月初めには、名古屋地区の会合が持たれた。

そして二月十一日の旧紀元節の日、関西地区の発起人会が京都・都ホテルで開かれることになった。いわゆる〝京都会議〟である。京都会議には、神戸の山口組、大阪の柳川組、京都の中島会、兵庫の松浦組、三重の吉田一家、菊田組、岐阜の鈴木組、瀬戸一家、愛知の稲葉地一家など、関西、中部の有力組織の親分が集まった。

その京都会議のおこなわれる数時間前に、神戸市須磨の料亭で、山口組三代目の田岡一雄を兄、児玉と親しい東声会会長の町井久之を舎弟とする結縁の儀式がおこなわれた。

その夜、いよいよ京都会議が開かれた。田岡と町井の結縁により、京都会議はよりスムーズに進むかに見えた。なお、ホテルでの会合費、宿泊費その他いっさいの費用は、児玉が鞄に提げてきた現金五百万円で支払われた。

その後、二月二十八日に、世田谷区等々力の児玉邸で、全国的な規模の幹部発起人会をひらくまでに漕《こ》ぎ着けた。が、東亜同友会構想は、ついに幻に終わってしまった。

児玉は、この挫折について、『組織暴力の実態』でこう語っている。

「結局『誰が会長になるか』ということで、ボクにどうかと話があったが、ボクは顧問ならともかく、会長にはならんとはっきり断わった。というのは〝児玉は勢力を結集して政治目的に使うのではないか〟などとかんぐられてはかなわんから……。

ところが、いざまとめにかかってみると関西を田岡氏（山口組組長）、本多氏（本多会先代会長）のどちらかに頼めば、どちらかがそっぽを向くのではないかといったような面倒なことがからんで足並みがそろわず、そのうちボクのほうでバカバカしくなって降りたんだ。世間の幼稚な批判や『自民党あたりから年々金が入ってくるんだろう』と誤解してみかねないヤクザの色目は、つくづくいやになった」

児玉すら手を焼いた山口組と本多会の対抗意識は、拭いがたいものであった。

本多会の初代本多仁介と山口組三代目の田岡一雄組長は、〝五分の兄弟〟の関係だが、両組の末端での抗争事件は、あとを絶たなかった。

とくに、広島事件はすさまじいものであった。広島の打越信夫打越組組長が、昭和三十六年十月、山口組舎弟安原政雄と五分兄弟盃を交わす。

いっぽう広島で打越と対立していた山村組の山村辰雄組長が、神戸の本多会の本多仁介会長と五分兄弟盃を交わす。この盃により、広島では、神戸の山口組と本多会との〝代理戦争〟が火を噴く。

児玉は、稲川に、腹の底から絞り出すような声で言った。

「稲川さん、全国規模での任侠団体の団結はうまく運ばなかったが、なんとか関東だけでも、と考えている。協力してほしい……」

稲川は、答えて言った。

「わかりました」

児玉は、関東だけでも結束をはかるため、根回しを始めた。

稲川は、昭和三十八年十月十六日に、稲川組を錦政会《きんせいかい》と改め、政治結社の届け出をした。錦政会の顧問には、右翼陣営の大物三浦義一、児玉誉士夫、岡村吾一、小沼正、吉田彦太郎らを迎えた。

児玉は、昭和三十八年十二月二十一日に、関東の任侠七団体を結束させ、関東会と名乗り、その結成式をあげた。場所は、熱海の「つるやホテル」であった。

住吉会の磧上義光、松葉会の藤田卯一郎、日本国粋会の森田政治、日本義人党の高橋義人、東声会の町井久之、北星会の岡村吾一、それに錦政会の稲川の七親分の顔がそろった。各団体の幹部三百人余が一堂に顔をそろえた。

右翼陣営からは、児玉誉士夫の他に、平井義一、白井為雄、中村武彦、奥戸足百の四人が出席した。

初代会長は、加盟七団体のなかで年長者である松葉会の藤田卯一郎を推薦した。

児玉が、最後に挨拶した。

「これを機会に、各団体ともおたがい融和をはかり、国のために尽くしてもらいたい」

それから、「天皇陛下万歳！」を三唱し、閉会した。

政界の権力闘争に巻き込まれて

それから数日後、衆参両院全議員に、「自民党は、即時派閥抗争を中止せよ」と題する関東会七団体の連署による「勧告文」が配付された。

この派閥勧告文は、河野一郎を暗に擁護するものであった。

稲川をはじめ、加盟七団体の親分衆は、実は、このような内容の勧告文が出されたことは知らなかった。

この関東会の派閥勧告文は、政界に大きな波紋を投げかけた。河野派を除く衆参両院議員は、関東会全体が、河野擁護の意思表示をしたかのごとく受け取り、関東会七団体の粉砕を検察、警察当局に指示した。

関東会と党人派との癒着の危険を感じ取った官僚派が、さっそく潰しにかかったのだ。

年の明けた翌昭和三十九年二月初旬、警視庁内に「組織暴力犯罪取締本部」が設置された。本格的に、関東会と、その加盟七団体の解散を目指して動き出したのであった。

三月二十六日、警察庁は、あらためて錦政会、松葉会、住吉会、日本国粋会、東声会、日本義人党、北星会の関東会加盟の七団体をはじめ、神戸の山口組、本多会、それに大阪の柳川組を加えた十団体を広域暴力団として指定した。

それまでは現行犯でないと逮捕されることのなかった博打も、現行犯でなく、一年後の証言によるいわゆる「非現行」でも、逮捕される制度に変わった。錦政会にとって、厳しい時代の始まりであった。

第二章　血盟篇——石井隆匡と企業舎弟

山口組の山本健一と石井隆匡が兄弟分に

稲川聖城《いながわせいじょう》は、昭和四十年二月に、稲川組や住吉会の各親分衆を集めて開いたいわゆる総長賭博で逮捕され、求刑五年、一審で三年半の判決を受けた。控訴し、結局三年の実刑と決まっていた。

福岡刑務所に服役中の稲川は、昭和四十七年一月二十日出所した。

横須賀一家総長の石井隆匡《いしいたかまさ》は、東京の向島の料亭で、山口組若頭の山本健一《やまもとけんいち》と会っていた。

石井が、稲川会の理事長の座に座って間もなくのことであった。

山本健一は、山口組の梶原清晴若頭亡きあとの若頭を継いでいた。

山本は、小柄な体であったが、さすがに山口組を背負って立つ人物である。座っているだけで、あたりを圧するものがあった。

眉の入れ墨が、ひときわ目立った。

石井は、山本にあらためて頭を下げた。

「親分の放免祝いといい、東京本部への贈り物といい、心遣いありがとうございました」

山本は、石井の頭を下げるのを制した。

「いや、こちらこそ礼を言わなくては……稲川親分には、出所後わざわざ、神戸まで足を運んでウチの親分の見舞いに来ていただき、ありがとうございました」

話し合いは、なごやかに進められた。

話の途中、山本が、熱っぽい口調で言った。

「わしは、うちの親分を、日本一の親分と思っている。しかし、おたくの稲川親分に接し、わしは、うちの親分が竜なら、稲川親分は、虎だと思うてますわ……」

山本の言葉には真実味がこもっていた。

石井は、山本から自分の親分を褒《ほ》められ、なによりうれしかった。酒は一滴も飲んでいなかったが、いい酔い方をしたときのようなここちよさであった。

山本が、しんみりした口調で言った。

「おたがいに、いい親分が持てて、幸せ者や。この稼業に入って、いい親分の持てるほど幸せなことはない……」

山口組のなかでも武闘派の筆頭で、「行け行けの山健」との異名をとっている山本は、日頃から「うちの親分は、日本一の親分だ。おれは、日本一の子分になりたい」と公言している男でもあった。

石井も、山本とまったく同感であった。

石井隆匡

石井は、あらためて山本の眼を見て言った。

「おたがいに、日本一の子分になろう……」

山本も、石井の眼をジッと見返した。

二人は、おたがいの眼と眼を見合ったまま、しばらく言葉がなかった。

それから二日後の昼、石井は、六本木の稲川会本部で、稲川に伺いを立てていた。

「親分、山口組若頭の山本健一と、兄弟分の縁を結びたいと思っているのですが……」

「山本と……」

奥の部屋のソファーに腕を組んで座っていた稲川は、石井が山本と親交を深めていることは聞いていたが、正式に兄弟分の縁を結びたい、と言われ、さすがに一瞬驚いた。

稲川は、腕を組み、しばらく考え続けた。

〈山本は、いい男だ……〉

出所後、田岡を見舞いに行ったとき、三代目の口ぶりからも、山口組の若頭である山本健一を信頼していることがうかがわれた。

石井が、あえて兄弟分の縁を結びたい、と思う気持ちも充分にわかっていた。

稲川は、眼の前にある山口組からの贈り物である柱時計を見ながら石井に言った。

「石井、いい縁じゃないか……」

石井は、稲川親分に頭を下げた。

「親分、ありがとうございます……」

石井は、心の中で誓っていた。

〈親分……山口組と兄弟分の盃を交わし、親分に恥をかかせるようなことはいたしません……〉

山口組の若頭である山本健一と兄弟分の盃を交わしておいて、もし山口組が世間が案じているように関東に攻めこむようなことがあれば、稲川親分に恥をかかせることになる。

山本と兄弟分の盃を交わすことは、重大な責任を負うことであった。

稲川には、石井のそのような気持ちもわかっていた。

また、石井と山本の兄弟の盃を交わしたときに、関東の他の組織からの、囂々《ごうごう》たる非難の声があがることもわかっていた。

「稲川会は、山口組の関東進出の手引きをするのか！」

稲川は、石井と山本との兄弟分の盃によって、山口組と深い縁のできるいい機会かもしれない、と思った。

〈むしろ、稲川会が山口組と手を結ぶことで、関東、関西、ひいては日本中の任俠団体の親睦が、よりいっそう強くなる〉

「日本の地下組織の歴史を塗り替えた」

山本健一と石井隆匡が兄弟分の縁を結ぶとともに、山口組若頭補佐益田佳於と、稲川会専務理事趙春樹との兄弟分の縁も結ぶ方向に話が進んでいった。

趙春樹は、大正十二年、中国河北省の天津市に生まれた。昭和十七年、徴用され、軍隊に入った。しかし、昭和十九年の八月、天津で日本軍に捕まり、捕虜となった。

天津から、渤海湾に注ぐ海河の下流にある港町の塘沽《タンクー》に送られた。そこから、船で日本へ送られた。太平洋戦争末期の昭和二十年の正月、門司に着いた。趙は、さらに汽車で大阪を経由し、山形県の酒田に着いた。酒田の捕虜収容所に収容された。捕虜収容所には、中国人や英国人など収容されていた。中国人は、六百人近くいた。趙二十二歳のときであった。

昭和二十年八月十五日、終戦を迎えた。趙は、自由の身になった。

趙は、墨田区の向島に腰を据えることになった。向島に中国人がいて、その中国人の家に転がり込んだのであった。趙たち中国人グループは、戦後の混乱のなかで、しだいに数を増していった。

趙たちは、浅草、上野、銀座と盛り場をわがもの顔に暴れ回る集団と化していた。

いつの間にか、趙は、その集団のボスになっていた。趙の統率力と、信義を重んじる性格が、配下たちの信望を得たのであった。

昭和三十七年の六月、右翼の日本国粋会系の生井一家七代目総長の篠原縫殿之助《しのはらぬいのすけ》が逝去し、生井一家八代目総長には、趙の親分の近藤幸次が就いた。

そして昭和三十八年の五月、森田政治が生井一家九代目総長を襲名した。

趙は、箱屋一家の総長に座った。

趙は、稲川には強く惹《ひ》かれていたが、日本国粋会系である自分が稲川の身内になることは考えられなかった。

趙は、やがて正式に日本国粋会を脱会し、稲川の身内となっていた。

その年の十月二十四日の午前十時過ぎ、神戸市灘区篠原本町の、田岡一雄組長の邸宅に、黒塗りの車四台が横づけになった。

車から、稲川をはじめ、石井、趙ら幹部九人が次々に降り立った。

山本と石井、益田と趙の兄弟分の盃が、同時におこなわれることになっていた。

マスコミは、この日の盃を「日本の地下組織の歴史を塗り替える儀式」と書いた。

稲川は、若い衆に代わって三代目の体を支えるようにして、二階に向かった。

二階には、大広間が広がっていた。広間と次の間との境の襖《ふすま》は取り払われていた。畳五十枚の広さがあった。山口組の祝事や定例会は、この大広間でおこなわれることになっていた。二階大広間の正面にある床の間左手には、大理石の大きな置物が据えてあった。

山菱の代紋の下に、《山口組三代目組長　田岡一雄》と刻みこまれている。

その他、翁《おきな》と媼《おうな》の像などが飾られていた。

やがて、山本と石井、益田と趙の二組の盃事《さかずきごと》がおこなわれた。

大広間には、張り詰めた空気が漂った。

大広間の神前には、山口組側から山本、益田、稲川会からは、石井、趙が、それぞれ向かい合って座った。

二人の前には、真新しい三方が置かれ、その上に、素焼きの盃が二つ、懐紙でつながれていた。

取持ち媒酌人が、口上を述べた。

「ただいまより、山口組田岡一雄若衆山本健一と、稲川会稲川聖城若衆石井隆匡、兄弟分、固めの盃事をとりおこないます……」

二つの盃に、均等に酒がつがれた。

石井は、山本と同時に盃を口に運んだ。

石井も山本も、飲み干すや、懐紙で盃を包んで懐にしまった。

石井は、山本と手を固く握り合った。

〈兄弟……〉

取持ち媒酌人が、二人の握り合った手を、上と下から固く押さえた。

山本と石井とが同時に凛《りん》とした声を放った。

「兄弟、よろしく頼みます……」

続いて、益田と趙の兄弟盃がおこなわれた。

稲川は、二組の盃事を見守りながら、田岡に心の中で呼びかけていた。

〈これまで、おたがいに紆余曲折《うよきょくせつ》があったが、これからは……〉

稲川は、関東の他の組の親分たちにも、心の中で話しかけていた。

〈この縁組が、はたして山口組が関東に進出してくる手引きとなるか、逆に歯止めとなるか、これからの結果が、すべてを語るだろう……〉

関東二十日会の結成

少し話が前後するが、稲川の提案により、昭和四十七年の十月二十日、関東の博徒九団体の親分衆や、最高幹部たちが、向島の料亭「桜茶屋」に集まった。

その日の宴の最中に、どこの会からともなく話が出た。

「これから、こういう会を毎月一度持つことにしましょう。そして、各団体の交友、親睦を、いっそう深めましょう」

おたがいの組同士で、無益な血を流し合う愚を、それぞれの組の親分も最高幹部も、いやというほど知っていた。

おたがいの組同士の親睦がはかれれば、末端で起こった間違いも、トップ同士の話し合いで食い止められる。

おたがいの組同士の親睦は、どの組も願っていたことだが、それまで実現の機会がなかった。が、その日をもって、せめて博徒だけでも親睦の会を持つことになったのであった。

会の名は、最初二十日に集まったことから「関東二十日会」と命名された。

関東の博徒である住吉連合会、松葉会、日本国粋会、日本義人党、二率会、交和会、双愛会、東亜友愛事業組合、稲川会の九団体の親睦会であった。

それ以後、毎月二十日、夕方の六時から、その月の当番の会が決めた場所で会合を持つようになった。

各会から、会長をはじめ最高幹部三人から五人が出席した。

末端での抗争も、その月の当番の組がすぐに仲裁に入り、大きな抗争が火を噴《ふ》かぬよう抑えた。「関東二十日会」が結成されて以来、関東でおさまらぬ事件は、一つとしてなかった。

いまや、関東二十日会の親睦と友好関係の深さは、日本全国の任侠団体からうらやましがられていた。

工藤会と草野一家の手打ち

稲川会長は、工藤会最高幹部の田中新太郎組長が、草野一家系極政会の組員二人に昭和五十四年十二月二十三日夕方、射殺されたことを知るや、六本木の本部事務所で腕を組み太い眉《まゆ》をしかめた。

〈工藤会長と草野総長は、もともと親子なのに……〉

もともと、工藤会会長の工藤玄治と、草野一家総長の草野高明とは、親分子分の間柄であった。

草野総長は、工藤会の大幹部であったが、昭和三十八年に九州侵攻をはかった山口組の組員二人を殺し、北九州市小倉南区北方幸町の紫川に捨てた、いわゆる〝紫川事件〟で十年の懲役刑を受けた。草野総長は、服役中、組の解散声明を出した。ところが、草野総長が昭和五十二年春に出所するや、工藤会のなかの旧草野組組員が草野総長を担ぎ、新しく草野一家が旗揚げされた。それに加え、草野総長は、福岡県の二日市温泉で、昭和五十四年暮、山口組直系の博多の伊豆組組長の伊豆健児と兄弟分の盃を交わした。

工藤会は、山口組と対抗する後述の関西二十日会系であったから、事情は複雑な様相をおびてきた。

しかし、草野総長と伊豆組長との縁組の席には、工藤会長、矢坂組長も後見人として出席した。ところが、田中組長だけは欠席した。つまりは、大勢として工藤会と草野一家は、〝共存〟路線をとっていこうとしていたが、田中組長は、その路線に反発したかたちになっていた。

稲川は、工藤会長、草野総長ともども古くからの知り合いであった。

工藤会最高幹部田中組長射殺事件以来、草野一家と工藤会との発砲事件は、相ついだ。

草野一家系大東亜会の佐古野繁樹会長と工藤会系の矢坂組矢坂顕組長が撃ち合い、二人とも死んだ。

二月二十五日、稲川会の稲川会長と、第二陣である林喜一郎、和田永吉、山川修身、田中敬、それに若い衆数人が福岡空港に降り立った。稲川はこの戦いをおさめるよう頼まれてのことであった。

昨夜は小倉は雨であったが、この日は、雪に変わっていた。気温は零度を下回り、あたりは凍っていた。十年ぶりの厳しい寒さであった。

飛行場は、福岡県警の機動隊により、ものものしい警戒態勢がとられていた。

稲川会長は、工藤会事務所に入ると、三階の工藤会長の自室に上がった。田中新太郎組長や矢坂顕組長の遺影に線香をあげ、悔やみを言ったあと、工藤会長とじっくり話し合い、工藤会長の肚《はら》のうちを聞いた。

稲川会長は、工藤会を出ると、一段と激しくなった雪の中を、京町の草野一家の事務所に向かった。

草野一家の事務所のまわりも、機動隊に取り囲まれ、厳重な警戒態勢がとられていた。

稲川会長は、幹部を引き連れ、応接間に入った。

佐古野繁樹会長の遺影に線香を上げた。佐古野会長の冥福を祈った。

それから草野総長と膝をまじえてゆっくりと話し合った。

前日、先発で来ていた趙、長谷川、森田、森ら幹部たちから草野総長の肚は聞いていたので、話は早かった。

草野総長の話を聞き終わると、稲川会長が言った。

「草野君、では、これから工藤会長のところに行こう」

草野総長は、稲川会長に頭を下げた。

「よろしくお願いします」

稲川会長は、草野総長とおなじ車で、工藤会本部に再び向かった。

稲川会長は、三階の工藤会長の自室に草野総長を連れて上がり、工藤会長と草野総長を会わせた。

そして、稲川会長が言った。

「工藤さんと草野君は、もともとは親子じゃないですか。親子喧嘩《げんか》をして子が親に楯を突くようなことはいけないことだ。子が親に詫びることは、世間の誰に聞かせても、恥ずかしいことではない。笑われるどころか、むしろりっぱなことでしょう」

草野高明は、工藤会長と稲川会長に素直に頭を下げた。

「いろいろと、ご迷惑をおかけいたしました」

工藤会長の目頭が、一瞬うるんだ。

稲川は、草野高明に声をかけた。

「草野君、これからは、親孝行するんだなあ……」

工藤会長と草野総長の二人は、おたがいにどちらからともなく手を取り合い、固く握り合った。

稲川の目頭も、つい熱くなっていた。

〈思えば、たくさんの貴重な犠牲者を出した抗争事件だった……〉

稲川は、二人の手を固く握り合った姿を見ながら、大役を果たせた安堵《あんど》にようやく全身の緊張を解いていた。

田岡一雄と稲川の最後の食事

稲川は、二月二十五日の夕方、工藤会と草野一家とのいわゆる〝九州戦争〟の手打ち式を終えるや、稲川会事務局長の田中敬に命じていた。

「明後日《あさって》の朝、三代目のところに九州戦争の結果を報告に行く。その旨を三代目の本部に連絡しておけ」

草野一家の草野総長は、山口組系博多の伊豆組伊豆組長と兄弟分の盃を交わしていた。

そのため、九州戦争がエスカレートし、山口組と、反山口組といわれている工藤会が加盟している関西二十日会との戦いにまでいたらねばいいが……と稲川をはじめ心ある者たちは先行きを心配していたほどであった。

二十七日、稲川と稲川会の幹部たちは、田岡邸の玄関を上がり、左手洋間の奥の一段高い日本間に入った。日本間の真ん中には、大きな黒檀のテーブルが置かれていた。その左手に稲川が座った。正面を向いて、趙理事長をはじめとする稲川会幹部が座った。

しばらくして、田岡組長が奥の部屋から組員に支えられるようにして日本間に入ってきた。その姿は、稲川が想像していたより元気そうであった。

田岡組長に付き添うようにして、文子夫人も入ってきた。

田岡組長は、正面の座ぶとんに座ると、横手に座っている稲川に手を差し伸ばすようにして言った。

「稲川君、こっちに、こっちに……」

稲川は、田岡組長の言葉に甘え、田岡組長の右手の座ぶとんに座り直した。

二人は、床の間を背にして座った。

稲川は、田岡組長、文子夫人と挨拶を交わしたあと工藤会と草野一家との抗争を手打ちさせた経緯を、田岡組長に細かく報告した。

田岡は、稲川の手をしっかりと握った。長い闘病生活のためであろう、痩せた手であった。

田岡は眼を細め、心からよろこんだ。

「いや、ありがとう。ありがとう……きみが出ておさめてくれるのを、いつかいつかと待っていた……」

稲川も、田岡組長の手を強く握った。

稲川は、田岡のよろこんでくれる姿を見ながら、あらためて報告に来てよかった……と心の中で思っていた。

田岡一雄は、はずんだような声で言った。

「久しぶりに、二人でお茶漬けでも食べようかねえ……」

稲川は、田岡に無理をさせまいとした。

〈三代目は、長い病床生活で、食欲もないだろうに……〉

しかし、田岡は、文子夫人に言った。

「お茶漬けを持ってきてくれんか。稲川君と、いっしょに食べるんや……」

やがて、文子夫人自ら膳を運んできた。

稲川は、膳に出された茶碗を見て、一瞬わが眼を疑った。茶碗には、稲川会の代紋が焼かれていた。湯呑みにも目をやった。湯呑みにもまた、稲川会の代紋が焼かれているではないか。

三代目が、稲川のために、わざわざ稲川会の代紋入りの茶碗と湯呑みを作っておいてくれたのだ。

稲川は、三代目の温かい心尽くしに胸が詰まった。

〈三代目、そこまで……〉

田岡一雄

稲川はまさか、それが田岡組長との最後の食事であり、この世での最後の場面になるとは思いもしなかった……。

石井の逮捕・服役直前の出来事

石井隆匡は、昭和五十三年十一月、警視庁捜査四課に逮捕された。昭和五十一年九月、東京都内の会社社長らに、韓国の釜山市内でトランプ賭博「バカラ」で楽しませた。帰国後、負けた客から、厳しい取り立てをした容疑などであった。

まだ石井の刑が確定していないころ、東京都葛飾区小菅にある東京拘置所に、稲川会長が面会に訪れた。

「出てきたら、おまえに会長を譲るから」

稲川は、石井にそう言った。

石井が勾留《こうりゅう》されているとき、碑文谷一家九代目の長谷川春治、森田一家の森田祥生の二人は、石井の面会に行った。

そのとき、石井が、長谷川にささやくように言った。

「これから、おれも長い懲役に行くことになる。理事長として、会長にも会にも、めいわくをかけることになる。留守のあいだ、代わりの者を理事長に据えるよう、会長に話してくれ」

石井は、せっかく稲川聖城会長から理事長の要職に据えてもらったのに申しわけない、会のためにも、一日も早く理事長の代わりを立てるべきだ、と思っていた。

長谷川が言った。

「わかりました。オヤジにそのように伝えておきます」

稲川は、翌日、六本木の稲川会本部で、長谷川、森田から、石井の言葉を聞いた。石井の心中を思った。

〈石井、おまえもこれから大変だろう……安心してつとめに行けるよう、新しい理事長を、すぐにでも立てる〉

稲川は、石井に面会に行き、後任の理事長問題について言った。

「後任の理事長を、趙春樹にする」

石井は大きくうなずき、言った。

「あとのことは、よろしくお願いします」

稲川は、それから数日して、箱屋一家総長の趙春樹を新しい理事長に据えることを決めた。

〈趙なら、石井に代わる大役を果たせる……〉

昭和五十五年五月の終わり、稲川は、趙春樹を新理事長に据えることを発表した。

田岡死去、稲川葬儀委員長

山口組三代目田岡一雄組長は、昭和五十六年七月二十三日に死去した。六十八歳であった。

葬儀は、昭和五十六年七月二十五日に、田岡家葬、七月二十八日に、密葬がおこなわれた。

山口組の本葬は近づいていたが、誰が葬儀委員長をつとめるのか……いろいろと揉《も》め、決めかねているようであった。

山口組組葬のチラシ（案内状）を、前もって作り全国に配らねばならない。そのため葬儀委員長ならびに葬儀関係者を早めに決めねばならない。

八月の終わり、稲川は、最高幹部数人を連れて、新幹線で、神戸に向かった。

田岡家に入り、田岡組長の霊前で焼香したあと、正面玄関左手奥にある応接間に入った。

部屋には、文子未亡人と、山口組最高幹部たちが、ずらりと並んでいた。

文子未亡人は、稲川にあらためて頭を下げ、言った。

「葬儀委員長を、稲川さんにぜひともお願いしたいと思います」

稲川にとって、思わぬ申し出であったが、一瞬間を置き、きっぱりと答えた。

「私でよかったら、つとめさせていただきます」

稲川は、三代目の死に水をとったとき、心の中で三代目に語りかけていた。

〈あとのことは、私の力でできるかぎりのことはさせていただきます〉

三代目の霊に報いるためにも、葬儀委員長という大役を無事果たすことを、その場で心に誓った。

しばらくして、稲川は、文子未亡人に声をかけた。

「ところで姐《ねえ》さん、施主は、山健ですか」

文子未亡人は、一瞬複雑な表情になった。

筆頭候補である山口組若頭の山本健一は、昭和五十一年三月、拳銃不法所持など五つの罪の併合審理により神戸地裁で懲役三年六ヵ月の実刑判決を受け、五十四年に刑が確定し、大阪医療刑務所に服役中であった。

娑婆《しゃば》に出られるのは、一年先の五十七年の八月を待たなければならなかった。

稲川は、かつて関西労災病院に田岡一雄を見舞いに行き、三代目と姐さんと三人でいろいろ話し合ったとき、三代目の口からはっきりと「四代目は、山健」と聞いていた。

いくら山本健一がつとめに行っているとはいえ、施主に山本健一を選ぶのは当然、と思っていた。しかし、施主は山本健一ではないようである。

文子未亡人は、困惑した顔で言った。

「施主は、直若が全員で……」

稲川は、いちおう納得はしたが、文子未亡人のその言葉を聞き、三代目亡きあとの四代目を誰に決めるかは想像以上に複雑だと思った。

人間なんてものは、持ちつ持たれつだ。相手を立ててこそ、いつか自分も立てられる。もしここで、山本健一を立て、施主は山本健一に……という者がいれば、のちのち問題は起きまいが……。

稲川はそう思い、その声を待った。

しかし、同席していた最高幹部たちの誰からも、

「山本健一を施主に……」

の声は聞かれなかった。

〈山健がつとめから帰ってきても、四代目問題は、揉めるな……〉

稲川は、あらためてそう思った。

十月二十五日、山口組組葬がおこなわれた。

葬儀場は、田岡邸に隣接する七百坪の空地であった。式場のまわりは、警官や機動隊員が取り囲んでいた。ジュラルミンの盾を持った機動隊員が一メートル間隔で並び、垣根をつくっている。

兵庫県警は、神戸市長選もおこなわれたこの日、朝から厳戒態勢に入っていた。

会場前には、「現地警備本部」を設置、制服警官と私服警官と三百四十人の機動隊員、さらに交通機動隊員まで動員、その数八百四十人で警備にあたっていた。

稲川会の幹部たちは、会長が葬儀委員長ということで山口組組葬の客というより葬儀関係者という立場で、山口組の組員たちと共に参列者の側に立っていた。

稲川の背後から、ささやき声が聞こえる。

「さすがに、日本の首領《ドン》の葬儀だ。出席者は、全国の親分たちばかりだ。稲川さんが葬儀委員長になったこともあって、本来ならとうてい出席するはずのない親分たちも、次々にやって来るじゃないか……」

読経が中断されると、焼香の前に、葬儀委員長の挨拶や弔辞が読まれる。

会場いっぱいに、

「本葬儀執行委員長、稲川殿、御挨拶」

という声が響き渡った。

稲川は、静かに眼を開けた。

稲川は、黒の紋付を着た稲川会副理事長の森泉人を伴い、祭壇の前の正面に歩み出た。

稲川は、会葬者に一礼をした。

森は、一歩前に出てマイクの前に立ち、墨で書かれた巻紙をおもむろに代読し始めた。

おなじ修羅の道を突っ走り続けるしか生きる道のなかった三代目への、最後の語りかけであった。

「三代目親分の人間的な魅力は、私たちが一番良く承知しているところでございます。いまさら言うまでもなくその高潔な人格と、立派な業績とを顧みるとき、まさに日本一の昭和の侠客と言わざるをえないのでございます。警察がなんといおうと、マスコミがなんと騒ごうと、三代目親分は立派でした。幼少にしてすでに不運な境遇に生きなければならなかった波乱の人生の中でなお社会的な正業に力を注いだ立派な人生観と一筋の道を全うなされた偉大な信念とは、人々が尊敬の念を以て見上げるあの霊峰を頂く大山のように高く、潔く、そして、四方八方から風を受けても微動だにしない尊厳をさえ感じさせるのでございました」

三千余に上る会葬者たちは、田岡一雄に対する稲川の語りかけに、身じろぎもせず聞き入っていた。

挨拶が終わると、稲川は、多数の参列者に対して深々と頭を下げて、最前列の元の席に戻った。

続いて、順に焼香がおこなわれた。三千余におよぶ参列者のしめやかな焼香がおこなわれるなかで、稲川は、瞑目し、あらためて三代目に別れを告げていた。

〈三代目……さようなら……〉

堅気の任侠道

稲川会長は、趙理事長に言った。

「おれは、跡目を理事長にと思っているんだ……」

が、口の重い趙理事長は答えた。

「それは、とんでもない。私は、そんな器ではないです。そのうち、横須賀（石井）が帰ってきますよ」

ヤクザの世界では名を呼ばず住んでいる土地の名で呼ぶ。

それから間もなく、趙理事長は親しいある親分に漏らしたという。

「オヤジが私を跡目にとか言っているが、それは、曲がりなりにも理事長を無事につとめた私へのオヤジの褒美の言葉だよ。その言葉だけで、私はありがたい」

昭和五十九年七月七日、石井は、刑期を終えて長野県須坂市にある長野刑務所から出る直前に押送された神奈川県横浜市港南区にある横浜刑務所から出た。

石井は、出た足で、稲川会長のもとを訪れた。その席で、稲川会長の口から驚くべきことを聞かされた。

「石井、おれとおまえは、高い所からみんなを見ていようよ」

その言葉は、稲川会二代目会長の座を譲るのは、石井ではないことを示唆していた。

稲川は続けた。

「理事長の趙春樹に、譲ろうと思う」

稲川は、自分がまだ現役で健康なうちに二代目を決めておこうと思ったのである。

子分たちにあとを任せて、自分は高いところから、もう少し見ていようと思っていた。

石井は、ためらうことなく、深くうなずいた。

「私は、全面的に、向島（趙）に協力します」

そして、石井は、側近に、あくまで落胆の色は見せなかった。石井は、気持ちを切り替えるかのように、側近にきっぱりと言った。

「なにか、実業をやろう」

石井は、もともと、昭和四十二年に、土建業を営む「巽産業」を設立した。のち横須賀一家六代目総長となる宮本廣志が副社長に就いた。

稲川会長が「オヤジ」と呼ぶ右翼でフィクサーの児玉誉士夫からも注文を受けていた。実業への意欲は、旺盛であった。

だが、あくまでも、石井が本気だったのは任侠の世界であった。二代目襲名の目がなくなって、実業に力を注ぐことを決心したのである。

石井は、側近に言った。

「堅気《カタギ》の仕事をしよう」

側近は、石井に、庄司宗信をあらためて引き合わせた。庄司は、経営していた銀座のクラブ「花」が潰れて、とくに決まった職もなかった。

庄司は、昭和五十九年十一月半ば、石井に、栃木県の鬼怒川温泉に誘われた。

石井は、しばらく前に横浜刑務所を出所したばかりであった。

〈これまでの垢《あか》を落としたいんだな〉

のんびりとした湯治のつもりで、庄司はお供した。

庄司は、石井と二人きりで、温泉につかった。庄司は、石井の背中を見て驚いた。

〈印刷、ないや〉

印刷とは、入れ墨のことである。庄司は、「花」を経営しているころ、石井といっしょにゴルフをしたことはあった。が、石井は、いつも風呂には入らずに帰ってしまった。そのせいで、石井の背中に、その世界で生きる証《あかし》ともいうべきそれが彫り込まれていないことを庄司は知らなかった。石井は、いわゆる、白無垢鉄火《しろむくてっか》であった。

石井は、ヤクザの世界でも特異な存在であった。武闘派の多いヤクザのなかで、政治経済をはじめとして世の中の動きにも目を向けていた。ヤクザの世界だけでなく、どこに行ってもひときわ群を抜くだけの才能があった。人を束ねる力も持っていた。

庄司は、常々思っていた。

〈石井さんには、政界にも確固としたパイプもある。経済界にも人脈がある。これからは、児玉誉士夫のようなフィクサーになってほしい〉

企業舎弟の時代

石井は、温泉で刑務所の垢を落とし、部屋で庄司と向き合ったとき、庄司に初めて打ち明けた。

「おれは、ムショの中で、よく考えた。これからは、いつまでも裏社会だけで生きていたくはない。表社会でも、活躍したい。そのために目をつけているのは、不動産と株だ。かならずや不動産と株の時代になる。おれも、それを手がけたい。そこで……」

石井は、自ら合法的なビジネスを目指そうと決意した。

「博打で仲間内で金を取り合うのは、時代遅れだ。これからのヤクザは、税金を払わなくてはいけない」

暴力団を取り巻く環境も厳しくなっていた。昭和五十七年の商法改正により、総会屋、暴力団への企業からの利益供与が禁止された。暴力団組織は、新たな資金調達ルートの開拓に着手せざるをえなかった。

石井は、鋭い眼を庄司に向けた。

「そのための会社を、つくりたい。おまえに、そこの表向きの代表に座ってもらいたい」

庄司は、いわゆる、「企業舎弟」の日本での第一号となったのである。

石井は、昭和六十年二月、「北祥産業」を資本金三千万円で設立した。「北祥産業」は、千代田区麴町三丁目の一角、半蔵門通りにあるビルの五階に事務所をかまえた。石井自らは会長の座に就き、庄司が、社長に就任した。

事業目的として⑴不動産の売買、仲介、⑵日用品、家庭雑貨の輸出入、⑶歌手、芸能タレントの養成などが掲げられた。

佐川急便社長渡辺広康

庄司は、北祥産業が設立して間もなく、江東区新砂にある東京佐川急便に出かけた。

東京佐川急便は、「佐川急便」グループ約百社のなかの中核産業である。そのころ、従業員は四千人を超えていた。

かつて庄司が経営していた「花」の得意客であった渡辺広康は、いまや、東京佐川急便の社長として、佐川グループナンバー2の実力者となっていた。

庄司は、「北祥産業」の名が刷り込まれた名刺を、渡辺に差し出した。

「渡辺さん、ぼくはちょっと縁があって、稲川会の石井会長といっしょに仕事をさせていただくことになりました。石井が会長で、私が社長になって新しい会社を立ち上げたんですよ。石井が『ぜひ挨拶に行きたい』と言ってます。社長、どうですか？」

渡辺は言った。

「ぜひ、石井会長にお会いしたい」

庄司は、後日、あらためて石井と共に東京佐川急便を訪れた。その際には、気持ちとして、渡辺が、石井に、一千万円を包んだ。

庄司は、さっそく不動産情報の収集に専念した。

そのうち、庄司の耳に、興味深い情報が飛び込んできた。

「東京佐川急便が、配送センター用地を物色している」

さらにくわしく調査した結果、東京佐川急便が特定の暴力団と結びついていないと判断した。

庄司は、石井と渡辺との席を料亭にセットした。その席で、石井は、渡辺から経理担当常務を務める早乙女潤を紹介された。

「わしの右腕と思って、かわいがってもらいたい」

頭の禿げあがった早乙女は、丸い眼鏡越しに人の良さそうな眼をかがやかせ、頭を下げた。

石井は、頭を下げながら、心の中で苦笑いしていた。

〈この男は、どんなことがあっても、渡辺さんの寝首をかくことはあるまい……〉

三月、北祥産業が東京佐川急便による大田区内の配送センター用地買収の仲介を手がけた。

不動産の仕事は、順調に進んでいった。

先の渡辺社長側近の早乙女潤常務は、石井に呼ばれた。要件は、東京佐川急便社長の渡辺広康のことである。

佐川急便のネットワークを全国に広げた渡辺社長の手腕は、高く評価されていた。

三菱銀行（現・三菱ＵＦＪ銀行）をはじめとした大手銀行が口をそろえて言った。

「東京佐川急便は、無担保で無制限だ」

しかし、渡辺社長は、そのころ、元代議士の中尾宏の経営する月刊総合誌『ビッグＡ』に叩かれて困っていた。かって小川薫率いる総会屋広島グループの一員であった高田光司が叩かせていたのである。

側近は、石井に言われたまま、稲川会横須賀一家の井の上孝彦に電話をかけた。

井の上が総会屋の高田に会うや、説得した。

高田は、白旗を揚げた。

「わかりました。もう、渡辺社長については書きません」

一件落着した。

そのことをきっかけに、石井は、渡辺社長のボディーガード的な存在となった。

渡辺社長とすれば、石井のタニマチのような気持ちであったのかもしれない。

ただし、石井は、渡辺社長からの謝礼はいっさい受け取らなかった。渡辺社長ばかりではない。国際興業グループを率いる小佐野賢治に頼まれた案件を解決した際にも、謝礼は返した。

石井は、その代わりに頼んだ。

「いいお仕事がありましたら、こちらにいただけませんか」

それをきっかけに、一億円ほどの仕事を、小佐野から受注した。その仕事の代金でさえも、石井は、受け取ろうとはしなかった。

お金を受け取るのは、信頼関係をつくってからであった。「世話になったから」と嫌々ながら持ってこられるような関係は、一回、二回で繋がりは切れる。信頼関係さえ構築されれば、繋がりは強固になる。

石井は、そのことを意識していたわけではない。もともと、金銭的な利益を追い求めるよりも、人と人との信頼関係を築くことを考えるタイプだった。その結果が、人脈として広がりを見せることになる。

石井は、その後、庄司から頼まれた。

「渡辺さんが、ブラックジャーナリストに、女性問題を書き立てられそうになり、あわてている。ぜひ抑えてもらいたい、と駆け込んできている」

石井は頼みを聞き入れ、渡辺のゴシップ記事の掲載を差し止めさせた。

それから間もなくして、渡辺が行きつけのクラブ経営者の二男と暴力団のトラブルの処理も頼まれ、石井が解決した。

昭和六十年六月、石井は、自身が実質的オーナーである北祥産業を、千代田区紀尾井町三丁目のマンションに移転した。このとき、石井は、渡辺に、マンション名義の連帯保証人になってもらった。そのうえ、主要取引先欄には「佐川急便」と書き込んだ。

石井二代目会長への裕紘のひと言

稲川聖城の長男である稲川裕紘《ゆうこう》が、四年の刑期を終えて札幌刑務所から出てきたのは、昭和六十年七月であった。

これにより、稲川会の、長谷川春治、森田祥生、趙春樹、それに、稲川裕紘と最高幹部の顔ぶれが全員そろった。

稲川聖城が、出所した稲川裕紘に伝えた。

「趙を、跡目にするからな」

庄司は、のちに稲川裕紘から聞かされた。

「おれは、オヤジ（稲川聖城）に強い口調で言ったんだ。『おれの親分は、石井だよ。石井以外に、稲川会の跡目継ぐのは誰がいるんですか』」

稲川裕紘は、十九歳のときから、石井のもとに預けられて修業した身である。

いっぽう、趙理事長は、再三跡目を辞退した。そのすえに、稲川会長に懇願していたという。

「オヤジ、私はそんな器ではありません。オヤジの気持ちは生涯忘れません。しかし、横須賀（石井）がいるのに、私がそれを受けるわけにはいきません。順序としても、横須賀にやるのが順当です。どうか、横須賀に二代目を継がせてください」

昭和六十年の十月、稲川会二代目には、石井隆匡が就くことになった。

石井にとって、自分が跡目を継ぐのに、稲川裕紘のひと言は大きかった。稲川裕紘に、ある意味、恩義を受けたことになった。石井がのちに三代目を裕紘に譲る伏線ともなる。

稲川聖城は、それを機に、稲川会会長から総裁となった。

日興証券、野村證券の口座

石井は、稲川会の二代目に就任しても、実業は、そのまま継続した。

石井は、昭和六十年九月から、太平工業の株取引を始めた。指南役は、誠備グループの加藤暠《かとうあきら》。〝加藤銘柄〟という言葉があるほどの仕手戦の雄《ゆう》である。

石井は、加藤を料亭で東京佐川急便社長の渡辺広康にも引き合わせた。

体重一〇〇キロを大きく上回る巨体の加藤は、下駄のように四角い顔を前に突き出すようにして、教祖めいた自信たっぷりの口調で渡辺にも推奨した。

「太平工業株は、かならず儲かります」

石井は、渡辺からの金で、加藤の言うとおりに太平工業株を買った。

東京佐川急便常務の早乙女潤も、加藤情報に一枚乗った。東京佐川急便名義、早乙女名義で太平工業株の取引をおこなった。

建設株は、それからというものバブルのあおりで高値移動し続けた。

昭和六十一年八月、日興証券の顧客が、本店営業部に、石井を紹介した。応対したのは、営業課長であった。営業課長は、石井がまさか稲川会会長だとは思いもよらなかった。

翌月には、石井の口座を開設した。

この直後、担当課長は異動となった。ただし、石井の身分があきらかになったのは、次の担当者が、神奈川県横須賀市にある石井邸を訪問したときのことである。取引が始まって一年ほどたった昭和六十二年夏のことである。

しかし、取引が継続しているうえ、正当に執行しているので取引を続けた。その後の付き合いは代理人からの指示、意向に従って売買するだけで、日興証券からは積極的にかかわらなかった。慎重に対応した。

昭和六十一年十月、石井の腹心の経営コンサルタントの大場俊夫は、知人を通じて紹介された野村證券の秘書担当役員に連絡した。

「石井名義で、口座を開きたい」

昭和六十一年秋、野村證券会長である田淵節也は、総会屋の菅野興家と共に、石井と会った。菅野と付き合いのある秘書室担当役員に言われてのことであった。

石井は、田淵に持ち掛けた。

「野村證券さんと、取引をしたい」

その場にいた役員が、本店営業部長に石井を紹介した。

「知り合いの大事なひとだ」

そう言って、稲川会会長だとは知らせなかった。

やがて石井が稲川会会長だと知ったが、取引がきちんとしていたため、そのまま継続させた。

野村證券、日興証券での取引実績によれば、平成元年三月ごろまで、石井名義で、熊谷組、エーザイ、クラウン、中外製薬、日立金属、三菱商事、三井不動産などを、比較的短期に利食いするやりかたで取引を続けていた。

平和相互、川崎定徳、岸信介

北祥産業にいる石井に、庄司が耳よりの話を持ち込んできた。

「茨城県岩間町（現・笠間市）に開発中の、岩間カントリークラブに虫食いの土地がある。手こずっているようです」

石井は訊いた。

「どこの会社が、手がけている」

「太平洋クラブです」

「太平洋クラブといえば、平和相互の系統じゃないか……」

石井の眼が、光った。

「場所的には、いいのか」

「都心から、車を使用しても、電車を利用しても、二時間とかかりません」

「よし、さっそく見に行ってみよう」

石井は、車を走らせ、庄司と開発中のゴルフ場を見に行った。

石井は、歩き回りながら、庄司に夢を語った。

「一八ホール、六八〇〇ヤード、パー七二のコース設計は、おれが、ジャンボに頼もう」

「尾崎将司プロにですか」

「ああ、おれが頼んで断わるやつは、いないさ」

石井は、さらに歩き回り、眼を細めた。

「筑波山を南西に望む丘陵地に造るコースは、湧き水を生かし、池やクリークが多く、ほとんどが打ちおろしホールとなる。いいものにしてみせるぞ」

「えらく、自信たっぷりですね」

「ああ、平和相互には、大きな貸しがあるのさ……」

石井は、「闇の世界の貯金箱」と呼ばれた平和相互銀行に押し寄せる右翼、暴力団の防波堤として、目を光らせていた。

平和相互銀行の紛争の解決に動いていたのは、川崎定徳社長の佐藤茂であった。

佐藤茂は、大正十三年五月二十一日に茨城県石岡町（現・石岡市）に生まれた。昭和二十九年に、川崎定徳に、運転手として入社した。ちなみに、若いころには、右翼の松葉会にいたともいわれていた。

川崎定徳は、立志伝中の人物の二代目川崎八右衛門が興した一大財閥の管理会社である。佐藤は、八右衛門の長男である守之介の大番頭として厚い信用を得た。常務、専務を経て、昭和四十一年三月、川崎定徳社長に就任していた。佐藤は、川崎定徳二代目である川崎守之介から厚い信頼を受けて、「終身社長をやれ」と言われていた。

佐藤は、平和相互銀行と住友銀行との合併に動いていた。それゆえに石井を、合併反対派の平和相互銀行顧問弁護士の伊坂重昭らから切り離しにかかった。石井と東京佐川急便の渡辺広康社長が懇意な間柄であることを知り、渡辺を通じて石井と接触を持った。

佐藤は、石井に「静観してもらいたい」と依頼していた。石井は、佐藤の言うとおりに動かなかった。伊坂らも、石井を取り込みにかかった。伊坂、佐藤の両派が入り乱れて、石井をめぐって水面下で動いていた。

石井は、結局、佐藤側についた。合併に反対する裏社会を完全に抑え込んだ。

なお、石井が静観したのは、実は、岸信介元首相から電話があり、「乗っ取りに協力してほしい」との電話であったともいわれている。

土地と金、一石二鳥

石井は、佐藤と平和相互銀行に大きな貸しをつくっていた。

石井は、ほくそ笑んだ。

「一石二鳥とは、このことさ……」

石井は、ただちに、川崎定徳の佐藤茂社長と会った。

岩間カントリークラブは、平和相互銀行系列の太平洋クラブが茨城県で開発していた。運営会社は、岩間開発。昭和五十九年六月設立。資本金は八百万円。社長は、平和相互銀行オーナー一族の小宮山義孝がつとめていた。しかし、虫食いをされていて仕上がらず、開発が遅々として進んでいなかった。

しかも、太平洋クラブへの無謀な融資が不良債権化し、平和相互銀行の経営状態を圧迫していた。こののち昭和六十年には、約五千億円の不良債権を抱えていることが判明する。

石井は、料亭で佐藤茂に会い、頼んだ。

「太平洋クラブの開発中の岩間カントリークラブが、虫食いの土地のため手こずっているらしい。どうです、いっそのこと、私に譲ってもらえませんか」

佐藤は、穏やかな顔でうなずいた。

「石井会長の頼みとあれば、すぐに私が話をつけましょう」

石井は、佐藤に会っての帰りの車の中で、庄司に言った。

「問題の金だが、渡辺に頼もう」

庄司が、にやりとした。

「一石二鳥というのは、こういうことですね」

石井は、低く笑った。

昭和五十九年十月二十一日、北祥産業は、東京佐川急便の債務保証により、第一相互銀行から五億五千万円の融資を受けた。その資金を、ただちに岩間カントリークラブの土地買収にあてた。

石井は、さらに東京佐川急便の債務保証により北祥産業がゴルフ場開発資金として借り入れた金を、実質的に石井が支配する別会社に貸し付けさせた。

いっぽう、加藤暠情報で株取引に力を入れだした早乙女は、個人取引で一億二千万円の利益を上げ、そのうちの七千九百万円を自ら取得した。

石井は、腹心の経営コンサルタント大場俊夫や稲川会横須賀一家二代目坂本組組長相島功に指示した。

「ゴルフ場開発名目で東京佐川急便の債務保証のもとに借り入れた資金を、株式取引に流用しろ」

ところが、融資先の第一相互銀行側に、北祥産業が石井とつながりのあることが露見した。

石井は、あらたな受け皿の必要性を感じ、庄司に命じた。

「新会社の設立を急げ」

昭和六十一年二月、不動産売買を目的とした「北東開発」を設立した。石井との関係をカムフラージュするために、資本金調達を東京佐川急便の早乙女に依頼した。早乙女は代表取締役に就任したが、実際のオーナーは石井であり、経営は庄司が任されていた。

当初、北東開発の事務所は東京佐川急便に置かれていた。が、四月には、千代田区平河町のビルの一室に移転した。

昭和六十一年五月、北東開発は、北祥産業から、ついに岩間カントリークラブの虫食い土地を購入した。

半年後の十二月二日、石井会長と渡辺社長の話し合いにより、東京佐川急便に太平洋クラブが所有する岩間カントリークラブの開発会社である岩間開発の全株式六百株が売却された。二十日後の十二月二十二日、東京佐川急便から北東開発に岩間開発の全株式が譲渡された。

岩間開発も、東京佐川急便の債務保証のもとにノンバンクから資金融資を受け、岩間カントリークラブの開発を進めた。

昭和六十二年五月、元平和相互銀行管理部長の田辺良が、岩間開発の代表取締役に就任した。平和相銀の管理部長は、特別なポストであった。債権回収の責任者であり、必然的に右翼や暴力団と頻繁に対決する。田辺は、その際、佐藤茂とも面識ができた。

佐藤は、田辺を高く評価した。平和相互銀行幹部のなかでは、裏の世界に睨《にら》みが利く田辺の能力は貴重であった。

岩間カントリークラブの用地は、六割は地上げ済みであった。が、残りの四割は仮契約まですんでいるものの、最後の詰めができていなかった。

佐藤は、田辺を岩間開発に送り込み、土地買収の仕上げをさせた。

田辺は、許認可を受けるため、地方自治体と交渉した。

昭和六十二年六月、すべてのゴルフ場用地の買収が完了した。岩間開発は、県に事前協議の申し出を提出した。

茨城県は、昭和五十九年に、それまで凍結していたゴルフ場の開発を、「一市町村一ヵ所」に限り認める緩和策を実施していた。無事に同意を得た。

田辺良は、昭和六十一年に平和相互が住友銀行に吸収合併されると、東京駐在本店支配人となっていたが、岩間開発側から社長就任の要請を受けて社長となったのだ。

昭和六十三年三月、茨城県が最終承認し、ゴルフ場オープンはいつでも可能になった。

竹下〝ほめ殺し〟の謎

昭和六十二年春、右翼団体「日本皇民党」の街宣車が、国会周辺をマイクでがなりたてながらうねり回った。

「国民のみなさん。この秋には、評判の悪い中曽根さんが退陣します。われわれ国民の代表として、金儲けのうまい竹下さんを、ぜひ総理総裁にしましょう」

日本皇民党は、ポスト中曽根の最有力で自民党幹事長の竹下登に対し、皮肉たっぷりに褒《ほ》め称えることにより、逆にイメージダウンを狙った巧妙な、いわゆる〝ほめ殺し〟作戦を展開した。

車体の横っ腹には、「竹下さんを総理にしよう」、「大道一直線政界刷新　竹下登新総裁擁立」、「誠実清廉の人　竹下登」などと大書されていた。

四国高松に居を構える「日本皇民党」総裁稲本虎翁は、元三代目山口組白神組若頭であった。昭和四十七年に白神組を去り、右翼団体を結成した。

昭和六十二年一月二十二日に、皇民党幹部の名前で政治団体「竹下登輝励会」設立届けを、自治省政治資金課に提出した。事務所は、当時の皇民党本部に置かれた。一月末には、「竹下騎麗会」と称し五台の街宣車に三十人が分乗し、高松を出発した。

竹下への「ほめ殺し」は、島根県の松江市近く、竹下の実家のある飯石郡掛合町（現・雲南市）から始めた。十三台の街宣車を連ねて練り歩いた。

「竹下登を、総理大臣にしよう」

地元の後援会は、よろこんだ。全員が出てきて道路に沿って整列し、日本皇民党の街宣車に頭を下げた。

しかし、あまりにも褒めすぎるので、おかしいと思ったのかもしれない。

三日目くらいには、誰も出てこなくなった。道路沿いの家は扉どころか、カーテンを閉めきってしまっていた。

日本皇民党を非難する者も出てきた。

「あなたたちの言っていることは、おかしい。竹下先生を応援しているようで、むしろ非難しているじゃないか」

行動隊長の大島竜珉らは言った。

「それは、あくまでも取りようじゃないですか。こっちは、褒めているんですよ」

そう言われれば、相手は、グウの音も出ない。

島根県から始まった活動は、全国に広がった。

稲本は、竹下に対して直接、東京で執拗なほめ殺しを展開していくことを思いついた。国会の本会議が始まる午後から夕方にかけて、永田町界隈の要所でほめ殺し運動を展開した。

竹下は、神経性の円形脱毛症に悩まされた。誰より打たれ強く、したたかな竹下が円形脱毛症に悩まされたのだから、よほどこたえていたのである。

赤坂プリンスホテルの一室に設けられた竹下の選挙対策本部に、朝から晩まで非難の電話がかかってきた。

「竹下は、右翼の支援を受けてまで、総理になりたいのか！」

「竹下さんの背後に、右翼が控えているとは知らなかった。もう、竹下さんに期待はできない」

「竹下さんに、幻滅を感じた」

竹下側は日本皇民党の実体をさぐると同時に、警視庁の鎌倉節警視総監に相談した。

が、鎌倉は苦しげに弁解した。

「皇民党が誹謗しているのなら、中止命令や摘発もできますが……。褒めることは、摘発の対象になりません」

金丸信の三十億円

竹下の側近や竹下派の複数の政治家は、手を尽くして稲本説得に奔走した。

その間の七月四日、竹下登は、竹下派（経世会）を結成した。田中派は、分裂状態に陥った。

それと前後して、竹下派議員が次々と稲本総裁との接触をはかった。

地元の右翼や、ヤクザの親分など、日本皇民党に少しでも面識がある人物に仲介を頼んだ。

大物右翼も、説得に動いた。

「三億円までなら、出す用意がある」

大物右翼は、ふくみをもった話を切り出した。

が、稲本は、丁重に断わった。

「金の問題じゃない」

他の右翼やヤクザからも、それとなく稲本への接触があった。

稲本は、ヤクザに対しては説明した。

「日本皇民党は、ヤクザではありません。あなた方の米びつに、手を突っ込むようなことはしていません」

右翼には、逆に説得した。

「ほんらいなら、田中を裏切った竹下攻撃に協力してくれるのが筋じゃないですか」

「親を裏切った」と言われることになる竹下登の行為とは、昭和六十年二月七日に起きた。そのころ安倍晋太郎、宮沢喜一と並んでニューリーダーと呼ばれていた竹下は、勉強会と称して、所属していた田中派内に「創政会」を結成したのである。

当初、勉強会と聞いてあっさりと認めていた田中だったが、事実上の派中派と知って態度を硬化させた。徹底的に切り崩しにかかった。八十人を予定していた参加者数は、衆議院議員二十九人、参議院議員十一人の四十人に減った。田中にとってショックだったのは、竹下が派中派を立ち上げたというだけでなく、その中核となっているのが、小沢一郎、羽田孜、梶山静六ら手塩にかけた議員たちがふくまれていたことであった。

それからというもの、田中は、ただ黙って、好きなオールド・パーを飲み続けた。そして、二月二十七日、田中は、脳梗塞《のうこうそく》で倒れた。「創政会卒中」とまでいわれた。

さらに、兄弟分に対しても言った。

「兄弟なら、力になってくれるのが筋でしょう。他の者が稲本説得に行くと聞けば、やめさせるのが兄弟じゃないですか」

八月の盆が過ぎたころ、金丸側近のヤクザ世界に顔のある浜田幸一自民党副幹事長が、腰を上げた。

浜田は、山口組系右翼と聞いて、自信をもって請け負った。浜田は、日本皇民党を、山口組本家、いわゆる山菱の代紋だと思っていた。が、よく聞くと、一和会、丸の代紋であることを知り、当初の自信をなくした。

浜田の動きも失敗に終わった。

九月中旬、東京湾沿いの有明埠頭に、金丸の使者が出向いた。日本皇民党の一団は、ここに街宣車を停め、寝泊まりしていた。

金丸の使者は、条件を申し出た。

「三十億円用意しました。料亭で一席設けますから、金丸と会ってもらいたい」

稲本総裁は激昂し、即座にはねつけた。

「三十億円を、眼の前に出してみろ！　おれがその金を手で受け取るか、足で蹴るか、金丸本人が、その眼で見てみろ！」

三十億円という金額は、考えられない金額ではない。一説によると、街宣車を一日中走らせると、車代と人件費をふくめ、百万円かかるという。十台の街宣車を一ヵ月走らせると、三億円かかる。十ヵ月の街宣車で、しめて三十億円かかる。

日本皇民党の竹下へのほめ殺しを抑え込むために、浜田、金丸信はじめ、森喜朗、小渕恵三竹下派会長、梶山静六国対委員長、魚住汎英、参議院議員の浦田勝ら自民党国会議員七人が動いた。浜田、魚住、浦田の三人は本人が、金丸、森ら他の四人は代理人が訪れた。

稲本は、申し出をすべて拒否した。

稲川会会長石井の気迫

皇民党の褒め殺し作戦に困りはてた竹下は、総裁レースを棄権するとまで言い出した。

金丸が、腰をあげた。

「わしに、こころあたりがあるからまかせろ。他の人間を、ウロウロさせるな」

金丸は昭和六十二年九月末日、赤坂にある日商岩井ビル十九階の金丸の行きつけの高級レストラン「クレール・ド・赤坂」で、東京佐川急便の渡辺広康社長に相談を持ち掛けた。

「竹下を総裁にするように、工作している。指名は間違いないと思うが、困ったことがある。右翼の日本皇民党が騒いでいる。このままでは中曽根さんの後継者指名が、竹下にならないかもしれない。なんとかならないかね。竹下政権樹立に、力を貸してくれ」

渡辺は、しばし思案にふけった。組んでいた手をほどくと、ぽつりともらした。

「毒を制するには、毒をもってするのが一番いいと思う。石井会長に、正式に頼んでみますか」

渡辺は、稲川会会長の石井の名前を出した。

さすがの金丸も、一瞬ひるんだ。稲川会会長という大物に正式に頼めば、あとあとどうなるかと考え込んだ。

しばらくためらっていたが、意を決したように頼んだ。

「よろしく、頼みます。石井会長にお骨折り願いたい。あなたからも、お願いしてもらえないか。あんただけが、頼りだ」

話を聞いた石井は、顔をゆがめた。

「竹下？　冗談じゃないよ。親を裏切るようなやつを、なんでおれが推せるんだ。おれには、そんなことは考えられない」

石井は、何度も断わった。

石井は、田中角栄を脳梗塞に追い込んだのは、竹下が強引に創政会を発足したからだとみていた。兄貴分のために指を詰めるほどの信義に厚い石井である。竹下の行為は許せるものではなかった。

が、石井が稲本説得に動き出したのは、十月二日であった。三神忠組長に当たったが、取り付く島もなかった。

石井は、東京佐川急便社長室に電話を入れた。

「渡辺さん、日本皇民党は、ほんとうに竹下を嫌っている。田中を裏切った竹下が、国会議員であることも嫌だといっている。手におえないよ。あなたは、あんな連中と付き合わないほうがいい」

石井は、手を退《ひ》きそうな口ぶりであった。

渡辺は、あわてて、再度の依頼をした。

「稲川会会長であるあなたしか、いない。どんなことをしても、説得してください」

石井は、再度、三神に電話を入れた。稲本説得を依頼した。

石井・稲本会談をセットすることができた。

稲本は、昭和六十二年十月二日の夜、東京・港区にある赤坂プリンス（のちグランドプリンスホテル赤坂）のひと部屋を借り入った。大島竜珉も供をした。

稲本が、一階のロビーラウンジに一人で下りたところに、ちょうど三神が、石井隆匡とともに来ていた。

そこで、部屋で話し合う予定を取りやめて、その場で話したという。

石井は、稲本にこう言った。

「稲本さん、竹下に対する不満があることは承知しています。私がかならず、竹下に田中に詫びに行かせます。そのうえで、おさめてください」

それでも稲本は、難色をしめした。

「私は、命を懸けてやっとるんです。どうしてもやめろというのなら、命を、取ってくれ」

石井の表情が、険しくなった。石井の押し殺したような声に、凄みが感じられた。

「私も、命を懸けるほどの恩義を受けたひとに頼まれている」

石井の気迫は、すさまじいものであった。

石井の覚悟は、岩のように動かぬ稲本をも動かした。

石井は、稲本に言った。

「稲本さん、あなたの顔は潰しません。今回は、この石井の顔を立てて、おさめてもらえませんか」

稲本は心の中で男泣きに泣いた。信念を貫きたいいっぽうで、石井の顔を立てなくてはならない。

葛藤の狭間で、稲本は、ほめ殺しをとりやめる条件を出した。

「石井会長の顔を、立てましょう。その代わり、再度言いますが、竹下が裏切った田中さんにきっちりと詫びを入れるのが条件だ。田中さんに総裁立候補の挨拶をすれば、こちらは手を退きます。竹下が田中邸に日参すること、それが条件です」

石井から金丸への十億円の意味

竹下は、十月六日午前八時三分、黒塗りのトヨタ・センチュリーで田中邸に乗りつけた。冷たい小雨が、しとしとと落ちていた。

田中と同じ新潟県出身の参議院議員である長谷川信が、そこで待っていた。長谷川は、田中の信用も厚く、田中邸に自由に出入りできる一人である。金丸信は、その長谷川に、田中家とのあいだに入ってもらうことにしたのである。

さらに、長谷川は、東京佐川急便の渡辺社長とも親しかった。

長谷川は、あらかじめ打ち合わせのとおり、竹下より十五分ほど前に田中邸に入り、田中眞紀子に、竹下が訪問を求めている旨を伝えていた。

竹下を乗せたトヨタ・センチュリーの運転手は、車を停めると、おもむろに「自民党幹事長」と書かれたプレートを、フロントガラス越しに見せた。

初めに降りたのは、小沢一郎であった。

長谷川に声をかけた。

「先生、先生」

それに竹下が続いて、長谷川に礼を言った。

「ありがとう」

それから訊いた。

「入れないか」

「いや、入ることはできません」

「では、よろしくお伝えください……。明後日《あさって》、総裁選に立候補します、と」

竹下はそう伝えると、小沢と共に引き上げた。その間約三十秒というあわただしさであった。

門前に残った長谷川は、ＴＢＳの蟹瀬誠一記者の前でつぶやいた。

「急だものな……」

しかし、稲本の出した条件は果たした。顔を立てることはできた。約束どおり、稲本は、矛をおさめた。

竹下内閣は、昭和六十二年十一月六日、発足した。それから間もなく開かれた渡辺広康主催の夕食会には、竹下登、小沢一郎も駆けつけたといわれている。

石井の秘書の川瀬章が、石井の車に乗っているときに、石井が言った。

「政治家が、私みたいなヤクザ者と会って飯を食っても、まずいだろ。だから、『お礼に食事を』と言われても断わる」

さらにいえば、石井は、なにかをしたお礼に金銭を授受することはなかった。何億円といった富を手にするよりも、その繋がりが、自分の仕事になんらかの形に繋がるということだった。

なんと逆に、石井の側近は、石井に頼まれ、金丸信に政治献金を届けたのである。札束をいっぱいに詰めたジュラルミンケースを四つ、二日もかけて、二人で運んだ。一人が一度に運べるのは、だいたい二億五千万円。二人で二日であれば、少なくとも十億円はあったであろうと思っている。

「日本の政治のために使ってください」

との名目であった。

石井とすれば、日本を牛耳っている金丸信と竹下に強いパイプを持ったのである。もし金丸事件が起こらなければ、石井は政界に大きな力を持っていたのである。

佐川急便会長佐川清の三千億円の保証

昭和六十三年春、稲川会会長の石井は、江東区新砂にある東京佐川急便本社に渡辺広康社長を訪問した。秘書役である北祥産業の庄司宗信社長を連れていた。

石井は、東京佐川急便本社に顔を出すなり、切り出した。

「渡辺さんのところで、岩間カントリークラブに債務保証してもらえないでしょうか」

石井の手がけていた岩間カントリークラブの開発許可がおりる寸前であった。

渡辺は、石井に訊ねた。

「どこに、どのくらい債務保証をすればいいのですか」

「協和銀行昭和リースに、話がついている。御社で保証してくれたら、順調にいくんだ。百五十億円です」

渡辺は、慎重に答えた。

「私の一存では、決められません。佐川会長と話してみます」

石井は、渡辺の返事を予測していたかのように、強い調子で言った。

「わかった。直接、京都へ行こう」

佐川会長の性格を知りぬいている渡辺は、京都に行かれては困る、とあわてた。

佐川の性格からすると、事情を確認せずに石井の申し出を引き受けるに違いない。しかも、自分抜きで石井と親しくなられても困る。

渡辺は、石井の目の前で、京都の佐川に電話を入れた。

「あ、オヤジさんですか。稲川会の石井会長を紹介したいんですが、そっちへ行ってもいいですか」

「いいよ」

「いつ行ったら、いいですか」

佐川は、即断した。

「明日の夜、来いや」

明晩、渡辺は、石井を京都に案内した。石井と共に、庄司、稲川会の石井の金庫番、それに、北祥産業経理担当者がついて来た。北祥産業の経理担当者は、かなり大きな風呂敷包みを持っていた。

渡辺は察した。

〈ははん、金だな……〉

渡辺は、風呂敷包みのふくらみからして、五千万円はある、と睨んだ。

五人は、京都市左京区南禅寺下河原町にある佐川邸に入った。

渡辺が、切り出した。

「オヤジ、実は、こちらにお見えの方が、関東の稲川会の二代目石井隆匡会長です。先日、竹下登先生が日本皇民党の街宣車に悩まされていたのを、助けられた方です。石井会長は、しっかりしたお方です。これからは、経済活動に邁進され、少しでも国にご恩返しをなさりたいそうです。とりあえず、ゴルフ場開発をされるそうです。百五十億円の債務保証をご要望になっておられます。どういたしましょうか」

それまでやつれを隠しきれなかった佐川は、口から泡を飛ばす勢いでまくしたてた。

「馬鹿野郎！　そんな立派なお考えなら、五百億だろうが、一千億だろうが、かまわない。会社じゃなく、おれひとりで保証するよ」

佐川会長は、石井に言った。

「石井会長が、日本の業界を取りまとめて、いろいろと正しい方向に向かわせるには、二千億円から三千億円が必要でしょう。私は、三千億円を会社でなく、私ひとりで保証しますよ」

このとき、佐川会長は、「一千億円を保証する」と言ったと伝えられているが、事実は、「三千億円を保証する」とまで言い切ったのだ。

その瞬間、いつもは表情を変えることのない石井の顔が、パッと輝いた。

石井は、庄司に目配せした。

庄司は、北祥産業経理担当者から大風呂敷を受け取った。手早く紐を解いた。そこには、手の切れそうなピン札の束があらわれた。

「ヤクザもんは、いつもは、仕事の前にこんなもん出さないいんですが、これは、保証料ということでお納めくください」

渡辺は、すばやく眼で勘定した。想像したとおり、五千万円はあった。

稲川会の稲川聖城からの慣例として、稲川会が、なにか節目となる大仕事のときは、相手に対して一千万単位で金を包むのは常識であった。が、さすがに、これだけの巨額はめずらしいことであった。

石井は、佐川清が、債務保証に太鼓判を押してくれたので、悦に入っていた。

それ以来、石井に対しての債務保証は、東京佐川急便の社長である渡辺が了解すれば、フリーパスになった。

渡辺の右腕である早乙女潤常務は、しだいに不安になってきた。

早乙女が、最終的に債務保証の印鑑を押す。渡辺が、石井に対して、あまりに異常な額の債務保証を引き受けるので、心配になったのである。

早乙女は、渡辺の前で慨嘆した。

「社長、もうちょっと考えていただかないと……」

渡辺は、怒鳴った。

「馬鹿野郎！　おまえは、言われたとおり、債務保証の判押して金出しておけばいいんだ。よけいなことを言うな」

佐川会長は、石井には、三千億円でも保証する、と言っている。

渡辺は、百五十億円の保証を覚悟した。自分が拒否できるわけがない、と思った。

早乙女は、判を押さざるをえなかった。

石井は、佐川急便の債務保証を得て、岩間カントリークラブの開発に成功する。

光進グループ小谷光浩の画策

石井が光進グループの小谷光浩と会ったのは、昭和六十三年の暮れであった。住吉会音羽一家に追いかけまわされていた小谷が、石井に助けを求めて北祥産業のビルを訪れてきたのである。

小谷は、緊張した面持ちで石井に挨拶した。

「初めまして……」

石井は、つとめてものやわらかに挨拶した。

小谷を紹介した秋山清が言った。

「お二人が親しくされることは、なにかと有効かと思いまして……」

小谷は、昭和十二年四月二十九日、大阪市に生まれた。昭和三十七年に同志社大学法学部を卒業すると、大和証券法人部に三年間勤務した。昭和四十年四月、三洋石油大阪支店長、昭和四十四年取締役に就任。翌昭和四十五年、「コーリン産業」（現・光進）を設立した。設立当初は、クボタハウス（現・サンヨーホームズ）の代理店で、それなりの実績も上げている。

小谷をかわいがった一人が、三井不動産の実力者・江戸秀雄であった。小谷は、その縁で、三井不動産に関わる物件の地上げ屋として動いた。

そのいっぽうで、小谷は、株買い占めで名をあげた。昭和六十年末ころから、蛇の目ミシンの買い占めを始めた。昭和六十二年三月には、蛇の目ミシン全株式の二〇％にあたる三千百万株を集め、光進は筆頭株主に躍り出た。小谷は、筆頭株主の権力をちらつかせ、六月から九月まで、蛇の目ミシンの非常勤取締役の地位におさまった。

さらに、昭和六十二年六月には、航空測量、環境調査会社の国際航業株買い占めをはかった。八月から九月にかけて、小谷は、中曽根康弘代議士の後援団体「山王経済研究所」に所属し、会計係の太田英子名義で、株式取引をおこなった。資金は、三井信託銀行から三百億円、住友銀行から常時百億円の融資を受けた。さらに、不動産業の「地産」グループ、日本リースから合わせて一千八百七十五億円の融資を受けた。

小谷は、それらの資金を蛇の目ミシン株、国際航業株買い占めに投資して、昭和六十三年十二月に国際航業の乗っ取りに成功した。小谷は、すかさず国際航業から光進グループに二百四十億円を融資させていた。

小谷は、石井に初対面のときから心酔した。それからというもの、小谷は、北祥産業の事務所にたびたび顔を見せるようになった。

平成元年一月早々、小谷は、石井を後ろ盾とすることを決心した。

石井に申し出た。

「私も、これまでよその組のひとの手助けを借りたこともありますが、これからは、石井会長だけを頼ることにいたします」

石井は、鷹揚《おうよう》にうなずいた。

「ああ、いいですよ。なんなりとご相談ください」

しかし、その国際航業に絡み、小谷は、住吉会音羽一家に命を狙われることになった。

というのも、話が前後するが、国際航業の敵対的M＆Aに行き詰まっていた小谷は、昭和六十三年一月に公認会計士の北見義郎に、手を打ってくれるように頼んでいた。北見を通じた住吉会のおかげで、小谷は、国際航業の敵対的M＆Aを成功させることができた。だが小谷は、石井を後ろ盾にしたので、北見に対し、国際航業買い占めから手を引くことを頼んだ。

しかし、その報酬について揉めた。

北見は、要求した。

「わかった。手を引く代わりに、手切れ金として三十億円ほしい」

石井は、小谷を狙う住吉会とのあいだに入った。具体的にあいだに入ったのは、稲川会系佃政一家六代目の富山正一であった。いっぽう、富山の若い衆が、小谷の家に寝泊まりして護衛した。

北見が要求する額を、手切れ金として、三十億円を渡すことで手が打たれた。

ただし、小谷は、そのようなことで恩義を感じる人間ではなかった。

平成元年四月に入り、石井と小谷が北祥産業で会ったとき、石井は、つとめて物静かな口調で言った。

「岩間カントリークラブの会員資格保証金の協力を、していただけませんか」

小谷は、石井の頼みとあって引き受けた。

「それでは、協力させていただきましょう」

しかし、小谷は、石井に言った。

「ゴルフ場を経営するのに、少々の額では足りません。二千億円くらいないといけません」

そう言ってから、自信たっぷりに見栄を切った。

「私が、稼いでもってきますよ」

小谷は、のちに、蛇の目ミシンを恐喝して七十億円を出させる……。

小谷は、仕手戦の腕は誰にもひけをとらなかった。石井は、その小谷のアドバイスを受けて、アマノなどの株式を買った。三百円から四百円ほどで買ったものが、一千円ほどになった。そのおかげで、数億円の利益を得たらしい。

山口組、一和会の血で血を洗う抗争

山口組四代目が竹中正久と決まったものの、山口組と一和会の血で血を洗う、いわゆる「山一抗争」は続いた。

昭和六十年一月二十六日、竹中四代目が、大阪・吹田市内の愛人宅マンションで、一和会のヒットマンに襲撃されて死亡。

「山一抗争」の熾烈な争いの続く昭和六十年十月、稲川会長は、石井隆匡理事長に二代目会長の座を禅譲した。後継者の争いをめぐる山一抗争を目の当たりにして、稲川会にも骨肉の争いが起きぬようにという深い知恵であったか。稲川会長は、「総裁」ポストを新設し、その座に就いた。

稲川総裁は、「山一抗争」の終結に動いた。昭和六十二年二月、稲川会と会津小鉄会の仲介によって、山口組、一和会双方が、ついに「抗争終結宣言」を出した。

平成元年三月十九日、山本広は「一和会解散、自身の引退」の声明文を神戸東灘署に提出。三月三十日には、当時稲川会本部長であった稲川裕紘に付き添われて山口本家を訪れ、いわゆる〝詫び入れ〟をすませた。

こうして史上最大の抗争は幕を閉じたのであった。

稲川総裁は、平成元年七月の渡辺芳則五代目継承でも後見人をつとめた。山口組二代にわたる継承式で後見人をつとめたわけである。

三百八十四億円のゴルフ場会員権

石井は、北祥産業社長の庄司、腹心の経営コンサルタントである大場俊夫を呼びつけた。

「岩間カントリーは、パブリックでオープンする予定だ。したがって、会員権は発行できない。そこで、会員権に代わるものとして、会員資格預かり証を発行する。将来、岩間カントリーがメンバーシップコースになったときに、会員権を優先的に取得できるという名目で、金を集める。その金を使って、株でひと勝負だ」

岩間カントリークラブの開発は順調に進み、昭和六十三年三月には茨城県が最終承認し、ゴルフ場はいつでもオープン可能になっていた。残るは、クラブハウスを完成させるのみで、プレイするには、なんの支障もなかった。会員資格保証金を支払えば、のちに会員権を発行されて会員となることができる。ゴルフ場としては、開発前に資金を集めることができる。会員権を発行することになっているので、詐欺にもならない。

石井は平成元年一月、従来北東開発が所有していた岩間開発の全株式を、自身が支配する会社の持株会社である天祥に移行させていた。岩間カントリークラブは、石井のものとなった。

一月三十一日、旧平和相互銀行の筆頭株主で川崎定徳社長の佐藤茂が、岩間開発の代表取締役に就いた。田辺良と共に、岩間開発の石井の側近である大場俊夫が監査役に就任した。

二月六日、岩間開発は、株式一千六百株、資本金八千万円の増資を決定した。

三月二十四日、増資分一千株のうち、六百株が天祥にわたり、四百株は佐藤が所有した。佐藤が共同株主に復帰したかたちとなった。

会員権は、平成元年一月、岩間開発社長に就任した佐藤茂の名前で発行された。一口四千万円で、九百五十口が発行された。

石井の指示を受けて会員資格保証名目で集金に乗り出した大場と庄司は、四月から八月までの間に十二社一個人から総額三百八十四億円をかき集めた。

内訳は、一口四千万円で、発行総数が九百六十枚。東京佐川急便が、二百口八十億円。小谷光浩の光進グループの「ケー・エス・ジー」が、百七十五口七十億円。

なお、光進グループの百七十五口の購入は、光進代表の小谷光浩が、親交のあった石井の要求に応じたものであった。蛇の目ミシン工業から脅し取った約三百億円から出資したものであった。

「青木建設」が、百二十五口五十億円。安達学園を経営する安達建之助の安達グループの「エメラルドグリーンクラブ」、「日本オーナーズクラブ」、「日本オーナーズホテル」三社で、合計百二十五口五十億円。加藤暠の誠備グループの「東成商事」、「宝山」の二社で計七十五口三十億円。野村證券系列の「平成ファイナンス」が、五十口二十億円、日興証券系列の「グリーンサービス」が、五十口二十億円。さらに、個人として佐藤茂が七十五口三十億円を支出した。

この会員資格保証金預かり証発行に際し、佐川急便幹部と有力財界人が、「しかるべきときに岩間の預かり証はすべて買い取る」との趣旨の確約書を交わしていたという。

集めた三百八十四億円は、百億円はゴルフ場工事費、百六十億円は東急電鉄株購入資金、百二十億円は石井の関連企業に流れたという。

岩間カントリークラブの「会員資格保証金預かり証」と引き換えに五十億円を支払っていた青木建設が、庄司の紹介で東京佐川急便の子会社「ユートピア修善寺」が進めていた静岡県のレジャー施設の工事を〝見返り受注〟していた。その子会社の社長は、東京佐川急便前常務の早乙女潤であった。

そのレジャー施設は、ゴルフ場やスポーツセンター、ホテルなどを備えた大型プロジェクトであった。総工費は数百億円といわれたが、青木建設は庄司の紹介によりこの工事をすんなりと受注できたという。

石井会長後ろ楯の迫力

平成元年五月末、光進グループ代表の小谷光浩は、蛇の目ミシンの相場信夫秘書室長に電話を入れた。

「副社長に会わせたい人間がいるので、そっちに行く。副社長には、ただ座って話を聞くだけでいいからと言っておいてくれ」

小谷は、昭和六十二年十二月に非常勤取締役として蛇の目ミシンに入っていた。

庄司は、小谷に言われた。

「私は、株の取得で蛇の目のオーナーになっている。蛇の目にいっぺん行って、岩間の会員権のことで説明してくださいよ」

小谷は、庄司と大場を伴って東京・中央区京橋三丁目にある蛇の目ミシン本社を訪れた。

用件は、建設を進めている岩間カントリーの会員権を買ってもらいたいということで、案内書パンフレットなどを置いて帰った。

斉藤洋副社長はゴルフ好きでなく、ゴルフ場の会員権などには関心がなかった。埼玉銀行時代には、友人たちが会員権を何口も持っているように聞かされていたが、斉藤自身はどこのメンバーにもならなかった。役員になってから銀行がかかわっている赤城ゴルフ場をどうしてもと誘われてひと口持ったにすぎない。そこにも、あまり行っていなかった。

斉藤副社長は、この件もよくわからないので、相場秘書室長によく調べておくように命じた。

相場秘書室長が総務部の斉藤展世部長に相談に行って、驚くべきことがわかった。

相場は、斉藤副社長にうろたえた表情で伝えた。

「北祥産業というのは、稲川会の関連企業です。岩間カントリーは、稲川会、北祥産業が関わっているゴルフ場です。買わないほうがいいんじゃないでしょうか」

斉藤副社長は、ただちに小谷に断わりの電話を入れた。

「せっかくの小谷さんの口利きですが、うちでは、岩間カントリーの会員権は……」

小谷は、面子《メンツ》を潰すのかと激怒するかと思ったが、意外な反応を見せた。気にするなとばかりの返事をよこした。

「あれは、うちのほうでファイナンスするからいいよ」

このことで、小谷と稲川会の関係がはっきりした。

平成元年七月初め、ひと目でヤクザとわかる、パンチパーマの男が一人、蛇の目ミシンに顔を出した。秘書室に「北祥産業の使いの者です」と名乗り、一メートルくらいの長い箱に入った大きな鮭を一匹、お中元にと持ってきた。マフィアのしきたりで「魚を贈る」というのは、すでに関係者の命を絶ったという意味だという映画があった。斉藤副社長は、さすがに薄気味悪かった。

もちろん、もらう筋合いのものではない。が、相手が相手だけに無下に断わるのもまずい。

斉藤副社長は、北祥産業の庄司にとりあえず御礼の電話を入れた。

「せっかくのいただき物なので、みんなで分けていただきます」

そのとき、庄司が尋ねた。

「今度、新会社ができて、融資をしてくれるそうですね」

斉藤は、首をひねった。

「何のことですか……」

すると、庄司は察したように言い放った。

「あ、副社長は、担当ではないのですね」

斉藤は、腑《ふ》に落ちないまま、すぐさま小谷に連絡を入れた。

このときも、小谷からは、くわしい説明はなかった。

「ああ、あの件はいいんだ」

はっきりと言わないので、斉藤にはいっそう気味悪かった。

翌日、またしても昨日のパンチパーマの男が蛇の目ミシンにやって来た。今度は、鮭の入った大きな箱を五箱も持ってきた。

「失礼しました。昨日は、数を間違えましまして」

前日一匹もらったとき、「みんなで分けていただきます」と電話したので、相手は、数が足りないと思ったのか、五匹も持ってきた。

斉藤は、相場秘書室長に指示した。

「ワイシャツの生地でもみつくろって、お返しに北祥産業に届けるように」

相場秘書室長は、おびえながら北祥産業にワイシャツの生地を持って行った。

庄司としては、表敬訪問で出かけたほどの意識しかなかった。そのために、蛇の目ミシンに、中元として、鮭を何本か贈った。これがまた、蛇の目ミシン内では問題になった。

庄司がのちに逮捕されてから警察からしつこく訊かれた鮭は、なにも、斉藤が考えたような意味はなかった。石井がいつも、毎年、知り合いから五百本ほど買ったものを贈ったにすぎない。

だが、石井や庄司らは気づかぬ間に、小谷は、石井を後ろ盾としていることを巧みに利用した。石井が実質オーナーである北祥産業社長の庄司を、蛇の目ミシン経営陣に引き合わせることも、小谷の背後に稲川会があることを匂わせるためであった。

小谷は、自分の持つ一千七百万株の蛇の目ミシン株を北祥産業に売却することをちらつかせることで、蛇の目ミシンを脅しあげた。

「三百億円を工面するように」

三百億円は、小谷の要請によって、平成元年八月十日と十一日の二回に分け、飛島建設の関連会社で、光進と関係が深く蛇の目ミシン元副社長の安田正幸が社長をつとめるリゾート開発会社ナナトミから光進へ融資という形をとって送金された。

その一部である七十億円が、石井隆匡が手にしている岩間カントリークラブが発行する四千万円の会員資格保証金百七十五口分の購入費にあてられた。

狙いは東急電鉄

石井らが集めた会員資格保証金は、小谷が仕掛けた仕手戦に投じられた。小谷の狙いは、東急電鉄株であった。

東急電鉄を中核とした東急グループは、大きな転機をむかえていた。平成元年三月二十日、グループを束ねる総帥の五島昇がこの世を去った。横田二郎を中心とする集団指導体制を敷いたものの、そのことが東急グループの求心力を低下させた。

「仕手戦の寵児」とも言うべき小谷の目は、それを見逃さなかった。

東急の概要をいろいろと試算した。その不動産の実態価値は想像以上であった。宝の山ともいえた。そこから考えると、東急電鉄株というのはかなりの値打ちがある。かなりの高騰が見込めた。

そこで、小谷は、石井をはじめ、さまざまなところに買い占めをかけるように働きかけた。

石井は、平成元年四月十一日から、東急電鉄株の買い占めを始めていた。

石井に東急電鉄株購入を持ちかけた光進グループの小谷は、平成元年七月末から八月初めにかけて、蛇の目ミシンに足繁く通っていた。

社長の森田暁、副社長の斉藤洋に、自分が買い占めた蛇の目ミシン株の高値買い取りを持ちかけるためであった。

小谷は、森田社長に光進が買い占めた一千七百万株について、「買い取りについては、蛇の目ミシンが責任を持つ」という念書を書かせた。さらに、融資という形で、三百億円を要求したのである。

このとき、小谷は、鋭い眼を光らせてすごんだ。

「私は、稲川さんの系列の北祥産業に出入りさせてもらっている。私の株は、その北祥産業に渡るかもしれません。そうなると、今度の新大株主は、北祥産業というわけだ。私の親しくしている暴力団は、蛇の目だけでなく、主力銀行の埼玉銀行まで駆け上がって行きますよ。断わるには、金がいるんですよ」

さらに、脅しをかけた。

「斉藤さん、あんたも話を壊したということで、北祥産業に恨まれているよ。大丈夫か、気をつけたほうがいいぞ。大阪から、ヒットマンが二人、来てるんや」

数日後、小谷と親しい稲川会系の組員が、蛇の目ミシン本社社長室を訪れた。

森田社長に、機嫌のいい顔で話しかけた。

「社長さん、小谷に融資してもらえることになったそうですな」

森田が言いかえす間もあたえず、一方的に切りあげた。

「まあ、一つよろしくお願いしますよ」

翌日、小谷が社長室を訪れた。小谷は、笑顔こそ見せているものの、森田にプレッシャーをあたえるように話した。

「なにか私の知り合いが、おじゃましたらしいですね。はやとちりしたらしいですわ」

森田は、あわてて埼玉銀行に駆け込んだ。その結果、埼玉銀行は八月十日、十一日に系列の「首都圏リース」に二百六十億円の融資をおこなった。首都圏リースは、四十億円を加え、蛇の目ミシン系列の「ジェー・シー・エル」に貸し付けた。そのとき、蛇の目ミシン側は、本社の土地を担保として入れた。

ジェー・シー・エルは、即日、前述した安田正幸が経営する不動産会社「ナナトミ」に二百九十六億七千四百万円を貸し付けた。この金はすべて光進に渡った。

そのうちの七十億円が、謝礼として北祥産業に渡ったといわれている。


東急電鉄株は五千円になる?

東急電鉄株は、石井が買い占めを始める平成元年四月ごろまで、一日あたりの出来高(取引高)は、百万前後であった。ところが、九月中旬には一千万株前後にはね上がった。十月中旬から十一月初旬にかけては、六千万株を超す「大商い」となった。

十月二十七日には、七千四百九十九万八千株の最多出来高を記録した。

そのころ、石井の家によく出入りしている宝石商の大久保が、石井に勧めた。

「早く売って、利益を確定したほうがいいですよ」

が、石井は、耳を貸さなかった。

「おれは、博打打《ばくちう》ちだよ。仕掛けどき、引きどきというのは、おれのほうがわかるんだよ」

小谷から、石井に電話がかかってきたのは、そのころのことであった。等々力にある石井の事務所に向かう自動車電話であった。庄司も同乗していた。目黒ＩＣを降りたところであった。

庄司が、石井に聞いたところでは、小谷は、石井に勧めたという。

「株価は、一株あたり二千円に達しました。私が、あと五百円ほどプラスした額ですべて引き取ります」

そのころだけで、含み資産で五百七億円となる。もしも小谷の申し出どおり、二千五百円で売却すれば約六百三十五億円となる。庄司から見れば、石井は、投資としては充分な利ざやを得ることができる。

これまでの石井は、東急電鉄株に手を出さずに、手仕舞いが早かった。昭和六十一年から平成元年三月までの約三年間に、日興証券、野村證券を通じ、日立金属、内外製薬、三井不動産、オムロンなどの株を十万株単位で買い、株価が上がればすぐに売り抜けていた。現物買いばかりの比較的堅実な手口であった。

もしも石井が小谷の勧めに従って、ひと株二千五百円で売却したとしても、五百億円から六百億円の利益を得ていたに違いない。

だが、石井は、硬い表情でいる。

庄司は言った。

「いま二千円ほどの株を二千五百円で引き取ってくれるというのだから、御の字じゃないですか」

「うむ……」

「会長。兜町というものは、頭の先から尻尾まで食べるものじゃないですよ。半分食べて、あとの半分はあとの人が食べる。これが兜町の常識ですよ」

石井は、首を縦には振らなかった。

「社長。不動産は社長に任せてある。株はおれが担当しているんだから。おれに任せろ」

庄司の言葉をはねつけた。

前述したように石井は、平成元年四月から、東急電鉄株を大量購入し始めた。その株価は、二千五百円にまで急激に伸びた。石井は、二百億円の含み益を得た。石井のまわりの者たちは皆、石井に勧めた。

「いち早く利益を確定したほうがいい」

石井は、平成元年の暮れ、大分県別府市から祈禱《きとう》師の松井章夫を、世田谷区等々力の事務所に招いた。護摩《ごま》を焚《た》かせて東急電鉄株の値が上がるのを祈願した。

石井は、この先どうするか、何人かの祈禱師に見てもらっていた。

そして松井は、しかつめらしい表情で東急電鉄株について断言した。

「五の字が見えます」

石井は、それを、「五千円」と解釈した。

あと三千円上がる。石井は、信じきった。五千円にまでつり上がれば、含み益が、倍の四百億円になる。

石井は、実業家として、岩間カントリークラブでも、東急電鉄株でも、みごとに成功をおさめていた。金も権力も手に入れ、さすがに有頂天《うちょうてん》になっていた。

ふだんならば疑うに違いない松井の見立てを、信じて疑わなかった。

さらに、石井の周囲の取り巻きが、煽《あお》り立てた。

「小谷のことだから、二千五百円で引き取っておいて、自分では、五千円で売って、もっといい思いをしようとしているに違いない」

石井は、小谷の言葉や庄司の言葉に耳を傾けようとはしなかった。

株価急落

昭和六十二年十二月末には初めて日経平均株価が三万円台を記録したことに高値警戒感を抱きつつも、関係者の多くは、平成二年の前半は高値が続くものと見通していた。ところが、その見通しに反し、市場は一気に下落した。

東急電鉄株も、平成二年二月には、むしろあきらかに下げに転じた。三月十二日には、一千九百六十円と半値近くにまで暴落した。祈禱師の松井の予言どおりには上がらなかった。五千円にまで上がるどころか、一気に値を下げた。東急電鉄株を買った資産家たちが、これ以上は上がらないと見切っていっせいに売り抜いたのである。

石井は、東急電鉄株は自分の名義で買っていた。事業家としてのやり方を、あくまでもおこなっていた。株を担保とした信用買いもしていたので、東急電鉄株の株価が下がるたびに、相場の変動による損失が生じて委託保証金または委託証拠金の担保力が不足したときに、追加で預ける金銭、有価証券、いわゆる追い証を出した。

ただ、個人で株価を引き上げたり、支えたりするには限界がある。石井は、大きな痛手を負った。それでもなお、売ろうとはしなかった。

石井は、山口組の渡辺芳則組長に次ぐナンバー2の組長をわざわざ横須賀の自宅に呼んだ。仏間に飾っている「竜の玉」という五色に輝く石をその組長に手渡して見せて言った。

「株価は、心配ないから」

組長は、東急電鉄株の値下がりを心配していたが、持ち株は売らないことを約束した。

東京佐川急便常務の早乙女は、北東開発、北祥産業に対する五百億円を超える東京佐川急便の債務保証に、さすがに不安を感じた。

五百億円のうち二百億円は、石井が株式取引資金に運用している。さらに、岩間カントリークラブの会員資格保証金のほとんどを、株式に投入している。

早乙女は、その事情を把握しているだけに、東急株の下落を懸念した。早乙女は、北祥産業社長の庄司を、東京佐川急便本社に呼んだ。庄司に、強く求めた。

「東京佐川急便保証による北東開発、北祥産業の借入金の順次返済をしてもらいたい」

庄司は、自分ではどうにもできないことを話した。

「うちには、金はない。石井会長に行っている金がもどってこないことには、返済は無理だ。会長は株をやっているから、株式担当の大場に話をしてほしい」

早乙女は、ただちに大場を呼び、返済の話を切り出した。

「庄司に会ったが、株式担当のあなたと直接話をしてくれということだった。北東開発の借入金の返済を、お願いしたい……」

大場は、早乙女の話を遮った。

「まあ待て、早乙女さん。会長の意向もあることですから、待ってくださいよ」

その間、東急電鉄株は下がるいっぽうであった。

東急電鉄株への投資は、あきらかに失敗に終わった。石井は、野村證券、日興証券の関連ノンバンクに、購入した東急電鉄株を担保として差し入れることで新たな株買い増し資金としていた。しかし、株価暴落で担保価値も急落。

平成二年三月下旬以後、追い証として、現金または有価証券の差し入れを求められた。日興クレジットには、三月二十七日と三十日の二回にわたって、合計二十五億七千九百万円相当の東急電鉄株が担保に入れられた。野村ファイナンスには、平成二年中に、四回にわたって追い証が差し入れられていた。

そのころ、稲川裕紘のもとにも追い証がかかった。稲川裕紘にとっては、寝耳に水であった。石井が、稲川裕紘の承諾も得ずに、横須賀一家代行で坂本組組長の相島功に、「稲川裕紘」名義で東急電鉄株の信用買いをさせていたのであった。

稲川裕紘は、相島を怒鳴りつけた。

「てめえら、勝手に株を買いやがって。なんで、そのケツがおれのところにくるんだ。てめえらで、やってこいよ！」

庄司はそのころ、たびたび東京佐川急便社長の渡辺広康のもとを訪れた。石井の資金繰りが悪化し、提供資金の焦《こ》げ付きが予測されていた。ここで、渡辺の債務保証を拒まれてしまえばどうにもならなくなる。

北東開発への融資引き出しの名目となった茨城県の「谷田部カントリークラブ」や資金返済見通しの資料などを持ち込んで、債務保証の継続を説得するなどしていた。

石井には、さすがに焦りが生じた。抱えた負債をなんとしてでも取り返したい。

石井会長病死！

石井は、平成二年一月三十日に慶応病院に入院していた。診断結果は、脳腫瘍《のうしゅよう》であった。

石井は、入院間もなく脳腫瘍の手術を受けることになった。

稲川裕紘は、病と闘い続ける石井を見ているのがつらかった。つい、口にした。

「あとは私がやりますから、もうゆっくり休んでください」

稲川裕紘としては、治療に専念してほしいだけの一心から出た言葉であった。

病を押して会長の座にいることがつらくなっていた石井は、稲川裕紘に、稲川会会長の座を譲ることにした。

稲川総裁は、石井を慰留した。

「もう少し、やってくれないか」

石井の意志は、固かった。

「病気を抱えて稲川会を率いることはできません」

稲川総裁が、石井に勧めた。

「それなら、おれに代わって総裁になればいい」

石井は断わった。

「いえ、私は、これで引退します。これからは、事業に専念していきます」

石井の入院で東京佐川急便による借入金の返済の話は、立ち消えになった。

が、平成二年二月に入っては、前述したように東急株の下落が続いていた。

渡辺は、庄司に意見した。

「庄司さん、返済はどうなるんですか。東急株は、このままでは、下がるいっぽうですよ」

庄司は、返済ができなかった。

「会長も入院されてますし……。私では、なんともいえません」

三月に入ると、東急株は、さらに下落していった。最高値三千六十円だったものが、三月三十日には、一千五百三十円にまで落ちていた。

さらに三月二十四日付の『読売新聞』夕刊一面に、「暴力団、株で太る」という見出しが躍った。北祥産業が稲川会の企業であることがあばかれていた。

「北祥産業は稲川会のナンバー2石井隆匡会長が実質的に経営する会社で、急成長を支えたのは『有名運輸会社』の債務保証と協和銀行系ファイナンス会社『昭和リース』の巨額融資であった。東急株の買い占めにも関係している」

この報道が契機となり、二日後の二十六日、東京佐川急便の債務保証の下に北祥産業、北東開発に対して大口貸付をおこなっていた昭和リースは、庄司に対して強硬に返済を迫った。

北祥産業、北東開発の平成二年一月決算は、金融機関から借入が両者合計で六百三十八億円に達していた。

そのため、ノンバンクからの新規借入は困難となり、資金繰りはさらに悪化した。

庄司は、渡辺や早乙女に窮状を打ち明けた。

「にっちもさっちも、いきません！」

東京佐川急便は売上げも上げている。佐川会長が、下がるいっぽうの東急電鉄株の株価をなんとか買い支えようとした。住友銀行から、三百億円の融資を受けた。しかし、下げ止まりを食い止めることはできず、石井は、七百億円の損失を被った。

庄司らが、東急電鉄株を手仕舞いしたのは、九月二日のことである。石井に知られぬまま、東急電鉄株は市場に放出された。

石井は、そのことはまったく知らない。自分は株投資で成功したという夢を見続けたまま、平成三年九月三日を迎えた。

石井は、亡くなる数日前からは、まったく前後不覚の状態に陥った。脳軟化症が悪化したのである。

三代目会長の稲川裕紘は、意識のほとんどない石井の顔の横にかしずき、耳元でささやいた。

「親分、長いあいだありがとうございました」

稲川裕紘の眼からは、大粒の涙がぽろりぽろりと落ちてつたった。

それまで石井の心拍に合わせて音を発していた心拍測定器が、石井の鼓動が停まったことを知らせる音を発した。

いっぽう、兵庫県警は、落胆の色を隠せなかった。石井の病状が少しでも回復すれば、病床で事情聴取する方針を固めていたからである。しかし、石井の死によって、東急電鉄株にかかわる石井の書類送検を断念した。

石井の死は、政界にも影響を及ぼした。その死後、石井の顔で抑え込んでいた右翼陣営が、金丸信への攻撃を熾烈《しれつ》にさせた。

平成三年十一月には、二度にわたって東京・元麻布にある金丸邸に火焔瓶が投げこまれた。

そればかりか、平成四年三月二日には、栃木県足利市で、金丸は銃撃を受けた。

稲川会幹部は語る。

「石井さんが生きていたら、金丸攻撃は、ここまではいかなかったかもしれない」

佐川急便社長逮捕、金丸信引退

石井がこの世を去ってから半年後の平成四年二月、東京地方検察庁特捜部は、東京佐川急便社長の渡辺広康、常務の早乙女潤常務ら四人を特別背任容疑で逮捕した。

北祥産業社長の庄司宗信も、背任容疑で五月十一日に逮捕された。

戦後の典型的保守政治家の一人である自民党の首領金丸信は、平成四年十月十四日、ついに、議員辞職した。金丸は、佐川急便事件の責任をとり、自ら政治家としての命を絶ったのである。

もしも石井が存命であれば、佐川急便とのことは貸し借りの経済行為としてすますことができたかもしれない。佐川疑獄というものはなく、政界の首領・金丸信が政界を去ることもなかった。のちのちの政治状況にも大きく影響を及ぼしていたかもしれない。

庄司は、思う。持ちつ持たれつといった関係ではあったかもしれないが、佐川急便社長の渡辺広康がいたからこそ、石井はあそこまでのし上がることができた。渡辺には、足を向けては寝られないほど世話になった。


平成十八年七月、稲川会は、角田吉男四代目体制を発足させた。その後、角田会長は、平成二十二年二月二十三日に死去し、平成二十二年四月六日、清田次郎五代目体制が発足した。

のちに、石井を迷わせた占い師の一人の阿部芳明が、ぽつりと、稲川会横須賀一家六代目総長である宮本廣志につぶやいた。

「石井会長は、考えようによっては強運だった」

もしも健在のままでいれば、自分が抱いた野望の結末を目の当たりにしなくてはならなかった。東急電鉄株投資での失敗は、石井にとっておそらく耐えがたいものだったに違いない。その心の傷に、さらに塩を塗り込むかのように、野村證券の損失補塡などの問題が絡んだ。石井は、証人喚問を国会で受けざるをえなかったかもしれない。

それが、病気が悪化したためとはいえ、自分の手で三代目に会長の座を譲ることができ、静かに息を引き取ることができた。とても運がいいというのである……。

石井は、よく言っていた。

「おれよりも運のいいのは、オヤジ（稲川聖城）だよ。オヤジにはかなわない」

稲川総裁を慕っていた大幹部たちは、私が取材中、私に言っていた。

「見ていろ、親分がもっとも長く生きて、おれたち全員の葬儀委員長を引き受けることになるから」

稲川総裁は、石井の死から十六年も経た平成十九年十二月二十二日、東京都内の病院で逝去した。

幹部たちの予言どおり、当時の大幹部は一人を残し、すべて鬼籍に入っていた。

稲川総裁は、九十三歳の天寿を全うし、大幹部たちのところに旅発った。私の原作で稲川総裁をモデルにした東映の映画『修羅の群れ』の主題歌の『神奈川水滸伝』の三番は、こう歌われている。

無事でいてくれ　おまえのからだ
心半分　俺のもの
そんなせりふで　別れを惜しむ
男相傘　ほろりと濡らす
雨も神奈川　水滸伝

稲川聖城と石井隆匡、まさに、昭和、平成にまたがった日本の二人の「首領《ドン》」であった。

第三章　必殺篇——広島戦争と山口組

ヤクザが恐ろしいものとは

私は、ふるさと広島のヤクザを描いた映画『仁義なき戦い』を観て、飯干晃一《いいぼしこういち》さんの原作も読んでいたが、とくに広島のヤクザを書こうとは思っていなかった。『仁義なき戦い』の抗争が繰り広げられていたころ、十七歳の私が女性と平和記念公園でデートしていると、警察に言われた。

「今夜は、これから撃ち合いがあるから、このあたりを歩かないでください」

私の小学校時代の同級生も、グレてヤクザになり、抗争に巻き込まれて死んでいた。あまりにナマナマしく感じていたので、いまひとつ、広島ヤクザを書くことに気が乗らなかった。

私は、昭和六十一年の暮れ、徹夜で原稿を書き、朝の八時半過ぎになっていた。テレビでは、モーニングショーをやっていた。田丸美寿々《たまるみすず》キャスターが、広島のヤクザ「共政会《きょうせいかい》」山田久《やまだひさし》三代目会長に質問していた。現在ならありえないことであろうが、このころは、モーニングショーに、ヤクザの現役の親分が登場していた。

田丸さんが、山田会長に訊いた。

「親分でも、恐ろしいものがありますか」

山田会長は言った。

「そりゃあ、わしにもエベセェもんはあるよの」

エベセェというのは、古語の「いぶせし」、つまり得体の知れぬもの、恐ろしきもの、という言葉がなまった広島弁である。

田丸さんは訊いた。

「それは、何ですか」

「そりゃあ、人の心よの」

私はそれまでペンを走らせながら聞いていたが、山田会長の言葉についペンを止めて画面に見入った。

〈ほォ、興味深いことを言うな〉

「いま、おれと相手とで交渉をしている。相手は、あくまで顔に笑みをたたえている。交渉が終わった瞬間、おれが背を向けるや、相手がおれの背をチャカ（拳銃）で撃つ。チャカがエベセェんじゃない。チャカを使っておれを撃とうとした相手の心が、エベセェんじゃろう」

絶えず死と隣り合わせに生きているヤクザは、「娑婆《しゃば》」や「修羅《しゅら》」のように仏教用語を使うことが多い。映画『仁義なき戦い』を観てもわかるように、広島のヤクザは、さらに「腐れ外道《げどう》め！」「往生《おうじょう》せえ！」など、仏教用語を使う。広島は、親鸞《しんらん》の浄土真宗が盛んで、「安芸《あき》門徒」が多いせいか。そういうヤクザ風土のなかで、山田会長がもっとも恐ろしいのは「人間の心」と言ったので、興味を抱いた。

私は、その日、ただちに山田会長に電話を入れた。

「『修羅の群れ』を書いた大下英治と申しますが、今朝のモーニングショーでの『エベセェのは、人間の心』という言葉に興味を抱いた。会長の半生記を書きたい。実は、私は、広島生まれで、広島大学を出て上京するまでは広島にいましたから、広島のことは少しはわかっているつもりです」

山田会長の反応は、早かった。

「ええじゃろう。いつでも来てくれ。ただし、俊藤浩滋さんといっしょに来てくれ」

共政会本部

私は、その一週間後、東映の俊藤浩滋プロデューサーといっしょに、広島に向かった。稲川会の稲川聖城をモデルにした私の『修羅の群れ』を映画化したときのプロデューサーが俊藤さんであった。広島市の黄金山の中腹にある共政会本部を訪ねると、まさに要塞のような建物であった。

私は山田会長に挨拶し、いきなり訊いた。

「まるで、砦のような本部ですね」

山田会長は、ニヤリとした。

「『仁義なき戦い』でも見たかもしれんが、わしが会長に就任するとき、大阪の親分たちに車で挨拶に行った。大阪で踏切で停まったとき、広島からつけてきた車が、背後に停まった。その車から降りた連中が、わしらの車に張りつき、うしろからチャカで、中にいるわしらを狙い撃ちした。

わしは、左胸に弾を受け、奇跡的に助かった。が、幹部の原田（昭三）さんは撃ち殺された。そのときの痛手から、世界に何台もないベンツを買った。それにさらに手を加え、外からチャカでいくら撃ち込んでも、弾の貫けない防弾ガラスを使った。動く要塞なわけじゃ」

山田 久

山田会長は、共政会本部について触れた。

「この窓ガラスを、見てください」

驚いたことに、防弾の窓ガラスというからには、よほど厚いに違いない、と思っていたが、逆にひどく薄いのだ。思わず訊いた。

「こんなに薄くて、大丈夫なんですか？　すぐに弾が貫くんじゃないですか」

山田会長は説明した。

「この窓ガラスは薄いが、弾が当たると、その部分は粉々に砕けるが何千という細かさで残って飛散しないようになっている。それゆえ、弾が中に入らない。貫けないで、止まってしまう」

山田会長は、さらに打ち明けた。

「本部の門と鉄の塀にも、仕掛けがしてある。電気カッターで門や塀を切りにかかると、電気のスイッチを入れる。そのとたん、電気カッターに電気が通り、感電してしまう」

山田会長は、さらに言った。

「ここは、黄金山の中腹だから、山の上からいつ敵が攻めてこないとも限らない。そこで、山の上に、絶えず見張りを置いている」

一度襲撃を受け、奇跡的に助かった苦い体験に基づいた警戒心といえよう。山田会長は、死ぬまで油断を見せることはなかった。

山田会長は、自分の取材のときは、その場に全幹部を集めた。彼らに言った。

「わしが、自分に都合のええように事実を曲げて言うときには、違う、とはっきり言うてくれ」

山田会長は、私の取材を受けたとき、幹部たちの前で、山田会長の妻の弟である清水毅幹事長に釘を刺した。

「毅、おまえ、一人で飲みに歩いとるが、今後は、一人で出歩くんじゃないど」

清水幹事長は、二十八歳で刑務所に入り、十五年つとめて四十三歳で娑婆に出てきた。青春をムショで過ごした清水幹事長にとってみれば、娑婆がおもしろくてたまらないのであろう。それと、自分が好きで飲みに行くのに、ボディーガードを連れ歩くのは悪い、という気がしたのであろう。

山田会長は、続けた。

「ええか。堅気《カタギ》は、殺されることはないんど。中小企業のオヤジが、借金で首が回らなくなり首を吊って死ぬが、ありゃあ、殺されるんじゃない。自分で死ぬんじゃ。ほいじゃが、わしらは、しもうた、思うたときには、この世におらんのど。ゆめゆめ、油断するな」

この取材を終え、東京に帰って五日後、新聞の夕刊を開いて驚いた。清水幹事長が、射殺されているではないか。歓楽街の薬研堀の路上を歩いていて、花屋の前で、背後からモデルガンを改造した拳銃で撃たれ、即死した。

ムショボケ

私は、さらに山田会長に訊いたことがある。

「後継者は、すでに頭にあるんですか」

山田会長は、興味深い答えをした。

「いま網走に長期刑で入っている幹部がいる。もし、その幹部が、ムショボケしとらんかったら、有力な候補じゃ」

私は、思わず訊いた。

「ムショボケ？」

「ああ。ムショの中には、凶器らしい凶器がないんじゃ。木工工場に鑿《のみ》があるくらいでやの。そのせいで、いつ殺《や》られるかもしれん、という危機感が失われる。二十年もムショにいると、いつの間にか、危機感を失う。ムショに入るときは手のつけられん虎だったのに、猫のようになってしまう。そのうえ、一日も早く仮釈をもろうて出ようとして、看守に媚《こび》を売ることまで身に付いてしまう。娑婆に出たときは、使いものにならんようになっとることがある」

私たちの世界と、価値観がまったく逆なのである。

この作品は、わがふるさと広島の戦後裏面史ともいえるが、山田会長はじめ、この作品のため取材した幹部たちのほとんどは、いまは幽明境を異にしている……。

公務員に就職

山田久は、昭和三年十二月十六日に広島県段原に生まれた。

父親の正は、逓信省の管轄下の国際電信電話株式会社につとめる公務員であった。

父親は、二歳年上の兄と四歳年上の姉、それに彼の三人の子を広島に残し、昭和十四年に、母親といっしょに朝鮮へ渡った。そこで、中継所の技師をしていた。

久も、父親の勧めにより、昭和十八年に段原中学を卒業すると、逓信官吏講習所に入った。公務員として人生のスタートを切ったのである。

一年のあいだ講習を受け、満州（現・中国東北部）の牡丹江へ渡り、逓信省気象台につとめた。

昭和二十年八月十五日、講習訓練所の校庭で、天皇陛下の玉音放送を聞いた。

広島には、昭和二十一年の一月十三日に帰った。

一年間は、真面目に働いた。しかし、二年目の昭和二十二年一月の下旬の夜、酔ってからんできた大男を叩きのめした。

この事件は、起訴こそされなかったが、一週間後、新聞に載った。山田久の本名は出なかったが、「逓信局員A（一八）」と載った。

さっそく課長に申し渡された。

「懲戒免職ということにはしないので、自分のほうから身を引いてくれんかね」

山田にとっても、公務員生活に耐えることに限界を感じていた。自分に不似合いな、窮屈な背広を、無理矢理に着続けていたような気がしていた。公務員という窮屈な背広を、ようやく脱ぐことができる。そう思うと、むしろ気持ちは晴々としていた。

〈これからは、遠慮なしに暴れまくったるど〉

山田久は、刃渡り九センチのジャックナイフをポケットに秘め、段原中学の同級生の半村隆一と、闇市を暴れ回った。

戦後、治外法権化した広島

……戦前の広島は、渡辺長次郎を親分とする博徒渡辺一家が支配していた。渡辺一家は、色街平塚町を中心に勢力を張っていた。

渡辺長次郎は、戦時中は、「渡辺義勇報国隊」を結成。四、五百名の組員を軍需工場で働かせた。

しかし、渡辺は、広島市内で昭和二十年八月六日原爆の直撃を受け、死んだ。四十二歳の働き盛りであった。広島を統一していた大親分が死んだため、広島のヤクザの世界は、麻のごとく乱れることになった。

廃墟の広島で、力を持ったのは、渡辺長次郎の流れを汲む博徒天本菊美であった。

その天本から昭和十六年に盃をもらって遊び人の仲間に身を投じたのが、岡敏夫である。大正二年生まれの岡敏夫、二十八歳のときである。

岡敏夫は、十代のころ、共産党員だったこともある。

原爆が落ち、廃墟となった広島では、愚連隊や復員軍人崩れが、野犬のように暴れ回った。彼らは、武装して鉄道貨物の荷物を狙い、奪っていた。広島駅で時間待ちをしている列車の乗客まで脅して、金品を巻きあげた。待合室の旅行者からも、荷物をかっぱらった。

しかし、警察力は弱体化していた。被害者が警察に泣き込んでも、助ける力がなかった。国鉄当局は困り果てたすえ、天本菊美を訪ね、頼み込んだ。

「列車輸送の混乱の整理と、鉄道貨物、広島駅構内外の警備を、親分に引き受けていただきたい」

天本は、その任務を引き受けると、岡敏夫にその警備を任せた。岡は、子分たちを旧陸軍の十四年式拳銃や、MPから闇で流れるブローニングなどの拳銃で身を固めさせ、愚連隊たちと渡り合った。

岡は、警備の指揮を執りながら、鉄道警備の名のもとに、広島一帯に強く根をおろしていった。

天本の引退後は、その縄張りと勢力を継承し、土建業を表看板とする岡組を創立した。

昭和二十一年に入り、賭場の岡道場も開いた。

時を同じくして、市内や近郊にも各親分による賭場が開設された。が、なかでも岡道場は、隆盛をきわめた。その原因としては、渡辺一家、近藤一家など戦前からの博徒の流れを汲む者たちの庇護があったことがあげられる。

さらに、広島駅前に近かったことから、駅前のブラックマーケットに出入りする、近郷近在の闇ブローカーたちの、いわゆる「旦那衆」多数を贔屓《ひいき》として獲得できたことも大きかった。

岡敏夫と五分の兄弟となっていた戦後成金の山本龍三の経済的援助のあったことも大きな力になった。

岡道場を華僑連盟役員張水木の名義にしていたから、治外法権化できたことにより、警察に踏みこまれる危険性のなかったことも大きい。

岡道場は、昭和二十二年のこのころには、なんと月百万円を超えるテラ（寺銭《てらせん》）、つまり博打《ばくち》の出来高のなかから場所の借り賃として客の出す金をあげていた。

岡組長は、岡道場からあがる資金をもとに、多数の子分を養い、着々と地盤の拡大をはかっていた。

駅前付近だけでなく、広島東部一帯も勢力範囲におさめた。

ところが、岡敏夫が破竹の勢いで勢力を伸ばしていくのを、癪《しゃく》な思いで見ている親分があった。テキヤ（的屋）村上組の村上三次組長である。

村上は、神戸の出身で、二十六歳のとき、香具師となって広島に流れ込んだ。彼は、神農会秋月一家の流れを汲むテキヤ祐森親分の身内となった。

終戦の混乱期には、原爆によって廃墟となった広島駅付近に、いちはやく露店を開いたことが大いに当たり、成功をおさめた。

村上組と岡組の血の抗争

村上に倣って、露天商人、香具師が広島駅前に移住し、中国地方随一の闇市として繁盛した。

村上は、広島駅前一帯を自分の主な縄張りとして、村上組を結成した。

村上組は、露天商人から掃除代名義でカスリを取り、付近の商人や飲食店からは、用心棒名義で金を集め、しだいに勢力を伸ばしていった。

村上組は、資金源捻出の活路として、煙草のピースの空き箱による街頭賭博団を組んでいた。

村上三次組長は、同じ広島駅前一帯を縄張りとする博徒岡組と対抗するため、次男の正明率いる愚連隊を行動隊として外郭組織に置き、岡組と勢力を争った。村上正明は、〝向こうみずの暴れん坊〟と異名をとっていた。

村上三次組長は、次男の正明にハッパをかけた。

「岡親分を血祭りにあげ、広島における地盤と勢力の挽回をはかれ！」

昭和二十一年十一月十八日の深夜、村上正明は、子分数人を率いて、岡組長の命を狙いに向かった。

岡道場の近くの空地に転がっている大きな土管に姿をかくし、岡組長を襲う機会を待った。

岡組長は、いつもは不寝番をつけ、枕元には護身用具を置いて寝る。が、この夜は賭場が荒れ、床に入ったのは、真夜中の二時過ぎであった。

村上正明は、岡組長が寝たと判断すると、子分数人といっしょに岡道場を襲った。寝ている岡組長の額を拳銃で殴りつけ、馬乗りになった。

村上正明は、岡組長に拳銃の銃口を向け、叫んだ。

「往生せいッ！」

枕を並べて寝ていた岡組の子分たちも、同じ馬乗りの格好で押さえられていて身動きがとれない。

岡組長は、一度は観念した。

が、勢いに乗った村上正明の冥土への引導渡しの文句の長さの隙をうかがい、拳銃を払いのけた。素早く立ち上がった。その勢いに、岡の子分たちも、いっせいに立ち上がった。

村上正明らと岡組の子分どもの撃ち合いが始まった。

村上正明は、逃走した。

この事件をきっかけに、岡組と村上組は全面戦争に入った。

その半月後の十二月三日の夜、岡組幹部網野光三郎、原田昭三の二人は、逃走中の村上正明がひそかに広島に帰ったという情報を摑んだ。

二人は、拳銃を呑んで、向洋の村上正明の家を襲った。しかし、村上正明を発見できなかった。

その付近を探し回っているうち、村上組の輩下原田倉吉に出会った。

原田倉吉は、網野ら二人に勝負を挑んだ。

「おんどりゃあ、勝負したるど！」

「ええ度胸じゃ。決闘しよう！」

彼らは、近くの向洋大原神社境内で決闘した。

網野と原田は、原田倉吉を射殺した。二人は、射殺した原田倉吉の死体を、近くの大根畑に埋めた。

翌二十二年二月十八日の夜、村上組組員の菅重雄ら数名が、原田倉吉の報復の挙に出た。岡の暗殺をはかり、岡道場に乱入した。

が、菅は、岡組の山上光治に拳銃を奪われた。逆に、山上に射殺されてしまった。

岡組と村上組の血で血を洗う宿命的抗争は、果てしなく拡大していった。

ジャックナイフの久

山田久は、そういう戦いの続くなかで、岡道場で岡組長の姿に惹《ひ》きつけられたものの、自分がヤクザの世界に身を投じようとは思っていなかった。

〈一匹狼のほうが気楽で、わしにゃあ、似合うとる〉

山田は、昭和二十七年に入っても、相変わらず、広島駅周辺をジャックナイフで暴れ回っていた。

十月末、向こうから、蛇の目傘をさした和服姿の恰幅のいい男がやって来た。一見、土建屋の親分と映った。用心棒らしい男を、左右に一人ずつ連れている。

山田は、用心棒と揉《も》め、山田のジャックナイフは、その用心棒の左頬を切りつけていた。電光石火の早業であった。用心棒は左頬を押さえて、橋にうずくまった。

その翌日、山田は、東署に逮捕された。「ジャックナイフの久」の名はとどろいていて、犯人はすぐに彼と知れた。

山田は、傷害罪で一年六ヵ月の懲役刑を受け、島根県の松江刑務所に服役した。彼にとって、最初の実刑であった。二十三歳であった。

山田は、うそぶいていた。

〈これも、わしにとっちゃあ、有名税よ〉

昭和二十八年の暮れも押し詰まった十二月二十一日、山田は、四ヵ月の仮釈をもらって出所した。

年の明けた一月八日の昼下りであった。

広島駅前を歩いていると、角刈りにしたヤクザの若い衆らしい男が、声をかけてきた。

「ちょっと、うちの親分が呼んどりますけえ、来てもらえませんでしょうか」

「親分いうて、誰なら」

「服部武親分です」

弟の服部繁とは知らない仲でもない。比治山小学校、段原中学を通して同級生であった。服部武は、比治山小学校時代、四級上で、顔もよく知っている。しかも、仲間の半村も、子分の盃をもらっていた。

山田は、若い衆に案内され、薬研堀にある服部の事務所に行った。

岡組の幹部服部武は相撲取りと間違えられるほど太っていた。一〇〇キロは、ゆうに超えている。背広の下から太い腹が突き出ている。

浅黒い顔をくずし、まるで実の弟を迎えるように愛想がよかった。

「山田、あんたのことを心配しとったど。いま弟がムショに入っとるが、あんたも、松江で一年二ヵ月も、つらかったじゃろう。ムショの垢《あか》落としに、これでゆっくり遊べや」

山田に、五千円もの小遣いをくれた。この当時、国家公務員の初任給が大卒で八千七百円である。五千円といえば大金である。

その夜、山田を、流川の高級料理屋「安芸船」に案内してくれた。

料理屋では、服部組長自ら盃に酒を注いでくれる歓待ぶりであった。

山田は、服部武の真意をはかりかねた。

〈わしを半村のように子分にするためにしちゃあ、もてなしが派手すぎる。いったい、何の目的があるんかいの〉

確実に相手を狙える〝レンコン〟ピストル

山田は、いい気持ちになり、料理屋を出た。

服部の事務所にいっしょに帰り、事務所の座敷に上がった。

服部武は、ふいに畳に両手をつき、神妙な顔になった。

「実は、あんたに頼みがある」

「そんなに畏《かしこ》まって、なんですかいの」

「村上組の浅野間輝昭を、殺《や》ってほしい」

そばには、すでに組に入っている友人の半村もいた。

服部武は、ひときわ険しい表情になった。

「去年の十二月二十三日の深夜、村上組の若頭の浅野間が、うちの岡親分の経営する遊廓「バンビ荘」を襲った。ガラス戸をめちゃくちゃにめぎおっての。この一月五日にも、わしらの組の広岡正幸がやはり浅野間らに捕まり、脅迫されとる。岡親分はカンカンでの。駅前地区の村上のやつらを、徹底的に殺れ、と親分から指令が出とるんじゃ」

村上組と岡組の抗争は、えんえん続いていた。

服部武は、腕を組み、眉間《みけん》に皺《しわ》を寄せた。

「弟の繋がムショに入っとらにゃあ、あいつに、殺らすんじゃがの」

服部武は、そばにいる半村を、横目で見た。

「これに殺らそう思うても、相手が大物じゃけん、できんじゃろうしの……」

山田は、服部武に一つだけ条件を出した。

「ジャックナイフは使い慣れてきましたが、拳銃で人を殺った経験は、一回もない。拳銃は、絶対に不発のないやつを貸してください」

「わかった。レンコン式のピストルを渡す」

自動装塡式拳銃だと、引き金を引いても、弾倉内の実弾が出ないことがある。そのとき、あらためて引き金を引いても、まず弾は出ない。弾が出ないとわかると、敵に逆襲される。

そのときは、拳銃を握っていても、単なる石を握っているのと同じことである。これほどの恐怖はない。自動装塡式拳銃で、カチャと音がして弾が出ないとき、続けて引き金を引く勇気のある者は少ない、と聞いていた。

その代わり、回転弾倉式拳銃は、弾倉に蓮根のように六つ穴が開いている。そこから、〝レンコン〟と呼ばれている。が、この拳銃だと、かりに一発目の弾が出なくても、また引き金を引けば弾倉が回転して、かならず次の弾が出る。山田は、確実に相手を狙える回転弾倉式拳銃を使うことになった。

山田は、服部から、その夜、レンコン式38口径の拳銃を受け取った。スミス&ウエッソンのミリタリー&ポリスリボルバーであった。

山田は、服部に言った。

「わしは、一年二ヵ月ムショに行っとりましたんで、浅野間とかいう幹部の顔がわかりません」

「道案内は、堂前にさせる」

堂前正雄が呼ばれた。顔にまだニキビのある十八歳の少年であった。

二日後の一月十日夜八時過ぎ、山田は、服部武の事務所にいた。

堂前少年が事務所に駆けこんできた。興奮気味に告げた。

「浅野間が、広島駅前の『赤玉パチンコ』でパチンコをしています！」

山田は、薬研堀から広島駅前に急ぎ足で向かった。「広島会館」の隣りにある赤玉パチンコの前に来た。

堂前少年が店内を覗《のぞ》き込みながら山田にささやいた。

「あの右から二列目の、入口から二番目の台で玉を弾いている黒い鳥打帽の男が、浅野間です」

山田は店に入るや、とっさに、体の右側を見せてパチンコ玉を弾いている鳥打帽の男の横に、ぴたりと体をつけた。銃口を相手の左脇腹につけた。

銃口がぶれないように、右肘を自分の脇腹につけ、固定した。

「往生せえー」

山田は、力の限り引き金を絞った。

轟音《ごうおん》が、店内を揺るがした。

硝煙の臭いが、山田の鼻を衝《つ》く。

鳥打帽の男は、「ウオーッー」と獣でも吼《ほ》えるような大声をあげ、体を痙攣《けいれん》させた。

山田は、今度は鳥打帽の男の右の脇腹を狙い、引き金を絞った。ふたたび轟音がひびいた。

しかし、山田の撃ったのは、村上組組員には違いなかったが、山田が狙っていた浅野間ではなかった。大上卓司であった。

山田は、昭和三十年一月、広島地方裁判所において、懲役六年の刑を受けた。

ただし、山田の撃った大上卓司は、判決の下った三ヵ月後、山田に撃たれた傷が原因で死んだ。もし大上が、もう四ヵ月早く裁判中に死んでいたら、山田は、殺人未遂でなく、殺人罪で、少なくとも十二年以上の刑を受けている。彼の運命は、確実に変わっていた……。

昭和三十四年十一月、山田は、十ヵ月の仮釈をもらって、ようやく出所した。

ところが、山田は、薬研堀のクラブ「あかね雲」で暴れる大男の後頭部を包丁で切った。

山田は、翌日、ともに大男に襲い掛かった仲間の半村といっしょに大阪に向けて逃亡した。仮釈が十四日残っている。その間は逃げ、自首する腹であった。

山田は、計算どおりに逃げ、計算どおり自首した。

「広島に打越あり」の急台頭

出所後、山田は、服部が経営している愛宕町の金融会社「栄興商事」事務所に顔を出した。

服部は、商才に長《た》けていて、ヤクザとしてのあがりだけでなく、連れこみ旅館「夕月」の他、金融会社栄興商事、建設会社「西日本建築」も経営していた。

新しく建てた三階建てのビルの一階が栄興商事で、二階が六部屋ある連れ込み旅館の夕月、三階を自宅にしていた。

山田は、堅気の者が出入りする西日本建築に顔を出すことはなかったが、栄興商事にはしばしば顔を出していた。

服部は、眉間に皺を寄せ、不安そうな表情になった。

「おい、どうも十月ごろに、打越親分が、神戸の山口組の安原政雄と兄弟分の盃を交わすらしいの」

服部は、熱いお茶に口をつけて言った。

「岡の親分も、山村の親分も、なりゆきを心配しとられるんよの」

山田は、身を乗り出すようにして言った。

「へたをすると、打越の親分が、安原との兄弟分の盃を交わすことに成功したチャンスをとらえ、田岡親分の舎弟にでもなれば、山口組が、広島に進出してくることになりますけえの」

「それなんよ。やはり、広島の街は、わしら広島の博徒でおさめるんが、筋じゃけえの」

打越組と山村組が、いずれは衝突するのではないか、と心配してきた。が、それが現実のものとなりつつある。

打越信夫は、大正八年一月生まれで、岡敏夫より六歳年下であった。

打越は、戦後、広島市西部地区の中心地己斐駅前マーケットを根城にして、不良グループの首領として台頭してきた。

昭和二十五年の春、東の岡敏夫の舎弟となって手を組み、組織の拡大を続けた。

昭和二十五年、岡敏夫の舎弟葛原一二三が、岡組に反逆した。

同時に、打越の若衆とも揉め事を起こした。

打越は、若衆三人に、さっそく命じた。

「葛原の外道の命を、取れ」

打越の若衆三人は、「海の記念日」の七月二十日の午後一時四十分、猿猴川でおこなわれていたボートレースの観客に紛れこみ、葛原の命を狙った。レースを見学していた葛原の頭に二発弾丸をぶちこみ、射殺した。

この事件で、「広島に打越あり」と名が高まった。

打越は、力だけでなく、利権漁《あさ》りにも長けていた。昭和二十五年、広島市民の球団である「広島カープ」が発足した。打越は、さっそく「鯉城後援会」を結成した。ファン代表に名を借り、打越は、広島球場の警備、自転車預かり、売店、メンバー表売りまで、球場に関するあらゆる利権を独占した。

打越は、昭和二十七年暮れから二年間にわたり、死者十一名まで出した岡組と村上組との抗争には、中立を装い、直接介入しなかった。そのため、漁夫の利を得て、着々と自分の組の地盤を築き、広島市の中心部へ進出をはかっていった。

運転手の経験もある打越は、昭和二十九年には、実兄のタクシー会社「紙屋町タクシー」の営業権を継ぎ、企業の一歩を踏み出した。

その後、しだいに業績をあげ、昭和三十四年までには、タクシー会社三社を買収した。タクシーも三十二台に増え、市内三位のタクシー会社にのし上がった。三十六年四月には、それまでの有限会社を株式会社にした。

呉を拠点に勢力を伸ばした山村組

いっぽう、呉では、山村辰雄が勢力を伸ばしていた。

山村は、明治三十六年生まれで、岡親分より十歳年上、打越より、十六歳年上であった。

山村は、大正十一年の春、十九歳のとき、呉市の博徒、小早川親分の輩下となり、渡世人仲間に身を投じた。

昭和九年、大阪に行き、浪花造船所で工員となって働いていた。

戦後、郷里の呉に舞いもどった。

昭和二十一年十月、海生逸一親分から資金援助を受け、土建請負業「山村組」をつくった。進駐軍関係の用材や、爆弾運搬の事業に進出することに成功し、着々と財を築いていった。

同時に、裏では、呉市内や周辺の不良どもを集めて盃を交わし、博徒山村組を結成した。

昭和二十四年九月、山村組は、広島の岡組や村上組とともに、「団体等規正令」により、解散を命じられた。

しかし、講和条約発効後の昭和二十七年七月、「団体等規正令」が廃止されるや、ふたたび山村組を結成した。山村組は、またたく間に呉市内を席巻した。身内は、百人を超えるほどふくれあがった。

昭和二十年代後期には、広島市の岡敏夫と兄弟分の盃を交わし、組織は、ますます強大化していった。

山村は、呉で土建業界の雄《ゆう》となっただけでなく、公共事業の大半を請け負うまでになった。呉だけの勢力に飽きたらず、さらに広島への進出もはかった。

昭和二十九年十一月、広島県の宮島町、大野町、大竹市が、宮島競艇施行組合をつくり、ボートレースを始めた。その競艇場の運営のため、当時の宮島町長の梅林義一を社長とする「大栄産業」を設立した。目端の利く山村は、顔を利かし、その会社の取締役に入りこんだ。

さらに五年後の昭和三十四年六月には、梅林町長に代わり、山村が、『大栄産業』の社長に就任した。まんまと、全施設を独占したわけである。昭和三十四年の宮島競艇の年間売り上げは、なんと十七億もある。そのうち、一市二町に還元された金は、わずか四%、七千万円にすぎない。営業と経費を引いた残りは、すべて山村組と、レースの実権を握っていた岩田組の懐に転がりこんだ。

資産十数億円にのぼると噂された山村組は、ここで時を戻すが、昭和二十七年には、広島市三川町のキャバレー「パレス」を買収し、そこを拠点とし、広島市内への進出もはかっていた。

山村は、呉と広島の両市にまたがって、山村コンツェルンを形成していった。

山村は、広島の地元の大親分である岡敏夫への義理を果たすため、岡組に対し資金援助を続けることも忘れなかった。山村は、岡に資金援助をし、昭和三十年には土建業「新生建設」を設立し、企業への進出をはからせた。

しかし、数年後には新生建設は倒産し、山村は、岡に、借りをつくらせた。山村は、その件からも、岡組において発言力を強化していった。

山口組VS本多会の局地代理戦争勃発

いっぽう打越にとって、当然、山村組と岡組の広島市中央部への進出がおもしろかろうはずがない。猜疑心の強い打越は、山村組と岡組の広島中央進出に強い恐怖感さえ抱いた。その緩和策として、山村組の幹部美能幸三、岡組の幹部網野光三郎、服部武、原田昭三らを舎弟とする盃を交わし、組織の維持をはかった。

打越は、山村組の強力な進出を阻止するには、それだけでは落ちつかず、ついに、県外勢力の支援を必要と考えたのであった。

当時、関西の神戸山口組と、犬猿の仲である本多会の勢力が、すさまじい勢いで、関西から中国地方に伸びつつあった。

本多会は、山口組と同じ兵庫県を本拠地とする強大な軍団であった。傘下に百六十六団体、四千九十人と、戦力こそ山口組のおよそ半分であるが、こと本拠地の兵庫県下にかぎってみれば、山口組が五十七団体千三百五十九人に対し、本多会は二十一団体千八百二十三人と、逆に優位を誇っていた。

本多会の総帥本多仁介は、かつて神戸大嶋組の大嶋秀吉組長の配下であった。

山口組の初代山口春吉も、かつて大嶋組長の配下であったことがある。本多仁介は、昭和十三年七月、六甲山麓を襲った大水害を機に、土建業を起こし、大嶋組から独立、本多組を創立した。のち本多会と改称したのである。

田岡一雄は、本多会の力を侮ってはいなかった。本多会と全面戦争すれば、山口組も、本多会も、双方とも崩れてしまう。そう読んでいた。そのため、田岡は、あくまで本多仁介と五分と五分の兄弟分の盃を交わし、友好関係を保っていた。

しかし、幹部の地道行雄をはじめ、山口組の戦闘軍団は、局地戦において、代理戦争のかたちをとって本多会を叩こうとしていた。

打越は、「いまこそチャンス……」とばかり、山口組と手を結ぼうと働きかけたのである。

服部は、山田に言った。

「困ったことに、打越が、山口組と手を組めるということでのぼせあがってしもうてのォ」

山田も、事《こと》の深刻さに頭を悩ましながらいった。

「打越は、義理にしても、親分の兄貴にあたるわけですけえの。へたに広島が火を噴くことにならにゃえが……」

山口組戦闘軍団の導入をはかる

山口組の三代目組長田岡一雄は、神戸市生田区の住宅街の一角の山口組事務所を、組員たちに四方を護衛させて外に出た。田岡組長は、紋付き羽織袴という、厳しいいでたちであった。

この日、昭和三十六年十一月五日午前十時より、神戸市須磨区須磨寺町にある由緒ある割烹旅館「寿楼」で、山口組重鎮の安原政雄と広島の打越信夫打越組組長の兄弟分の盃が交わされることになっていた。

昭和三十五年九月、山口組若衆頭の地道行雄は、鳥取県米子市の山陰柳川組組長柳甲録と小塚組組長小塚斎を自分の舎弟の列に加えた。小塚は、山口組の傘下に入ると、田岡の経営する神戸芸能社の興行下請けとして日本海芸能社を設立し、島根県松江市の南条会を呑みこみ、その支社とした。

山陰柳川組は、昭和三十六年三月、鳥取市進出に動き始めた。山口組を背景として攻めこんできた山陰柳川組への対抗策として、地元鳥取市で、興行を打っている菅原組二代目組長松山芳太郎は、本多会の若頭平田勝市から舎弟の盃を受けた。菅原組を平田会鳥取支部と改称した。

山口組の鳥取進出は、地道行雄が采配をふっていた。

地道は、山口組のなかでも、戦闘は地道、内政は安原政雄、渉外は吉川勇次といわれるほど、戦闘能力を高く買われていた。

「地道の通った跡には、ペンペン草も生えん」

と他の組からも恐れられていた。

地道は、「本多会が、なんじゃい！」と、柳甲録に、徹底的な攻撃を命じた。

柳は、まず、境港市内のパチンコ店の利権のことで松山芳太郎に因縁をつけた。

そのうえ、昭和三十六年十月四日、山陰本線の夜行列車で鳥取に帰ろうとした松山芳太郎を、山陰柳川組の組員の本多稔ら三人組に襲わせた。日本刀で斬り殺させた。

この事件は、山陰道のヤクザ組織に、大きな衝撃を与えた。

山口組の恐ろしさに震えあがった組のなかには、山口組に投降してくる組織もあった。

山口組戦闘軍団は、山陰道一帯に狙いをつけると同時に、岡山県と広島県へも進出しようとはかっていた。

岡山県児島市（現・倉敷市）には、現金屋組長三宅芳一がいた。

三宅は、戦後隠退蔵物資の略奪によって得た巨財を背景に、岡山だけでなく、海を越えた四国の香川県北部にまで睨みをきかせていた。

山口組戦闘軍団は、いずれ現金屋も傘下におさめる腹づもりであった。が、その前に、山陽道一の大都市広島の打越から、安原政雄に対して兄弟になりたいという縁組の申し出があった。

中国一の広島を手に入れれば、四国、九州への睨みもきく。

田岡も、広島との縁組には賛成した。

さっそく広島に知人が多い若頭補佐の山本健一に仲をとりもたせ、兄弟分の結縁をさせることにした。

山口組にとって、広島との縁は願ってもないことだ。

田岡一雄が外に出たのと同じころ、打越組長も、山口組の安原との兄弟分の盃のため、寿楼へ向け、真っ赤に塗った自慢のオースチン・ヒーレーを走らせていた。やはり、羽織袴に紋付き姿であった。

打越組長は、憧れの山口組の田岡一雄の縁に繋がることで興奮していた。

〈いよいよ、わしも山口組と縁ができるんじゃ。これで、山村の外道を抑え込める〉

打越組長は、前述した広島市内で三位のタクシー会社「紙屋町タクシー」の経営を軸に、着々と広島市内に勢力を伸ばしていた。

が、呉から広島中央進出をはかる山村組と、それを助ける広島の地元の親分岡敏夫率いる岡組に、強い恐怖を抱いていた。

打越組長は、その緩和策として、昭和三十五年十二月、刑期を終えて横浜刑務所を出た岡組幹部原田昭三に目をつけ、いろいろと彼の世話を焼いた。

打越組長は、翌年二月の原田の放免祝いの席上、先に触れたように岡組の幹部原田昭三、網野光三郎、服部武、それに山村組の幹部美能幸三を舎弟とする盃を交わし、組織の堅持をはかった。

打越は、舎弟となった原田の出所披露の花興行のチラシに賛助として山口組の田岡組長の名前を使わせてもらったことが縁で、三十六年六月、神戸市の料亭で田岡に礼の挨拶のために会った。

打越は、そのときいらい、すっかり田岡に惚れ込んでいた。

同時に狙っていた。

〈ようし、これを機会に、山口組と縁を結んじゃろう。山口組と縁を結びゃあ、山村の外道はもちろん、岡の親分までも、わしに一目置くに決まっちょる〉

ヤクザの世界は、食うか食われるかの弱肉強食の世界だ。このときでこそ広島も表面上の調和が保たれていたが、明日は、誰が牙を剝《む》き、誰が食われるかわからない。少しでも油断をしていると、食い殺される。とくに打越組長には、政治的手腕こそあったが、岡組や山村組のような肝心の武力がなかった。

山口組と組み、山口組の武力を背景に、広島で他の組に睨みをきかせる腹づもりであった。

山口組安原と打越の盃事周旋

岡組の岡敏夫組長も、同じころ車で寿楼に向かっていた。岡組長は、この日の打越組長と山口組の安原とが兄弟分の盃を交わすことに、初めから反対であった。

岡組長は、今回の盃事の根回しに熱心に動いている山村組幹部の美能幸三から、言われていた。

「山村の親分も、すぐに引き受けてくれとりますけん」

岡組長には、兄弟分の山村組長が、すぐに了承したことが納得できなかった。

なお、美能は、山村組幹部であるが、打越組長と舎弟の盃も交わしていた。その縁で、打越組長の盃のために奔走していたのであった。

岡組長は、美能から、自分もその盃の席に出席してくれと頼まれ、即座に反対した。

「悪いことはいわん。やめとけや。同じ広島の人間同士の盃ならともかく、旅の人との盃は、やめとけや」

岡組長は、打越組長の人間性を根本的に信頼していなかった。

「あんたは、ま、何も知らんがよ。打越ほど考えがのうて、口が軽いのはおらん。それに極道の筋にしても、ああせにゃいけん、こうせにゃいけんいうて、なんぼ教えちゃっても、駄目じゃけん。やめとくがええ。このようなのを相手にしよったら、先であんたがひとり泣くようになる」

美能は、それでも粘った。

「わしが岐阜刑務所から出た当時、打越親分には世話になったことがあるけん」

美能はその後も、広島と神戸を行き来し、岡組長の説得にかかった。

岡組長も、美能の熱心さにほだされ、ついに今日の寿楼での打越と安原との兄弟分の盃の式に出席することになったのである。

しかし、岡組長は、いまだに今回の盃に気が進まなかった。

〈打越が、この盃をきっかけに、妙な動きをせにゃあええが〉

十時から寿楼本館二階の百五十畳敷の大広間で、打越組長と安原の兄弟分の盃が交わされた。

大広間の正面には、中央の右側に山口組三代目の田岡一雄組長が威厳のある表情で座っていた。その左隣りに、山村組親分の山村辰雄が座っていた。

山口組側は、後見人の田岡組長の右隣りが、取持ち人の山口組若頭の地道行雄、さらに右隣りが、見届け人の松本友八であった。

さらに、舎弟頭の松本一美、舎弟の岡精義、安原政雄、松本国松、藤村唯夫、三木好美らが並んだ。この六人と地道を加えた七人が、いわゆる「山口組七人衆」と呼ばれていた。

その他に、若頭補佐の梶原清晴、山本健一、山本広、中山美一らの幹部が並んだ。山口組からは、総勢四十人が出席していた。

いっぽう、打越側は、山村の隣りに、取持ち人の岡組組長の岡敏夫、その隣りが、見届け人の広島の横奥組組長横奥喜平、さらに呉の海生組、岡組、山村組、横奥組、打越組からの混成部隊四十人が座った。

八十人を目の前に、安原と打越がおたがいに正座して向かい合った。

短く髪を刈り、血色もよく、堂々たる体軀で正座している安原は、貫禄充分であった。

打越は、緊張に強張った顔をしていた。

張り詰めた空気の中で、盃固めの式が進められた。

二人の前には、真新しい檜の白木で作られた四角い台である三方が置かれている。その上に、素焼きの盃が二つ、懐紙で繫がれている。

取持ち媒酌人の地道行雄が、口上を述べた。

「ただいまより、山口組組長田岡一雄舎弟安原政雄と、打越組組長打越信夫、兄弟分、固めの盃事とりおこないます」

二つの盃に、均等に酒が注がれた。

打越は、安原と同時に盃を口に運んだ。

打越も安原も、盃を飲み干すと、懐紙で盃を包んで懐にしまった。

打越は、安原と手を固く握り合った。

取持ち媒酌人の地道が、打越と安原の握り合った手を、上と下から固く押さえた。

打越と安原とが、同時に凛《りん》とした声を放った。

「兄弟、よろしく、頼みます」

打越は、興奮に頰を紅潮させ、心の中でつぶやいていた。

〈次は、田岡親分から舎弟の盃ももろうて、広島をわしが制覇してみせちゃる〉

山村組長は、この盃を見ながら、ひときわ険しい表情になっていた。

〈わしゃあ、迂闊《うかつ》なことをしてしもうたのォ……気軽に打越と安原の盃を認めたが、大変なことになる。

〈へたをすると、広島は山口組に荒らされ、わやになるかもしれんど〉

わやや、というのは、広島弁で、めちゃくちゃにされることをいう。

勘の鋭い山村組長の予感は、やがて的中することになる……。

山村組の勢力が拡大

昭和三十七年四月、山田久は、親分の服部武に呼び出され、服部の経営する愛宕町の金融会社栄興商事に行った。

服部は、山田をソファーに座らせていった。

「岡の親分が、いよいよ引退することになったぞ」

山田は、番茶をひとすすりして訊いた。

「ところで、岡親分の跡目は、どうなるんです」

「呉の山村さんが、預かる」

「打越さんも、岡親分には、よほど嫌われたもんじゃのォ」

「岡親分は、打越が、山口組と接近しすぎることを、えろう嫌うとるけんの。例の打越が、安原だけでなく、田岡親分とも盃を交わし、舎弟になろうと焦ったときも、打越を、えろう怒ったけんの」

山田も、その一件は耳にしていた。打越は、この年三月、田岡から、念願の舎弟の盃をもらう日取りまで取り決めた。しかし、盃を焦るあまり、兄弟分の安原にも相談せず、話を決めてしまった。安原は怒った。異を唱えた。

それを知った岡組長も、打越組長に田岡との盃に反対する、と強く迫った。

「広島は、やっぱり広島の博徒でおさめるべきじゃ。旅の者を入れるべきじゃない！」

安原、岡組長の反対により、打越組長と田岡組長の盃は、ひとまず延期となった。

服部が言った。

「それに、岡の親分は、打越が、博打のカスリを自分のところに持ってこんことに怒っとったしのォ。打越に跡目をまかすと、そのカスリが、みんな山口組に流れることを恐れ、山村さんにそっくり預けることにしたんよの」

山村組長と岡組長の関係は、五分ではなく、山村組長が岡組長に対して、五厘上がりの兄弟分である。岡組長は山村組長に対し、五厘下がりの兄弟分であった。

岡組長は山村組長を呼ぶとき「兄貴」と呼ぶが、山村組長は、岡組長を「兄弟」と呼んでいた。

山田は、頭の中で岡組長引退後の広島のヤクザ勢力を計算していた。

〈山村組は、これまで六十人じゃったが、岡組をそのまま吸収すれば、いっきょに二百二十人くらいにふくれあがる。それに比べ、打越組は、これまで八十人くらいの勢力で山村組に勝っとったが、これで、完全に山村組に圧倒されてしまうことになる〉

山田は、服部に言った。

「打越のことじゃけん、このまま引き下がりはせんじゃろう。広島も、また岡組対村上組の抗争のように火を噴《ふ》くんじゃないですかね」

「わしも、それを心配しとる。へたすると、山口組を相手にやらにゃならんようになるど。いまから、覚悟しとかにゃいかんのォ」

それから一週間後、打越組長は、市内中心部の中の棚にある紙屋町タクシー二階の社長室で、岡組幹部の原田昭三の報告を、怒りに顔をゆがませて受けていた。

原田は、山村の斡旋役として伝えた。

「山村さんが、今度岡組を預かることになりましたんで、ついては、打越さんも、山村さんの若い衆に、ということですが」

原田は、山村の言葉を、少しやわらかく伝えた。実は、岡組を預かることで、「これで、わしゃ、山陽一の大親分じゃあ」とすっかり強気になっていた山村は、息まいていた。

「打越は、わしの若い衆にならしてやってもええ。ほいじゃが、舎弟にはしてやらんど」

打越は喫《す》いかけていた煙草を灰皿の中で捻《ひね》り潰しながら、ののしった。

「わしを、山村の若衆に⁉　山村の風下につく気は、ないわい！」

打越組長は、岡組の跡目は自分、と自他共に認めてきた。神戸の田岡組長にも、そう吹聴していた。ところが、岡組長は、岡組を自分に継がせずに、兄弟分の山村組長にそっくり預けるというのだ。打越組長の腹の中は、煮えくり返っていた。

打越組長は、原田に言った。

「山村の若い衆になるという風の悪いことが、神戸に聞こえてみィ。田岡親分とのあいだが、おかしうなるで……」

取り付く島がなかった。

原田が引きあげると、打越組長はソファーから立ち上がった。

部屋中を動物園の熊のように苛々《いらいら》しながら歩き回り、ぶつぶつとひとり言を言った。

「早う田岡親分との盃を進めとりゃあ、岡親分の跡目は、わしに来とったかもしれんのに……安原め、兄弟分のくせに、わしに嫉妬して、田岡親分との盃をささんようにしたのが、こういう結果になってしもうたんよの」

打越組長は、そばにいる幹部の山口英弘に言った。

「おい、わしゃあ、明日にでも、岡親分への盃は返すけえの。広島をわしが制覇しちゃる。呉の山村の外道に、広島をとられてたまるかい！」

打越組長は、そのためにも、延期になっていた田岡組長との盃を、早急に現実のものにしなくては……とあらためて決意していた。

広島ヤクザの世界は、風雲急を告げていた……。

「逆縁の盃」騒ぎからの顚末

山村組の幹部である網野、原田、美能の三人は、後述する福岡空港で打越組長に殺されるという情報を受け、昭和三十七年七月一日、打越と舎弟の盃を交わしていた山村組の他の幹部、永田重義、進藤敏明、それに入院している服部武に代わって弟の服部繁を加え、紙屋町タクシーの二階にある打越組の事務所に盃を返しに向かった。

舎弟の側が兄貴に盃を返すことは、「逆縁の盃」で、この稼業ではやってはならないことであった。それをあえてやる六人の覚悟は、動かなかった。

打越組長は、青ざめた顔で待っていた。

六人を代表して、原田が殺気立った口調で言った。

「打越さん、いままで、いろいろと世話になったですが、今日かぎりで、他人になってもらいますけん」

打越組長の青ざめた顔は、そのとき、土色になっていた。

山村組長は、網野ら六人がそろって打越組長に盃を返したことを知ると、その夜、山田が助手席に乗ってボディーガードして呉に帰る車の中で、上機嫌で言った。

「これで、打越も、広島じゃあ大けな顔はできんようになったど」

山田も、その言葉を信じた。

〈打越さんも、これで終わりじゃろう〉

打越組長は、それから三日後の七月三日、岩本組と浜部組の手打ちの失敗と、網野、原田、美能の三人を殺すよう命じたいわゆる福岡空港事件の責任をとり、左小指を第二関節から切断した。その指をアルコール漬けにして瓶に入れ、山村組長に差し出して詫びを入れた。

その当時、広島や呉では、盃を水にすると、かならずといっていいほど、付録に拳銃の一発がついた。打越組長も、殺されるのを恐れた。打越組長は、その夜のうちに、東京に逃げた。

山村組長は、いよいよ強気になった。

「これで、広島と呉を、わしが完全に制覇したで……」

山村組長は、それまで打越組長がやっていた広島球場の警備の仕事まで取りあげてしまった。ところが、山村組長も、そのままわが世の春を謳い続けるわけにはいかなかった。

打越組長が、山口組の助けを借り、巻き返しに出てきたのである。

打越組長は、指を詰めて山村組長に届けた屈辱を生涯忘れまい、と復讐を誓っていた。幹部たちに言っていた。

「山村の外道め、いまいい気になっとるじゃろうが、かならずわしが巻き返してやる。反対にひねり潰しちゃる……」

打越組長は、兄弟の盃を交わしていた山口組幹部の安原政雄に、頼み込んだ。広島に乗り込み、梃入《てこ》れをしてもらうことにした。

七月十七日から、安原と、舎弟頭の松本一美が、広島に乗り込んだ。打越組の勢力挽回のための根回しを始めた。

安原の根回しが功を奏し、八月三日、市内三川町にある清水旅館に打越組長に舎弟の盃を突き返した網野、原田、美能の三人が集まった。本来なら服部もこの場にいるはずであったが、このとき入院していた。

打越組長に対し、詫びた。

「福岡空港事件は、根拠があいまいで、誤解から生じたもんじゃった。一方的に盃を返したことを、許してください」

三人は、打越組長から、舎弟の盃をあらためて受けることを承知した。

打越組長は、顔をほころばせた。

〈どうじゃ、山口組の代紋をかたどる金バッジが、いかに底知れぬものか、これでようわかったじゃろう〉

それから三日後の八月六日、山口県湯田温泉の松政旅館の一室で、打越組長は、さらに自ら仲裁人となり、岩本組と浜部組の手打ちもおこなった。

勢いを得た打越組長は、その二日後の八月八日、広島市内の料亭「魚久」で、山口県防府市の田中会会長田中清惣を舎弟に、山口県岩国市中村組組長中村展敏を子分とする盃を交わした。山村組攻略の外堀を着々と埋めていった。

打越組長は、安原に頼んだ。

「安原の兄弟よ、去年からいうとった三代目の舎弟にしてもらう話よの、一日も早う実現したいんじゃ。三代目に、頼んでくれんかのォ」

打越組長の長年の念願は、ついにかなった。

九月二日、打越組長は、神戸において、山口組三代目田岡一雄から、六十一番目の舎弟の盃を受けた。盃の神酒を感激にふるえる手で飲みながら、打越組長は、心の中で山村組長に挑みかかっていた。

〈山村よ、これでわれも、わしにゃあ、迂闊に手を出せんど〉

打越組長は、このときから、山口組の組織に倣い、それまでの打越組を再編成し、連合組織「打越会」とあらためた。

代紋も、山口組に倣って同じ形にした。打越会の看板の横には、「山口組中国支部」の看板まで掲げた。

打越組長は、幹部の山口英弘を、初代若頭に据え、結束をはかった。

山村組は本多会と親戚付き合い

いっぽう山村組長は、山口英弘が打越会の初代若頭に据えられたことで怒り狂った。じつは、山口英弘は、山村組長にひそかに近づき、打診していた。

「親分、わしゃあ、打越にはついていけんけえ、親分の若いもんにしてもらいたいんじゃ。お願いします」

山口英弘は、山村組幹部の樋上実と兄弟分であった。おまけに、山口英弘の妻は、山村組長の経営するキャバレー・パレスの支配人石崎文雄の妹で、山村組とは近い関係にあった。

山村組長も、山口を引きとることを認めていた。ところが、その山口英弘が、打越会の初代若頭に就任したのだ。

山田久は、この年の暮れの雪の激しい夜、服部組長の入院していた大学病院を見舞った。

服部組長は体を悪くして入院し、病院から指図をしていた。

服部組長は、山田に言った。

「二、三日前、笠岡の浅野親分が見舞いに来て、『本多会と親戚付き合いをせんか』いうんじゃ」

服部組長と、笠岡の浅野真一組長は、山田が村上組の大上卓司を撃って広島刑務所に入っているあいだに、兄弟の盃を交わしていた。

浅野組長は、山田が、昭和三十四年の十一月十二日に広島刑務所から出所したときも、わざわざ出迎えに来てくれたほど義理堅い人物である。

今回も、服部が山村組の若頭として悩んでいるのを、見るに見かねて縁話を持ち込んできたのである。

服部組長は、ベッドから半身を起こし、強調した。

「本多会と組むことで、統一のとれん山村組にも、びしっと一本筋が通る。わしらが、いま、打越会だけでなく、山口組と戦っているんじゃや、ということが、全員にはっきりと伝わる。そうすることにより、結束が強くなり、山口組にも対抗できるようになる」

「浅野の親分が、そこまで熱心におっしゃってくださるとは、ありがたいことじゃないですか……」

山田も、このまま打越会の連中に山口組と同じ紋をつけられ、わが物顔で広島の町を闊歩されるのは癪であった。

「広島は、何も山口組の植民地じゃないわい！」

無性に腹が立っていた。

広島は、広島の者で守り、旅の者には指一本触れさせないのが、理想だと思っていた。

しかし、敵が山口組を導き入れてしまい、山口組の者を広島の町でものさばらせるなら、こちらも手をこまねいている必要はない。

山口組と唯一拮抗できる戦闘能力を持っている本多会と組むのも、いたしかたない。いや、積極的に組むべきだ、と思った。

第二次広島戦争の火

山口組は、中国地方一帯を呑みこむため、山陽道の攻略にかかった。

が、本多会も、山口組に踏みにじられるままにしていなかった。

山口組が、山陰を攻め落としている間に、本多会の平田勝市は、岡山県で拠点をつくっていた。

昭和三十六年十月に、平田会新見支部をつくったのをはじめ、平田会津山支部、平田会岡山支部をつくった。

本多会と同盟を結んでいる重岡房二率いる黒崎組も、三十六年二月、黒崎組津山支部をつくった。岡山清水組も傘下に吸収した。

やはり本多会と同盟を結んでいる姫路木下会の高山雅裕会長も、岡山島津組を吸収、岡山平岡組も傘下にした。

同様にして、本多会と同盟を結んでいる大阪中山組の中山武夫組長も、三十七年の十一月に、岡山石田組を合併した。

本多会はこれらの同盟軍と手を組み、山口組の山陽道制覇を、まず岡山で防ごうと躍起になっていた。

しかし、山口組は、岡山だけでなく、海を越えた四国の香川県北部にまで睨みをきかせている現金屋組長三宅芳一の取り込みにかかった。

三宅組長は、敗戦後の混乱期に、旧軍用被服廠を略奪、横流ししていっきょに巨財を握り、進駐軍から「内海のカポネ」とあだ名された人物である。以後、土建業、観光ホテルを経営し、さらに競艇にも介入し、利権を拡大していた。

しかし、「第二次広島抗争」勃発六ヵ月前の三十七年十一月、三宅組長は、岡山県会議員になることを宣言し、引退を表明していた。

三宅組長は、その跡目を、幹部の熊本親に譲ることをほのめかした。

それを知った現金屋の主流派である畠山派は、内紛を起こした。熊本親は、畠山一派を抑え込むため、近く山口組の若衆頭で、山陰道進攻に采配をふっていた地道行雄と舎弟の盃を受けることが決まっていた。

山田は、あらためて思っていた。

〈どこの県も、似たようなことが起きるんじゃのォ……弱い者は、やられそうになると、強い者に助けを求める〉

熊本が地道と盃を交わすことが決まり、親分の三宅芳一も、田岡組長から、山口組客分の盃を受けようとしている、と山田も耳にしていた。

焦った本多会の平田勝市は、広島の山村組長と縁を結ぼうと手を伸ばしてきたのであった。

昭和三十八年二月四日の朝の十時から、神戸・須磨の料亭寿楼で、本多会会長の本多仁介と、山村組長との盃が交わされた。

山田久は、そのわずか八日後の三十八年二月十二日、広島拘置所に収監された。三十五年八月中旬に、執拗にからんできた運転手くずれの大男を包丁で刺殺した事件で、二年七ヵ月の判決を受けたためである。

山田が広島刑務所に収監されているあいだ、広島では、ついに、神戸の山口組、本多会を巻き込んでの第二次広島戦争が勃発した。

その導火線となったのは、打越会初代若頭の山口英弘破門事件であった。

美能幸三の画策

打越信夫会長は、昭和三十八年二月二十八日、沖縄の観光旅行から帰るなり、紙屋町タクシーの事務所に向かった。その車の中で、山口英弘に代わり二代目の若頭となっていた植松吉紀から、耳打ちされた。

「親分、昨日、突然、山口組から安原さん、山健さん、松本さんら幹部が広島へ来られちょります」

山口組若頭の安原政雄は、打越信夫と五分の兄弟盃を交わしている。その安原だけでなく、若衆の山本健一、松本一美ら大幹部までそろって広島にやって来るとは、ただごとではない。

植松は続けた。

「安原さんらは、うちの山口英弘を、破門にせい、というとられるんです」

「山口を、破門に……」

打越は、あまりに唐突な要求に驚愕した。

山口組が、山口英弘に疑いの眼を持ち打越会から追放しようと思っていることはわかっていた。

山口英弘は、打越と敵対関係にある山村組幹部の樋上実と兄弟分の間柄であるばかりでなく、山口の妻は、山村組長の経営するキャバレー・パレスの支配人石崎文雄の妹でもあった。

山口英弘は、山村組長と親しいこともあり、打越会長が、山口組の田岡一雄三代目組長と舎弟の盃を交わし、山口組信奉政策を取ることへの非難も強めていた。

宇部の岩本組と徳山の浜部組との抗争の際も、岩本組を応援する打越と、浜部組に肩入れする樋上との板ばさみになり、消極的態度を取り続けた。

山口英弘の煮え切らぬ態度が、山口組の幹部たちの耳にも入り、打越会長は、幹部から苦言を呈されていた。

「打越会の行動が、浜部組に抜けたのは、山口英弘の仕業ではないんか……」

昭和三十七年末、防府市でおこなわれた花興行の案内状の中に、山口組の意にそわない組の名前があったということで、山口組が責めてきた。

山口組は、このときも執拗に責めた。

「山口英弘が、わざとやったことではないんかい！」

打越会長は、山口組の怒りをおさめるため、山口英弘を謹慎処分にした。

山口英弘は、このとき若頭を辞任した。

山口組は、それでも山口英弘への追及をゆるめなかった。ついに「山口英弘を、破門にせんかい」とまで言ってきたのだ。

山口英弘は、その翌日の三月一日、紙屋町タクシー二階の打越会事務所で、打越会長に言い渡された。

「山口、おまえは、今日から破門じゃ」

山口英弘は、別に狼狽《うろた》えはしなかった。すでに覚悟していたことである。

〈くるべきものが、ついにきたか……〉

山口英弘は、自分に代わって打越会の若頭になった植松に、この年に入り、執拗に言われていた。

「樋上と、絶縁せえや」

植松だけでなく、山村組幹部の美能幸三からも、釘を刺されていた。

「こんなあ、樋上と縁を切らんと、ひどいことになるど」

美能は、山村組子飼いの幹部であったが、打越と舎弟盃を交わしていた。

山口英弘は、植松と美能から樋上との絶縁を何度迫られても、ついに樋上との交際を絶たなかった。そのせいもあり、ついに破門にいたったのだ。

山口英弘は、打越会長にきっぱりと答えた。

「わかりました」

山口英弘は、その夜、中の棚にある自分の事務所に、大下博、沖本勲、梶山慧、竹野博士ら三十人の若衆を集めて宣言した。打越会でも、精鋭とされていた者たちがそろっていた。

「今日、打越親分から、破門の宣告を受けた。これからは、わしゃあ、独立する。わしについてくる者は、ついてこい！」

そこに集まった三十人の若衆全員が、賛同した。

「親分に従いて独立します」

当時、打越会の総勢は、百十九人であった。そのうちの三十人もの精鋭が、そっくり打越から抜け、独立したわけである。

山口英弘は、大下博らの闘志に燃えあがる眼を見ながら、思っていた。

〈これだけの頼りになる若衆を連れて山村親分に味方すりゃあ、山村親分もよろこんでくれるじゃろう〉

山村組の山村組長は、山口英弘がついに打越会から破門されたと聞くと、広島市内流川六丁目にあるキャバレー・パレス三階の山村組事務所で、樋上を前に、吐き捨てるようにいった。

「樋上よ、山口英弘の破門も、みんな、うちの美能の画いた絵図ど……」

樋上もうなずいた。

美能は、山村組の勢力を拡大するのに、確かに大きな役割を果たしてきた。

が、ここにきて、山村組の実力者である樋上と主導権を争い、犬猿の仲となっていた。

山村組長は、美能への憎しみをこめた表情になった。

「美能は、呉市内を掌中におさめ、ゆくゆくは、中国一の親分になろうとしとるんじゃ。そのために、打越をうしろから支えちょる山口組の山健さんにも近づき、山口組の力まで借りて、野望を達成しようとしとるんよの」

山健というのは、山口組幹部の山本健一のことである。

山村組長は、話し続けた。

「樋上よ、今回の山口の破門も、美能が、山健さんのケツをかいて、おまえと兄弟分の山口を、破門させたんど」

山村組長は、口をゆがめてののしった。

「今度は、こっちが美能を、破門にしちゃる！　打越会にも、ひと泡吹かしちゃる！」

山村組長は、その三十八日後の四月八日、美能を、山村組から破門にした。

仁義なく、破門者それぞれ逆側に走る

山村組を破門された美能は、打越会を破門された山口英弘が山村組に走ったように、打越会に走った。

広島のヤクザの世界の地図は、麻のごとく、乱れに乱れた。そこに、仁義はなかった。

美能が山村組から破門されたことを知ると、美能と親しい山口組の山本健一が、山口組組員三十名を神戸から引き連れ、呉市に出向いてきた。

山本は、若衆たちに命じた。

「おまえら、呉市内をデモ隊のように練り歩け！　山村組を、牽制したれえ！」

山口組の組員三十人は、命じられたまま、山村組関係の事務所の前を練り歩いた。

美能は、山本がそこまでしてくれたことに、よろこびの色を隠せなかった。

美能は、山本を前に息巻いた。

「わしも、山村との腐れ縁が切れて、せいせいしとるわい。こうなりゃ、五分じゃけん。山村も糞もあるかい。やりゃあげたる」

美能の眼は、殺気に光っていた。

〈山村は、いっぺん敵に回したら、かならず命を狙うてくる。いままでも、山村に、それで、何人もが殺られとる。内輪じゃいうても、油断も隙もあったもんじゃない。殺られる前に、こっちが殺っちゃる〉

第二次広島戦争の鍵を握る人物となった美能幸三は、大正十五年七月三十一日、呉市で生まれた。昭和十七年一月、中学三年生のとき、海軍志願兵試験を受け、五月に、海兵団に入隊した。戦争中は、西太平洋のカロリン諸島中部にあるトラック島に応召された。

戦後は、闇屋や、土建業をやっていた。夜は、遊廓の用心棒という無頼な生活に入った。

山村組傘下の組員である水原弘が、一見してヤクザとわかる他国者に指を二本斬られた。この事件をきっかけに、その男の報復隊を山村組若頭佐々木哲彦を中心に結成した。美能もその助っ人に加わった。

美能は、昭和二十二年の五月、呉駅前でその男を、ピストルで撃ち殺した。

美能は、この事件で呉市吉浦にある呉刑務支所送りとなった。が、その年の暮れ、保釈された。

しかし、翌二十三年の年明けに、ふたたび佐々木哲彦にからむ事件で野本達男という男の両太股を刺し、逃亡した。

二十三年十二月三十日、逃亡中の美能は、さらに尼崎佐々木組の商売仇竹鶴組の若社長殺害事件の殺人謀議の疑いで、尼崎署から指名手配された。

二十四年二月十一日、親分である山村辰雄と岡組岡敏夫組長、岡の兄貴分の森本九一組長の兄弟分の盃の儀式がおこなわれた。美能は、逃亡中の身ながら、付添い人としてその席に出席した。

この夜、美能は、森本九一組長の勧めで、岡組のやっかいになることになった。岡組の若者の永田重義のもとに預けられた。

二十四年四月、美能は、岡組若頭の近藤二郎、西の岡組の岡友秋、永田重義と兄弟分の盃を結んだ。

後見人として、岡敏夫の親分の天本菊美のさらに親分であった清岡吉五郎、取持ち人は、服部武がつとめた。

二十四年七月、美能は、山村辰雄に、呉の土岡博組長殺害を依頼された。

そのとき美能には、殺人で十二年の懲役刑がかけられていた。そのうえ、呉での殺人未遂、尼崎での殺人謀議、旅先での傷害事件の容疑を合わせてみると、あと一人殺せば、死刑は間違いなしという状態であった。美能は、それでも、山村の依頼に応えた。

二丁のピストルを使い、土岡を広島駅前の岡道場の前の路上で撃った。が、土岡は、命を取りとめた。

二十六年二月、土岡傷害事件の判決が出た。美能は、懲役八年を言いわたされ、広島刑務所に服役した。

この結果、以前の殺人の十二年、傷害の十ヵ月と合わせ、懲役二十年十ヵ月の刑となった。

二十七年四月、講和条約発効の恩赦で減刑され、懲役十五年七月十五日となった。

三十四年三月に、美能は、不良押送先の岐阜刑務所を出所していた。

美能は、いまや山村組長への憎しみに燃えていた。

〈死刑を覚悟してまで山村のために尽くしてきたのに、わしを破門にしやがって。いまに見とれ……〉

明確になる山村と打越の両陣営

打越会長は、美能が山村組から破門されたと知ると、その報復に出た。

ただちに、山村組幹部の服部武、網野光三郎、原田昭三の三人に対し、ふたたび盃を流し、絶縁状を送った。

山村組長は、服部らに送られた打越からの絶縁状を確認すると、緊急幹部会議をひらき、怒り狂った。

「こりゃあ、なんなら、打越の外道め、わしを、なめくさってー」

山村組長は、原田ら幹部を睨みつけるように見て言った。

「おどれら、これを黙って見ちょる気か。おーう」

山村組長は、眼を血走らせ、全員に宣戦を布告した。

「やれい、やっちゃれい！　打越を、ぶっ潰したれい！」

山村組からの使者が、さっそく神戸の本多会、下関の合田組、笠岡の浅野組に走った。

神戸の本多会を後ろ楯とする山村組と、神戸の山口組が全面的に支持している打越会との戦争の導火線に、ついに火が点くときがやってきた。

昭和三十八年四月十七日の夜の十一時二十分過ぎ、山村組幹部の樋上実派幹部の元中敏之の子分の上条千秋が、美能組の幹部の亀井貢を呉市堺川通りで射殺した。

山村組若頭の服部武は、急遽、岡山県笠岡に兄弟分の浅野真一を訪ねた。今後の打越会との戦いの作戦を練った。

亀井の密葬は、四月十九日午後二時から、美能組組長美能宅でおこなわれた。

県外からも、神戸山口組幹部山本健一ら十五人が弔問に駆けつけた。

山口県の防府市からも、打越の舎弟である田中清惣会長以下、組員十人が弔問にやって来た。

県内からは、打越会会長の打越、西友会会長の岡友秋ら八十名が出席し、会葬者は、二百人を超えた。

ここで初めて、山村組、打越会の両陣営がはっきりした。この葬儀にやって来ない者は、すなわち、打越会の敵であった。

打越会に集う者は、打越会八十九人、広島・西友会十四人、河井組十三人、美能組五十三人、防府・田中会五十二人、岩国・中村組十五人、総勢二百三十六人である。

いっぽう、山村組の集めた戦力は、山村組二百二十人、山口（英）組四十七人、浜本組三十五人、松組十二人、浜部組六十五人、全部で三百七十九人であった。

このとき、呉の小原組の帰趨《きすう》はまだ定かではなかったが、山村組の優位は、動かなかった。

亀井の密葬後、呉の海生親分らが介添え役、打越会会長が見届け人となり、山口組幹部山本健一、小原組組長小原光男、美能組組長美能幸三の三名が、五分の盃を交わした。これによって打越会は、それまで帰趨の定かでなかった小原組を味方に抱き込むことに成功した。

美能は、兄弟盃を飲み干しながら、闘志を燃やしていた。

〈亀井の弔い合戦のためにも、山村を徹底的にやってやる！〉

抗争激化で相次ぐ爆破事件

山村組と打越会の抗争で、山村組は、一方的に攻勢を誇った。

ついには、打越会に加担していた西の岡組の岡清人の実弟岡友秋まで射殺される、という事件が起こった。

岡友秋の命を取られた西友会と打越会は、さっそく指令を出した。

「岡親分を狙わせたのは、山村組の原田昭三じゃ。山村組の事務所のパレスと、原田昭三の事務所にダイナマイトを仕掛けて、爆破したれい！」

岡友秋の殺された四日後の九月十二日午前四時三十分過ぎ、広島市流川町のキャバレー・パレスの地下入口で、ダイナマイトがすさまじい轟音を上げ、爆発した。

同じ時刻、田中町の原田昭三宅にやはり、ダイナマイトが仕掛けられた。が、ダイナマイトは点火せず、未遂に終わった。

それから一週間後の九月十九日の午前三時ごろ、原田昭三宅の表事務所の「採石業原田産業ＫＫ」に、ダイナマイトが投げこまれた。事務所の机、戸棚、その他の事務用備品や、窓ガラス、天井の一部が爆破され、吹き飛んだ。

相次ぐ爆破事件で、打越会対山村組の抗争は、さらに激化した。

山村組の本拠パレスビル三階の事務所で、一連の爆破事件の直後、山村組では、組長以下大幹部が集結し、協議しあった。

「打越会が執拗に攻撃してくるのは、背後に山口組の支援があるからじゃ。山口組の田岡組長が、裏で糸を引いとる。この際、山口組の本拠を爆破して、報復しちゃろう。神戸の本多会には悪いが、その攻撃は、広島からしたものじゃのうて、本多会のように思わせよう。神戸の本家同士で戦わせ、広島の戦火を神戸へ転嫁して、抗争の終結をはかろうじゃないか」

「そりゃあええ。神戸の山口組からぎょうさん来とる助っ人らも、肝を冷やして広島から引き揚げるじゃろうよ」

服部武は、爆破の実行は、若頭の自分の派でやるべきだと思った。

服部派の幹部品川稔の配下の山田吉彦と古武家嘉は、田岡邸爆破のための用意の旅費と、ジュース缶に仕込まれたダイナマイトを服部派幹部の木元正芳から受け取った。

九月二十三日の夜の九時半ごろ、二人は、ついにその機会を摑んだ。闇に紛れるようにして、田岡邸の裏の路地から、田岡邸に侵入した。

もし邸内の見張りをしている山口組の若衆に見つかれば、間違いなくその場で銃弾を浴び、体は蜂の巣のようになる。

二人は、玄関の右側の人けのない便所の窓を、外からそっと開いた。田岡邸付近で拾った荒縄でジュース缶に仕込まれたダイナマイトに火を点け、吊るしこんだ。

二人は、脱兎のような勢いで、田岡邸から外へ出た。

闇の中を走りに走った。一〇〇〇メートルくらい離れた湊川神社前まで逃げたとき、二人の耳に、大きな爆発音が響いた。

大爆破により、田岡邸の便所の便器は粉々に砕けた。便所の天井や壁、窓ガラスが破れた。さらに、他の部屋のガラス障子とガラス十数枚も割れた。

山口組の田岡邸が、初めて敵によって襲われたのである。

山村組の狙いどおり、山口組側は、田岡邸にダイナマイトを仕掛けたのは神戸の本多会に違いない、とただちに逆襲に出た。

山口組側は、本多会だけでなく山村組若頭の服部武の自宅をも報復襲撃した。

九月二十三日夜から二十四日未明にかけ、広島市内小網町の西友会若頭沖広方に、打越親分と兄弟分の盃を交わしていた、山口組安原政雄率いる安原会の子分児玉忠孝、打越会の三上文雄、寺本勝利、田村尚吾、岡田卓己らが集結していた。

「神戸からの連絡によると山口組本家の事務所が、爆破されたということじゃ。広島で何とか格好をつけにゃ、男がすたるど」

「ほうじゃ、組長が捕まったからいうて、引き下がれるかい」

打越会幹部から拳銃を受けとった児玉らは、二台の車に分乗して二十四日午前四時四十分過ぎ、昭和町の服部邸を襲った。

一台の車は、パトカーを見て逃走した。が、いま一台が、車の中から服部邸に拳銃を発射し、逃げた。

やはりこの二十四日午前八時ごろ、呉市北迫町の山村親分の邸宅である、いわゆる「山村御殿」の表門の内側五メートルくらいの内庭に、ダイナマイトが投げこまれた。ビールの空き缶に仕込まれ、外側から白布で包み、長さ二〇センチの導火線に点火されたものであった。が、火は途中で消え、被害者は出なかった。

「共政会」結成

三十九年二月初めであった。山村組の若頭服部武は、行きつけの流川の料亭の離れ座敷で、片山薫に胸の内を打ち明けた。

「薫、今後の広島の抗争の鍵は、村上組の動きが握っとる思うが、おまえどう思うや」

広島の打越会対山村組の抗争は、打越、山村両組長の逮捕で鎮静化しつつあったが、いぜん予断は許さなかった。

山村組では、親しい九州工藤組の工藤玄治組長に根回しを頼み、いちおうは、打越会との和解工作も進めてみた。が、打越会が山口組に打診したところ、強硬に言われた。

「現在の段階では、和解はできない。広島で格好をつけたうえでやれ」

打越会は、山村組との和解を拒否した。

片山は、自分の意見をはっきりと口にした。

「わしも、村上が鍵を握っちょる思います」

村上正明は、敗戦直後、闇市が栄えた広島駅前を縄張りに、テキ屋村上組を結成した村上三次の次男であった。

村上組を味方にするか、敵に回すか、そのことにより山村組勢力の今後が決まる、といってもいいくらいである。

服部は、浅黒い顔を酔いと興奮に赤黒く染めていった。

「よし、かつての仇敵だが、いまは反打越会、反山口組勢力を強固にするためには、手を組もう」

三十九年四月二日、服部の根回しでまとまった山村組、山口英弘、村上組の三派連合組織による「共政会」の結成のための会合が、三派幹部を集めて開かれた。

その翌日、山村組の服部武、原田昭三、村上組の栗栖照己ら幹部が、千葉刑務所に服役中の村上組組長の村上正明に面会した。

服部は、面会室で、金網越しに頼んだ。

「事情はすでに幹部の方からお聞きと思いますが、今度、『共政会』を結成することになりましたので、ひとつ、副会長に就任していただきたい」

村上は、組員の前でも幹部を殴りたおすほどの凶暴さを露にした顔をにやりとさせ、大きな鼻の穴をふくらませて承諾した。

「ええじゃろ。山村組の親分にも、よろしう言うてくれ」

六月二十九日、広島市内東観音町にある料亭「魚久」の座敷で、共政会結成の披露がおこなわれた。共政会理事長の座に座った服部は、自分の根回しどおり事が運び、祝い酒もおいしかった。

共政会結成に伴う組織は、会長のもとに理事長、幹事長、常任理事を執行部として、常任参与、理事制による合議制の運営体制を定めた。

共政会の勢力は、この大同団結により、広島の山村組二百六十名、広島の村上組百四十三名、広島の山口（英）組四十七名、さらにその三派連合以外にも、広島の浜本組三十五名、海田の横奥組十四名、呉の広の松岡組十二名、山口県徳山の浜部組六十五名が加わり、五百七十六名もの組織にふくれあがった。

県内の友誼団体としては、因島の山田興行社十五名、三原の中原組七名、尾道の高橋組六十二名、福山の千田組二十三名、そして福山の浅野組四十名の合わせて百四十七名である。

敵対する打越会は、広島の打越会本家が八十九名、広島の西友会十四名、広島の河井組十三名、呉の美能組五十三名、広の小原組八十六名、防府の田中会五十二名、岩国の中村一派十五名で、計三百二十二名である。共政会の約半分の勢力だ。

県内の友誼団体も、広島の岡組三十名、広の藤田組十九名、三次の亀本組十一名、庄原の藤森グループ十一名、府中の篠原組二十五名で、九十六名と、やはり、共政会の県内友誼組織より少ない。

服部は、あらためて出席した団体の主な親分衆幹部の顔ぶれをながめ、気持ちを昂らせた。

神戸・本多会会長平田勝市、東京・住吉一家西山久雄、大阪・松田組組長松田雪重、笠岡・浅野組組長浅野真一、下関・合田組組長合田幸一など県外三十七団体三百四十五名にのぼったのである。

服部理事長は、ぶちあげた。

「平和都市ヒロシマに県外勢力が入りこむのを防ぎ、正業を持たない若い者の更生をはかる」

服部は、野心に燃えていた。

〈いずれは、わしが共政会二代目の会長に座る。そのあかつきには、服部王国を築き、広島を中心に中国地方に君臨してみせる〉

服部の夢がかなえられる日は、予想していた以上に早くきた。

共政会初代会長の山村が、会長に就任して一年もたっていない四十年の六月九日、広島県警を訪ね、引退声明文を手渡したのだ。

服部は、すぐに心の底からよろこびが込みあげてきた。

〈ついに、おれが共政会二代目会長か〉

山村組の若頭である服部が、共政会二代目会長になることは、当然のなりゆきであった。

服部と兄弟分である村上正明も説得し、岡山県笠岡の浅野組長の根回しもあり、六月九日、服部は獄中にいながら、共政会二代目会長に就任した。四十歳と若き会長であった。

山田久、共政会理事長に

山田は、その二ヵ月後の八月上旬、青森刑務所から二年七ヵ月の刑を終え、出所した。一ヵ月の仮釈をもらっていた。

山田の脳裏には、共政会理事長という肩書が掠めていた。なんとしても理事長の座を摑み取りたい、という滾《たぎ》るような野心はなかった。が、ただ一つ、自分を服部組の若頭にすら据えたがらない服部を見返してやりたい、と思っていた。

〈服部は、わしを力で押すだけの猪のような男じゃ思うとる。わしの頭の切れを信用しとらん。服部に、わしが戦場だけの人間じゃのうて、頭もある男じゃ、いうことを認めさしてやりたい〉

山田は、そのためにならし、共政会理事長の座をほしい、と思った。

九月十五日、山田より一ヵ月半遅れで、服部が広島刑務所を一年の満期出所してきた。

次期理事長を誰にするかは、すんなりとは決まらなかった。

服部は、幹事長であった山口英弘に頼んだ。

「理事長を、あんたにやってもらいたいんじゃが」

しかし、山口英弘は断わった。

「わしは、副会長でええ。やはり理事長は、会長のところから出すべきじゃないんですか」

山口英弘は、服部に対してふくむところがあった。服部のために理事長となって全面的に尽くしたくなかったのである。

服部は、これ以上説得しても無理とわかると、今度は、行きつけの流川の料亭安芸船で、片山薫に理事長になれと口説いた。

「のお、薫、うちから理事長出せいう声が強いんじゃ。おまえ、やってくれんか」

片山は、これをきっぱりと断わった。

「親分、くれぐれも言うようですが、養子にきたわたしがもし理事長になれば、かつて山村組の若頭が親分になったとき美能が打越へ走って、のちのちもめて広島がめちゃくちゃになったように、共政会が真っ二つに割れる。血みどろの乱が起こりますよ」

片山は、梃子《てこ》でも動かぬ意志を示した。

「山田さんが、理事長をやるべきです」

服部は、最後の最後に、煙たい山田久に声をかけてきた。

「山田よ、理事長に座ってくれや」

山田は、ようやく来たなと、心の中で苦笑いしながらきっぱりと言った。

「引き受けさせてもらいましょう」

山田は、同時に、服部組の若頭にも正式に就任した。

山田は、この間の理事長になるまでの経緯を耳に入ってきた情報から辿りながら、あらためて思っていた。

〈わしは、実に運のめぐり合わせのいい男じゃ。もしわしがムショにもう半年長ういたら、わしの理事長就任はなかった。やはり娑婆にいる者のほうが、力は強い。この運をたいせつにしていかにゃいけん〉

十一月二十四日の午後七時から、服部武の共政会二代目会長の襲名披露が、広島市大須賀町の旅館「幸楽」座敷で、世間の眼をはばかって秘密裏におこなわれた。

本当は、十一月二十五日、盛大な会長襲名の披露をおこなうことにしていた。が、それを察知した県警取締本部は、幹事長の栗栖照己を、拳銃不法所持で逮捕し先制攻撃をしかけた。

共政会は、一斉検挙を恐れ、急遽予定を変更したのである。襲名披露が外部に発覚することも恐れ、祝いの花輪なども、いっさい持ち込まれなかった。出席者全員、平服のままであった。

本多会二代目会長の平田勝市はじめ、系列組織の幹部二十名、共政会会員九十名が出席して開かれた。

平田が、服部を共政会二代目会長に推薦し、全員一致で会長に就任した。

新しい組織として、村上正明前副会長を顧問に選任し、原田昭三前常任理事、樋上実前常任理事、山口英弘前幹事長、栗栖照己前幹事長の四人を副会長に決めた。

新理事長に、山田久が就任することもその席で発表された。

ただし、引退した山村組長は、ついにこの席に顔を見せなかった。昇る者、落ちる者の明暗をあらためて見せつけられた。

三十六歳の若さで新理事長に就任した山田は、燃えていた。

〈理事長として、わしの力を見せつけてやる！〉

共政会と打越会の手打ち

共政会理事長の山田久は、広島市の繁華街、新天地のレストラン「レインボー」に向け車を走らせていた。

打越会と共政会は、昭和三十八年以来敵対関係にあった。

この日の朝、打越会会長の打越から共政会に連絡が入った。手打ちの話をしたいとの申し出であった。

が、これまでのいきさつからすると、おいそれと手打ちの話がまとまるとは思えなかった。

山田は、共政会の理事長に就任すると、打越会との手打ちのため奔走していた。

昭和三十八年から、山村組と激しい血の抗争を続けた打越会は、資金源であるタクシー会社の業績をバックに着々と暴力組織として拡大していった。共政会を結成し大同団結をつづける山村組と、対立を続けたのである。

打越会会長の打越信夫の経営する「紙屋町タクシー」は、昭和四十二年七月には、保有車両五十台、従業員百五十名、営業収益は年間二億円にのぼっていた。

打越は、暴力団組長とは別に、全国自動車連合会理事、広島県乗用自動車協会副会長の肩書も持っていた。隠然たる支配力を持っていた。

手打ちの話は、第二次抗争事件が下火になった三十九年末にも持ちあがっていた。

このときは、打越会長が話に応じる気配を見せなかった。

以後、数回にわたり、歩み寄り工作はおこなわれた。が、打越会が、「五分五分」の条件を不満とし、話は決裂していた。

昭和三十八年の抗争事件以来、打越会側は八人の死者を、共政会側は三人の死者をそれぞれ出していた。共政会初代会長となる山村宅へのダイナマイト投げこみなど、抗争は十八回を数え、双方が多数の被害を出していた。

広島県警は、打越会の資金源であるタクシー会社を封鎖すべく集中取締りをおこなった。いわゆる「打越会に対する企業暴力摘発作戦」である。

打越会は、ビル建設で四千万円の福祉年金詐欺を摘発された。

打越会では、さらに最高幹部の逮捕や脱会が相次いだ。

そんななか、決定的な事件が起きた。昭和四十二年三月上旬、西友会が打越会を脱会したのである。西友会は、組員は二十名であるが、組織の強力な分野を担っていた。以来、打越会では、致命的な動揺が続いた。

山田は、レストラン「レインボー」で、打越会長と会った。服部会長が服役中であるため、山田が和解の話の全責任を負うことになった。

山田は、テーブルをはさんで打越と向かい合った。

打越は、恰幅もよく、やくざというより実業家然としていた。が、眼光は、さすがに鋭い。

打越は、和解の条件を切り出してきた。

「この際、被害のいっさいを水に流し、対等の立場で手を打とう」

かつて、共政会がいくら五分五分の条件での和解を勧めても蹴りつづけていたのに、今度は、五分五分の条件を呑むというのだ。

山田は、打越の腹を読んだ。

〈そうとう、追い詰められているな〉

が、苦しいのは共政会も同じだ。

おたがいにこれ以上抗争を続ければ、両会とも疲弊するだけだ。

今回の和解交渉をのがしては、二度と和解の機会はないかもしれない。

山田は、きっぱりと答えた。

「五分五分の条件を呑んでくれるなら、ありがたい。手を打ちましょう」

共政会内部にも、特別の反対もなかった。両派の和解の手打ち話は、急速に進んだ。

打越会は、神戸の山口組へ、共政会は、神戸の本多会系の「大日本平和会」にそれぞれ打診した。

広島県警へ届け出、手打ち式を挙行する手はずがととのった。

八月二十五日、広島市二葉の里の料亭「芙蓉別館」で、打越会と共政会の手打ち式がおこなわれた。

仲人をつとめたのは、小原組顧問海生逸一である。

手打ち式には、関係者四十名が集合した。旅館の周辺には乗用車が二十数台並び、通行人たちに、何事かと思わせた。

共政会側からは、山田、原田、樋上らが、打越会からは、打越の他、美能組の藪内威佐夫、呉の小原組組長の坂本忍が出席した。

立会人として、本多会系の大日本平和会や、下関の合田組から三十二名、合計四十名が出席した。

式は、きわめて簡単なものであった。

が、厳粛におこなわれた。

共政会側は、服部が収監されているため、会を代表して、山田が仲直りの盃を飲んだ。

山田は、盃を飲み干しながら、大役をはたしたことで肩の荷をおろしていた。

〈四年あまりにわたる深い対立に、ようやく終止符を打つことができた〉

式がつつがなく終わり、山田が帰ろうとした。

そのとき、下関の合田組の合田幸一組長が話しかけてきた。合田は、前の晩から「芙蓉別館」に泊まりこんでいた。

合田は、山田を自分の部屋に呼びこんで疑問に思っていることを口にした。

「おい、そりゃそうと、服部は山村の兄弟のことを、全部言うとるんやないか？」

服部は、警察の調べに対し、山村が田岡邸爆破事件の首謀者であることをしゃべっているのではないか、と訊いてきたのだ。

山田は、訊き返した。

「それは、誰に言われましたか」

「うん、山村の姐さんが言うとった」

「ちょっと、親分、じゃ私が申しましょう。あなたは、はっきりわからんのに、その姐さんのひと言で左右されるんですか。まだ、裁判の結果が出んと、わからんでしょう。そういうことは、はっきりと結果が出てから言うてください」

合田組長は、うなずいた。

「うん、そうじゃのォ……」

当時、共政会には、幹部会に出席する幹部は三十名いた。

幹部会では、服部非難の声が相次いだ。そのあげく、次のような声が出た。

「今度は、山田さんがやればいい」

合田は、内部の声を代表して山田に言ったつもりだったのだろう、と山田は思った。

打越会と共政会の手打ちがおこなわれた翌日の八月二十六日、打越は、なんと「打越会」を解散した。

打越の保身策である。山口組の田岡一雄組長に、「堅気になるから」と正式に許可をもらっての解散であった。音頭は、山田がとった。

あらたな抗争の火種「十一会」

吸収されて、打越会会員が共政会に加入したのと時を近くして、共政会に激震が走った。打越会と共政会の手打ちから二ヵ月たった昭和四十二年十月、共政会副会長の山口英弘が、自分の部下を率いて共政会を脱会したのである。

山口は、もともと打越会の初代若頭で、山村組幹部の樋上とは兄弟分であった。その縁で、山村親分とも親しい。

十一月二十五日には、山口の舎弟の竹野博士が、懲役一年六ヵ月の刑を受け、広島刑務所に収監された。

その直後の十二月十九日、山口は、「十一会」を結成した。十一会の会長には、服役中の竹野博士が就任した。

副会長に梶山慧、理事長に大下博が就いた。その他の幹部にも、広島ヤクザの大物が就いた。

共政会副会長の樋上実、尾道市の俠道会会長の森田幸吉、下関の合田組幹部の浜部一郎が、相談役として顔をそろえた。旧山村組組員九十三人が、ごっそり入った。

イキのいい若い衆で固めた十一会だけに、結成以来暴れまくった。

広島県警は、もっとも警戒の必要な暴力団組織として赤丸でマークした。

十一会の出現により、広島には、あらたな抗争の火種が生まれた。


共政会のなかにも、じわじわと亀裂が生じ始めていた。

村上正明組長も、ひそかに共政会での覇権を握ろうと狙っていた。村上は、着々と布石を打った。

昭和四十三年八月、村上組幹部平野一明と山田との兄弟盃をおこなわせた。

十一月には、岩田組の客分として外に出ていた神田広定の村上組復帰を認めた。

そして、十二月には、呉市に縄張りを持つ小原組幹部宮岡輝雄と、格を度外視した異例の兄弟盃を交わしていた。兄弟盃は、ふつうのばあい、四分六分、七分三分である。が、村上は、村上五・五、宮岡四・五の兄弟盃を交わした。座ぶとん一枚の差である。村上が宮岡のことを「兄弟」と呼び、宮岡は、村上のことを「兄貴」と呼ぶ。

共政会副会長樋上実が率いる樋上組と小原組宮岡組とは、同じ呉市内にあって以前から反目し合っていた。

そのうえ、樋上組と、同じく呉の美能組とも、昭和三十八年四月に美能組幹部亀井貢が、樋上組組員に殺されたことから、激しく対立していた。

そこで、村上正明は、十一会相談役の樋上と対立する宮岡輝雄組長と、なかば強引に盃を交わしたのである。

そうすることで、村上は、共政会の中での勢力拡大をはかった。表向きは、これで、広島と呉は、おたがいに遺恨はなしにしよう、という提案をしたつもりであった。

共政会を服部会長から預かる山田は、村上組の動きを苦々しく眺めていた。

〈村上一派が、大きな獅子身中の虫となる前に、抑えておかにゃいけんど〉

山田久銃撃の頓挫

昭和四十四年五月二十五日早朝、共政会の村上組と怨恨関係にある十一会会長竹野博士が、吉島町の広島刑務所を出所した。

刑務所前には、梶山慧十一会副会長、十一会組員、共政会幹部、徳山の浜部組組長ら、ざっと百五十人がつめかけた。

竹野は、服役中の十一会オーナー山口英弘の舎弟であった。六月二十五日には、服役中の山口英弘も、出所することになっていた。十一会は、若い精鋭を率いた凶暴な集団であり、広島県警から、もっとも警戒の必要な暴力団組織としてマークされていた。

会長の出所で、十一会の組織固めは、いっそう強まる、と見られていた。

いっぽう、山田は、竹野会長の出所を待って、即座に竹野と兄弟盃を交わした。

村上の進出に、反撃を加えるためである。

ある日の早朝、村上組の高木の子分の稲葉と樹田と名乗る二人が山田の自宅を突然、訪ねてきた。

山田は、二人を二階に通し、座卓をはさんで、向かい合った。

樹田が、話の途中、ポケットからすばやく拳銃を取り出した。

山田めがけ、すでに引き金が引かれていた。

すさまじい銃声が、山田の耳をつんざいた。

山田は、とっさに、座卓をひっくり返し楯にしていた。

ところが、弾が発射されたのは、樹田の拳銃ではなく、稲葉の拳銃だった。

稲葉の弾丸は、山田の体を外れ、居間と寝室とを仕切っているカーテンを突き抜け、ベッドの方向へ飛んでいた。

樹田らの持っている拳銃は、回転連発式の拳銃ではなかった。アメリカのイサカ社で造ったM1911A1である。アメリカ軍が、第二次世界大戦のとき、制式採用した拳銃だった。一発撃つごとに、自動的に、薬莢が飛び出し、引き金を引くだけで、連続して撃つことができる。が、このとき、薬莢が飛び出なかった。飛び出すはずの薬爽が拳銃の中に引っかかって、拳銃が動かなくなったのである。

弾丸が発射されなければ、拳銃は単なる石コロと同じだ。

泡を喰っている樹田めがけて、山田は、楯にしていた座卓をはね飛ばし、襲いかかった。

「このぉーッ！」

山田は、樹田を組み敷いた。

樹田の拳銃を奪いにかかった。が、樹田は必死になって握りしめている。なかなか、奪えない。

山田の部屋つきの若い衆が、拳銃の音に驚き、二階に駆け上がり、部屋に飛び込んできた。

稲葉に襲いかかり、羽交い締めにした。

稲葉は、拳銃を握りしめたまま、離さない。拳銃の柄で、若い衆の脇腹を殴りつけた。

稲葉の拳銃は、弾丸が生きている。いつ弾丸が飛んでくるかわからない。

山田は、さすがに肝を冷やした。

山田は、樹田の手から、拳銃をもぎとろうとした。

「こいつ、離しやがれ！」

樹田は、なおもしぶとく拳銃を離そうとしない。

山田は、樹田の拳銃を持つ右手に、思いきり噛みついた。

樹田は、悲鳴を上げた。

「痛あー！」

ようやく、拳銃を離した。

山田は、奪いとった拳銃で、樹田の顎を思いきり殴りつけた。樹田は、ふっ飛んだ。

山田は、若い衆と格闘している稲葉めがけ、飛びかかった。

山田は、広島東署に電話を入れた。

十五分後、東署署員が駆けつけた。

樹田と稲葉は、拳銃不法所持と殺人未遂で広島東署署員に逮捕された。

村上組も共政会脱会

山田は、自分を二人の若い衆を放って殺そうとした村上正明を許しがたかったが、下関市を本拠とする合田組合田幸一組長の仲裁に、村上が堅気になる、という条件で、命を助けることにした。

十月十五日夜、村上組の幹部と共政会山村組幹部は、湯野温泉『静山荘』に集まることになった。

出席者は、村上組組長村上正明、幹部平野一明、山村組副会長樋上実、原田昭三、それに理事長の山田久であった。

が、山田は村上とつい言い合いになり、怒鳴った。

「おう、正明ッ！　文句あるなら、いつでも来い。叩き殺したるけぇの」

会見は、わずか、数分で終わった。

後日、和解の条件が、正式に山田のほうから出された。
①村上組長は、二代目を幹部の栗栖照己にゆずって引退すること。
②村上の兄弟分宮岡輝雄は、広島から古巣の呉へ帰ること。
この二点であった。

村上組長も、要求を出した。

「引退はするが、その期限は、切らないようにしてほしい」

村上正明は、ただちに幹部会議を開き、幹部たちの意見を聞いた。

宮岡組長は、反対した。

「村上引退の線での仲裁は、不公平というもんじゃ。中止するよう、合田組長に申し出てくれませんかの」

他の幹部も進言した。

「いますぐ組を解散しては、山村組にやられる。幹部の神田広定を中心に、組を固めよう」

村上は、合田組長に申し出た。

「二代目組長選考が、難航しています。ちょっと、引退の道がつかんのです」

そればかりか、流川町の繁華街へ毎夜数十人を集結させた。

山田は、村上組の動きに、神経を逆撫でされた。

さすがの合田組長も、仲裁から手を引く、と通告した。

村上組は、幹部の浅野間輝昭の名前で、山田に宣言した。

「村上は、共政会から脱会する」

この宣言により、村上組と山村組の間には、ふたたび険悪な空気が蔓延していった。

ヒットマンに義弟清水毅

山田は、自宅に、妻多美子の弟清水毅を呼んだ。

「毅、久しぶりに、いっしょに風呂に入るか」

山田は、一階の風呂場に入った。

毅も、あとをついていった。

山田が、背広を脱いだ。胸まわりは、ゆうに一メートルを超える固太りの体である。その骨太のがっしりした肩を揺するようにして、湯殿に入った。

毅には、義兄であり、渡世の親でもある山田の広い肩が、この夜は特別に大きく見えた。と、同時に、恐ろしい威圧感をもって迫った。

毅は、湯船から出た山田に、畏まっていった。

「親分、背中、流します」

山田は、毅の方に背中を向けた。

毅は、木桶を使い、山田の背中に湯をかける。湯は、ざーッと勢いよく広い背中を流れた。湯が、たちまち湯玉となって弾け散った。

毅は、ごしごしと、山田の背中をこすり始めた。

山田が、毅を労《いたわ》るように言った。

「毅、今日は、特別に義兄さんと呼べ。そう呼ばす事情があるんじゃけぇ」

「はい」

毅は、もう一度湯をかけた。

「おまえ、この稼業に入って、何年になるんかい？」

「もう、かれこれ、八年たちます」

「いくつになったんじゃ」

「二十七です」

「もう、そんなになるんか。早いもんよの……」

仲間といっしょにカミナリ族と喧嘩し、オートバイを奪って乗り回したあげく、河に投げ捨てた。面が割れていたため、彼一人だけ逮捕され、少年院に放りこまれた。しかし、共犯者の名は、固く口を閉ざし、決して明かさなかった。妻多美子の弟のことなので、注意深く見ていた。その口の堅さを、子供ながらえらいと思った。

が、まさか、毅が、自分たちの極道の世界に飛びこんでくるとは、夢にも思っていなかったのである。

「わしゃ、おまえの姉貴の多美子に、おまえを子分にしてくれ、と頼まれたときは、本当に悩んだど。おまえだけは、絶対に極道にさすまい、と思うとった。

しかし、多美子が言うたのよ。『まともになれるんなら、まともにしてやりたい。けど、まともになれんで、ずるずる半端なままで置いとくと、かえってつまらんものになる。それより、いっそのことあんたの若い衆にしてもろうて、修業させて半端じゃないようにしたほうがええ思うてね』。わしは、多美子にきつう言うたんじゃ。『ヤクザは、はたから見とったら、ええように見えるが、なればなったで、堅気の世界では、絶対に覗き見ることのない、とんでもないえべせえ地獄が待っとるけえの。悪いことはいわん。

やめとけえや』。おまえも聞いとったろうが」

毅は、湯気にのぼせあがりそうになっていた。ぼんやりとした頭を、ぶるっとふるい、山田の次の言葉を待った。

「わかっとるだろ。他人がやられたんじゃないんじゃ。わしがやられたんど。もし、おまえ以外の他人に先を越され、わしの仇を打たれたら、誰が恥をかくか、わかっとるの」

「わかっとります」

そう返事をすると、毅は、手首にぐいッと力をいれた。

「おまえも、ちゃんと性根入れにゃ、風が悪いど」

それが、すべてだった。

村上組長兄弟分の宮岡を銃殺

昭和四十四年十一月十四日の夜十一時過ぎのことである。

広島流川町の路上で、レインコートの襟を立てた男が、トランシーバーで、連絡を取り合っていた。

「いま、鉄腕アトムの車が、寄り道通りへ入った。聞こえますか、どうぞ」

清水毅が、声を潜めて、相手に情報を入れていたのだ。

寄り道通りは、薬研堀と流川との間を結ぶ、道幅三メートルほどの小路である。車一台が通るのが精いっぱいのせまい路地である。この路地に、スタンドバーや、食べ物屋が、ひしめき合っている。

〝鉄腕アトム〟とは、村上正明と兄弟分の盃を交わしていた宮岡輝雄の暗号名であった。宮岡の名前を呼ぼうものなら、どこから村上組が襲撃してくるかもしれない。毅は、村上正明組長が行方不明なので、村上の命をヒットする代わりに、宮岡輝雄を狙ったのである。

〈宮岡のほうが、かえって殺し甲斐がある〉

毅は、そう判断した。

清水毅が指揮をとる共政会山村組のにわか殺し屋は、四人いた。

藤田が、清水に情報を入れてきた。

「そろそろ、アトムさんが、店から出てきます。プレゼントのお菓子の用意、どうぞ」

ピストルに弾丸を詰めよ、という合図だった。

毅は答えた。

「ＯＫ、最高に甘いお菓子を用意した」

クラブ鶴の前は、ホステスたちの嬌声が溢れていた。どうやら、宮岡が、店の外に出てきたようだ。よろよろとした足取りで、宮岡は、毅たちと反対方向へ歩いていく。そのあとを、若頭の藤井忠雄と、若い衆ふたりがついていった。

どこからともなく、清水ら四人が集まってきた。四人は、一瞬、顔を見合わせた。

四人とも、拳銃をかくし持っていた。45口径コルト型自動ピストルだ。四人の眼が、合った。

宮岡めがけ、四人が、そろって引き金を引いた。すさまじい金属音を残し、弾丸が、灼熱の弾道を描いて飛び交う。火の玉が、闇夜を突き抜ける。

先頭を切って逃げたのが、宮岡だった。

「待てえ！　宮岡ァー！」

宮岡は、拳銃を持っていない。子分が、ボディーガードでついていた。あえて、自らは持っていなかったのだろう。

清水の撃った弾丸が、宮岡の子分の横腹に命中した。子分の体が、宙を吹っ飛んだ。

清水が、もう一回引き金を引いた。

宮岡の頭の横をかすめた。

清水は、必死になって、宮岡を追った。

毅が、眼をつむって撃った一発が、なんと、宮岡の後頭部を直撃した。毅の眼に、脳漿が、吹き飛ぶのがはっきりと見えた。

宮岡は、撃たれて、象のようにゆっくりと倒れた。頭部貫通銃創で即死であった。宮岡輝雄、四十五歳。

昭和四十四年十一月二十二日、山村組と村上組の手打ち式が比治山の山懐にある「佐々木別荘」でおこなわれることになった。

山田は、この千載一遇のチャンスを見逃さなかった。

手打ち式は、午後一時から始まった。

村上組長と村上組幹部の何人かは欠席、その欠席者を除く、村上組、山村組幹部約二百人が集まった。

村上組に和解を呼びかけたのは、山村組。したがって山村組が主催者となった。

広間には、両組から二十五人ずつの幹部が入った。

両組の幹部五十人は、それぞれ向かい合って座った。あいだは、衝立《ついたて》で仕切られてある。たがいの顔は、見えない。

見届け人には、笠岡の浅野真一組長。

立会人には、尾道の森田幸吉俠道会会長。

組長不在で統率力を欠く村上組には、和解の条件は、たいへん厳しいものになった。

「村上組長、村上組幹部、それも、村上正明の息のかかった幹部を除く村上組全員が、組から脱会し、これまでの抗争事件いっさいを水に流す」

村上組組員の九割が、脱退することになった。

村上組の平野一明が、誓約させられた。

「山田久共政会理事長に対する襲撃事件などでは、たいへん迷惑をおかけしました。ここに謹んでお詫びします。なお、私、今後は、村上組長とは、絶縁し、村上組も脱退します。身柄は、山村組に一任します」

子のほうから親子の縁を切る、というのは、よほど親が尊敬に値しない人間であるかの証拠である。逆縁を迫られる親分も、めずらしかった。しかも、当の親分は、仕返しが怖くて、逃げ回っているというのだ。

これで、警察発表で二百三十一人の村上組組員は、その九割、つまり二百人あまりが、流浪の民となった。

ヤクザは、一度組を抜けると、まずもどれる可能性はない。かといって、堅気にもどるのは、もっと可能性がない。

結局、村上組を脱退した組員は、あらかた共政会のメンバーに名を連ねるしか生きる道はないのであった。

山田久、共政会三代目就任

昭和四十五年七月初旬、服部武共政会二代目会長が、広島刑務所を出所した。服部は、獄中から、すでに引退宣言をしていた。

後継問題は、幹部会ではかられた。

山田の共政会三代目就任は、共政会と友好関係を結んでいる「関西二十日会」に属する組の全員一致で賛成された。

共政会会長襲名披露を原田昭三らと協議の結果、昭和四十五年十一月二十四日に、日本三景のひとつ安芸の宮島でおこなうことになった。旅館「錦水館」を貸し切ることにした。

しかし、依然として、山田の三代目襲名を不服とする一派が、くすぶっていた。

十一会の不服組の中心に、山口英弘十一会相談役、梶山慧十一会副会長がいた。

山口は、四十二年十月に引退を表明していたが、十一会に隠然たる力をふるっていた。

あとからわかったことだが、共政会と引退を表明した美能幸三との和解交渉も、山口がお膳立てしたのである。

山田は、そのような山口の動きが、鬱陶《うっとう》しくてたまらなかった。

「引退した者は、わしらの稼業のことに口を出すな」

釘を刺した。

梶山が、高飛車な態度を取り続けるのも、裏で山口が糸を引いている、と断定した。

山口も、黙ってはいなかった。

「山田は、共政会をいじくり、自分の思うままに牛耳ろうとしている。山田は、きれいごとをいうてはいるが、十一会を骨抜きにするつもりじゃ」

梶山が、山口に同調した。

「山田を、一回、しごう（始末）したらないけん、思いよったんじゃ」

梶山は、ついに山田三代目襲名阻止の急先鋒になってしまった。

が、十一会会長竹野博士だけは、山田に同調した。

そのため、いっそう複雑によじれてしまったのである。

十月下旬、徳山市内の料亭に、十一会副会長梶山慧、侠道会の組織委員長池田勉、合田一家浜部組若頭高橋琢也が集まった。

三人の兄弟分盃が、交わされた。

これで、完全に共政会との反目を露にした。

このような不穏な雲行きのなかで、十一会抗戦派は、ついに行動を起こした。

十一月十二日、広島市から六〇キロ以上も離れた竹原市の沖合、契島《ちぎり》に近い海上に、農耕船を出した。

農耕船の焼き玉エンジンは、タンタンと音がうるさく、ピストルを撃っても、エンジンの音にかき消され、まわりに聞こえない。

十一会の組員は、幹部の指導のもとに、五名が、ピストル操作の練習と、度胸を磨くために、ピストルを三十発以上撃った。

山田狙撃の準備は、整った。

十一会組員は、射撃訓練をした翌日の十三日午後三時から、山田を狙った。山田は、午後から広島市内を乗用車で移動中であった。

四時間もかけて山田を尾行した。

山田を撃ち殺すチャンスを狙った。

が、ボディーガードが多く、山田は、なかなか一人にならない。

トイレに行くにも、外でボディーガードが見張っていた。

「山田め、前に狙われたんが、よほど懲りとるんじゃの」

「用心深いやっちゃのォ」

十一会のヒットマンは、ついにあきらめた。

が、山田は、この十一会の隠密の動きを知らなかった。

自分の命が、機会あるごとに狙われているのも知らず、十四日の朝、十一会副会長梶山慧に、自らの共政会三代目襲名の了解を求めるべく、使者を通じて伝えた。

「山田理事長の三代目襲名の挨拶をしに、十七日に大阪の松田組へ行く。二十四日が、襲名披露じゃけえ、心得ておいてくれ」

梶山は、言葉を濁した。

「わし、ちょっと兄弟分に相談してきますけえ」

梶山は、先に兄弟盃を交わした池田と高橋に相談するつもりであった。

梶山は、山田の使者が帰ると、すぐその場で、子分を集め、協議した。

「ええな、いまがチャンスじゃ。十七日の昼の十二時に山田は、共政会本部に集合する。それから尾道の侠道会に寄り、笠岡の浅野組に寄る。その後、神戸、大阪と回っていく。狙うのは、尾道を出たあとじゃ」

梶山は、さっそく細かい指示を与えた。

子分は、指示どおり、それぞれ散っていった。

梶山は、愛人の勤めている店にも、電話を入れた。

「おい、今日から店を休め。ええな」

いっぽう、山田らは、翌十一月十五日、共政会本部に、合田一家総長合田幸一、浅野組組長浅野眞一らを招いた。

この席で、山田の叔父貴分の原田昭三副会長ら山村組大幹部を舎弟分に、十一会会長竹野博士ら幹部を山田の子分とする盃を強行した。

隠密の十一会の動きと神戸、大阪行

十一月十七日、途中の公衆電話から、笠岡の浅野組長に連絡を入れた。

「ちょっと、そちらへ寄れません。なんかキナくさい臭いがするんじゃ」

「わかった。わしが、福山まで出向こう」

浅野組長は、福山まで、ベンツを運転してやって来た。山田はそのベンツに乗り込み、大阪に向かうことにした。

浅野組長は、渋滞を避けて福山市から内陸部にある井原市を抜け、岡山市へ至る山道を選んだ。

岡山に着いたのは、午後六時前であった。そこから、姫路に向かった。姫路には、共政会と友好関係にある「関西二十日会」の一つである木下会がある。木下会に挨拶のため、立ち寄った。

そこへ、尾道の俠道会から電話が入った。

「三代目襲名披露には、ウチから何名出席したらええですか」

あきらかに、山田がいるかどうかを確かめたのである。

俠道会の背後に、十一会の殺し屋の影があった。だが、山田は、それが、梶山らの山田殺害計画の一環だとは、まだ信じられなかった。

山田の所在を確かめた十一会の殺し屋は、またひそかに行動を開始した。

その夜、山田らは、木下会の用意した宿に泊まった。

翌朝早く、山田らは、姫路を出た。

木下会の車が、先導した。

神戸三宮にある大嶋組へ挨拶に向かった。

関西二十日会に属する大嶋組は、全国一の暴力団山口組とは、対立する組織である。

その後、やはり神戸にある忠成会に挨拶に行った。忠成会会長と、浅野組長が、兄弟分の関係にあったからである。

浅野組長が、忠成会会長に言った。

「兄弟、広島もきれいにまとまって、もう揉め事も起こらんけえ、安心してくれえ」

忠成会会長が、山田のほうに向き直って言った。

「山田君、よかったな。頑張ってくれや」

「どうも、ありがとうございます」

神戸の親分衆に挨拶した山田らは、大阪の西成にある松田組に向かうことになった。

浅野組長が、またベンツを運転することになった。

ここで、竹野博士十一会会長が合流した。竹野は、後部座席の左側から、ベンツに乗り込んだ。

そこで、山田と、古参の山村組幹部で広島から同行してきた原田は、後部座席右側から乗ることになった。

山田が、原田をうながした。

「あんた、先に乗んなさい」

原田が渋った。

「おまえ、馬鹿じゃのう。ベンツは、真ん中が、一番クッションが悪いんじゃ。おまえが乗れえや」

「ほなら、わし失礼して、先乗るよ」

この位置が、運命の岐路になるなど、そのときは、誰もわからなかった。

阪神高速を通り、バイパスを抜けて、大阪の西成に向かった。二代目松田組の樫忠義組長に挨拶に行くためであった。

やはり、忠成会の車が先導してくれた。

原田が、急にしんみりした口調になった。

「のう、山田よ。帰ったら、わし、梶山にようういうてきかすけえ、梶山が、断わりいうてきたら、こらえたろうや。あいつも、えらい山口らに踊らされて、あと先わからんようになってしもうたんじゃろ」

「まあ、あんたがいうんじゃけえ、わしも考えるわ。わしは、地獄の果てまで行っても、あいつに恨みがあるわけじゃない。本人が、断わり入れてくるなら、考えてみよう」

浅野組長の運転するベンツは、やがて、西成に入った。

原田が、話題を変えた。

「のう、山田よ。おたがい、ここらへんに住んでのうてよかったのう。死んでも葬式の菓子も出んちゅうけのオ。みなが邪魔して、仏になっても成仏でけんそうな。わしら、広島の極道でよかったよ。おまえみたいに業《ごう》あるやつが、ようけおるが、葬式くらいは、豪勢にやってくれよの」

「なんか、車を停めとったら、タイヤもなんもみな持っていかれるちゅうがのオ」

二人は、笑いころげた。

十一会ヒットマンの襲撃成功

ベンツが、停止した。

踏切信号につかまったらしい。

西成区今池町にある南海電鉄平野橋踏切であった。

やがて、踏切が上がった。車は、ゆっくりと発進した。

そのとき、突然、バーンという金属音がした。

凄まじい衝撃だった。

「エンスト、起こしたんかいのォ」

浅野組長が、間延びした声で言った。

「おい、どこの車じゃ。バックファイヤー起こしてからに」

バックファイヤーとは、車のアクセルを吹かしすぎたため、ガソリンが通常より多く出て、爆発が大きくなり、後ろの排気口から炎が噴き出すのである。

笑いころげていた二人は、まだ笑いがとまらない。

間髪を入れず、二弾目が炸裂した。一発目よりも、もっと強烈な音響だ。

笑いが凍った。

「伏せえ！　伏せえ！」

山田は、身を伏せながら、狂ったように叫んだ。

山田は、すべてを察した。

拳銃が、ベンツに撃ち込まれたのだ。

しかも、敵は、すぐそばだ。

山田が乗ったベンツを、後ろから執拗に尾行していた車から飛び出たヒットマンが、山田の車を襲ったのだ。

しかも、先導していた忠成会の車とは、踏切の向こうとこっちとで、離ればなれになってしまった。

山田の車だけが、周囲の車から孤立したような格好になった。

ヒットマンは、車の後ろのトランクの上に蛭《ひる》のようにへばりついている。

ふたたび、銃が、車の中に撃ち込まれた。

「伏せえ！　伏せえ！」

山田の声に弾かれるように、左隣りの竹野が身を伏せた。

「マンホールが、爆発したんかい」

竹野は、何が起こったのかわからない。

「違う。伏せえ！　伏せえ！」

銃は、45口径だ。

山田は、右隣りの原田を見ようとした。

その瞬間、右側の窓が、こなごなに砕けた。原田の体が、ふわりと浮いたように感じた。

原田の体を、45口径の弾が貫いた。

のろのろ運転の浅野組長は、まだ事態に気づいていない。

「このボロかすめッ！　なんで、こんなときにエンストするんじゃ」

後部座席は、修羅場であった。

原田は、崩おれるように座席にうつ伏せになった。

窓ガラス越しに、立て続けに拳銃が撃ち込まれた。三発、四発、五発、いつ終わるともしれない。

初めて事態を察した浅野組長は、アクセルを吹かした。フルスピードで、逃げた。

敵は、二人以上いた。後部座席の両側の窓から、弾丸が炸裂してくる。

山田は、頭にカーッと血が上った。

「この腐れ外道めがッ！」

持っていたベレッタを手に持ち、立ち上がろうとした。

そのときである。

パチッという音とともに、突然、山田が、すっ頓狂な声を上げた。

「あれぇ？」

山田の左胸を弾丸が掠めたのだ。

弾丸は、三角窓からぶちこまれ、どこかの金具に当たってはね返り、山田の左胸の後ろから入った。これが、八発目だった。

「やられたあ……」

手で、胸を押さえた。

血がべっとりとついている。

不思議に、痛みはない。

興奮していたせいである。

走り去るベンツの窓から、外を見た。

が、犯人の姿は、もうどこにも見えなかった。踏切の混雑に紛れて、あっという間に消えたようだ。

原田の死と山田の強運

山田は、左右を見た。

竹野も、うずくまっていた。

体の右側を狙われたらしい。

右側にいる原田がうめいた。

山田は、原田を励ますようにいった。

「それみい、わしのいうたとおりじゃったろうが」

原田が、虫の息で答えた。

「そう……じゃあ……ああ……」

原田が、手を喉に当てた。きゅーッというような苦悶の表情になった。

体を貫通した弾丸による出血で、肺に血が逆流したようだ。

手が、硬直したようになった。

そのまま、ぐったりと手を落とした。

「原田さん！」

殴っても、叩いても、うんともすんともいわなかった。

原田は、苦悶の表情のまま、こと切れた。あっけない死であった。

ベンツは、狂ったように走り回った。

車は、天王寺署に停車した。

偶然だった。

警察か病院かを、探し回っていたところだった。

山田らは、そのまま、天王寺病院に誘導されることになった。

病院へ向かう途中、山田は、ベンツの中にベレッタの弾が落ちているのを発見した。

ベレッタには安全装置がついていない。下手なものが触ると、暴発する恐れがあった。そのため、山田は、弾を抜いてシートの下に落としていた。警察に見つかるとまずい。山田は、そのベレッタの弾を、とっさにポケットにしまった。

原田は、すぐに人工呼吸を施された。が、もう手遅れだった。

次に、山田の体が調べられた。

そのとき、先にかくしてあったベレッタの弾が転げ落ちた。

警官がそれを拾った。

「これは、何や」

「それは、ペンダントにしておるもんです」

とっさに誤魔化した。

やがて、体の傷を治療された。

山田の体に傷をつけた弾は、体の左側から飛んできたものだった。まず、左側の背広の生地を通り、ワイシャツを突き抜け、左胸の肉をかすめ、右側のワイシャツを通過し、背広を突き抜ける手前で止まっていた。

弾を見ると、先が四つに割れている。おそらく、どこかに当たったとき、先が割れ、勢いの弱まった弾が山田に当たったのであった。

この弾を見た警官が、何か疑問に思い本格捜査に発展しないか、一瞬ごまかす理由を考えた。

すぐに、理由をこねくり出し、調子よく言い訳をした。

「これは、わしの体に入った弾じゃけえ、記念にもろうて帰ります」

警官は、うんざりといった感じではあったが、職務上仕方ない、という顔で言った。

「協力してくれんか」

山田は、拒否した。

「わしは、協力しない。協力しても、あてにならん」

山田は、その後、レントゲンを撮られた。が、たいした怪我ではない、と診断された。止血剤を一本打たれただけで終わった。

山田は、警官に毒づいた。

「解決は、わしらがつけるけえ、警察には、つけていらんわい」

警官は、露骨に厭な顔をした。

「こんなむちゃくちゃな男には、かかわり合いになりたくない」

そう言いたげである。

警官は、本当にうんざりしきった声で言った。

「もう、はよ帰ってくれ。これ以上、大阪を騒がしてくれんといてくれ」

事件発生から四十分たった午後二時十分ころのことであった。

事件の報は、その日のうちに、広島の共政会に知れ渡った。

その日の夕方までに、共政会の主流派や、浅野組組員らが、車を連ねて次々に大阪に向かった。車にして二十六台、八十人を超える人間が、大挙して天王寺に入った。

山田の入院していた病院にも、組員が集まってきた。

共政会組員たちは、その日のうちに、原田昭三の遺体と、山田久を連れて、広島に帰った。

山田は、明け方近く、広島市皆実町にある共政会本部にもどった。

共政会本部には、四十人を超える組員が集結した。

いっぽう、反共政会の旗幟《きし》を鮮明にする十一会梶山派は、竹屋町の柿田ビルに集まった。

尾道の俠道会の組員も駆けつけ、総勢二十人を超える人間が集結した。

俠道会の車に乗っていた男たちが犯人だったので、共政会に疑われたのであった。

昭和四十五年十一月二十四日、山田久の負傷で、中止になるかと見られていた「共政会三代目襲名披露」は、予定どおり、安芸の宮島は「錦水館」で開かれることになった……。

共政会三代目会長襲名披露

山田久の共政会三代目会長襲名披露は、急に場所を変え、広島市内高須町三丁目の「前田別荘」で開かれることになった。

十一月二十三日午後から、二十四日いっぱい、全館が貸し切られた。百五十人分もの料理の予約注文が入っていた。

広島県警は、再三再四にわたり、共政会に厳重注意していた。

「第二、第三の抗争事件が予想されるおりに、披露をおこなうなどもってのほかだ」

が、共政会は強行することにした。

取持ち人は、下関の合田幸一組長と決まった。初代山村辰雄山村組組長の兄弟分である。

取持ち人を決めるにあたり、共政会の幹部や、後見人のあいだで話し合いが持たれた。その席には、服部会長も出席した。

「二代目の服部武会長の取持ち人は、神戸の大嶋組の四代目だった。服部さんとは、兄弟分じゃった。大嶋組は、名門じゃ。なにしろ、いまは対立しておるが、全国一の山口組も、根っこは、この大嶋組じゃ」

「今回は、誰が適当か」

「やはり、笠岡の浅野さんかの」

「しかし、山田は、ええ合田の親方にかわいがられよったの」

たしかに、山田は、格からいえば理事長なのに、関西二十日会の親分衆や、後見人の合田組長、浅田組長らと、五分五分の話し合いの席に出席していた。どんな格上の親分とも、平気で対等な口をきいてきた。

とくに、合田組長には、とりわけ引き立ててもらった。

宴席で、合田組長が正面に座っている。

「山田、来い。ここへ、座れ」

「親方、それは上座すぎる」

合田が、山田を自分の隣りに座らせようとするたびに、山田は断わった。

宴席には浅野組長、原田副会長もいた。

彼らをさしおいて、合田は、隣りに座らせようとする。

「問題じゃない」

山田は、断わり続けた。

が、本来その席に座るべき立場の者が、合田の隣りに座るのを嫌がった。

「堅苦しいんじゃ、親分の横は。話をせにゃならん。山田、あんたが座ってくれ」

結局、山田が座る。山田は、合田とは忌憚《きたん》なく話ができた。

山田の取持ち人選定の席でも、その話が出た。

合田の名前が、あがった。

出席者全員が、合田に勧めた。

「合田の親方、やっぱりあんたが、それだけ山田をかわいがってきたんじゃけえ、あんたがなればええ。ついでに、最後の仕上げまでしてあげえ」

合田も、異存はなかった。

「ほうか、そんなら、わしがなろう」

合田は、大嶋組四代目から見れば、叔父《オジキ》貴格に当たる。

取持ち人の格が、取り持たれる者の格を決定する。

山田は、この点においても、服部二代目をしのいだといってもよかった。

後見人は、笠岡の浅野真一組長に決まった。

招待状が、全国の組に配付された。

関東の雄「稲川会」からは、二十人の出席が確認された。

関西二十日会に加盟する組のほとんどが出席する。関西二十日会は、関西、中国、四国の暴力団のなかで、全国一の暴力団山口組の強圧に苦しむ組が、自分たちの組を守るため組んだ連合のことである。

結局、北関東以北の組以外は、全国津々浦々から名だたる親分衆が、広島に集結することになった。

二十三日の夜からぞくぞくと、広島に集まってきた。

襲名披露は、関東、関西、中国、九州から二十四団体二百二十五人、共政会組員を入れると、約三百人の幹部や組員が参加した。

襲名披露は、一時間遅れの正午過ぎから始まった。

大広間には、左右に二列ずつ出席者が座った。全員、紋付きに羽織り袴姿である。

正面右手に、服部武二代目会長が座った。山田は、左手に座る。

取持ち人の合田組長や、後見人の浅野組長が、次々と席についた。

型どおり、式が進んだ。

媒酌人が、口上を述べた。

「ご一統様に一言申しあげます。この盃は、共政会三代目相続の盃でございます。よろしくご検分願います」

見届け人の検分が終わり、若い衆の一人が盃を捧げ、服部会長のもとへ進んだ。

服部会長は、一礼したあと、その盃を三口半で静かに飲み、気持ちだけ残した。

気持ち残した盃を、介添え人が、山田の前に運んだ。

媒酌人が、申し述べる。

「山田久氏に一言申し上げます。このお神酒を飲み干せば、すなわち貴殿は共政会三代目継承者と相なります。一家一門の頭領たるもの、つねに何事にも清濁併せのむ覚悟を持ち、かつ二代目の名を汚さぬよう、つとめねばなりません。むろん、貴殿の格の高さはつとに知らるるところでありますが、その持って生まれた格をさらに高め、侠道に精進なされるよう、ここにお願い申しあげます。この盃、一気に飲み干し、懐中深くおしまいくださ い！」

山田は、不自由な体をかばいながら、盃を飲み干した。そのまま、右手で盃を懐中に入れた。

「それでは、二代目と三代目は席をお代わりください」

媒酌人にうながされ、二人は立ち上がった。

「席が代われば、すなわち当代です」

同時に祭壇の両脇の名札がはがされた。

下から二人の名を、それぞれ入れ替えた新しい名札があらわれた。

「まことにつたなき盃事ではございましたが、ここに共政会三代目襲名相続式典はつつがなく終了いたしました」

媒酌人が一礼し、すぐさま一本締めとなった。

この披露には、山村辰雄組長の五十万円、大阪の松田雪重組長の二十万円などを筆頭に合計一千万円の祝儀が集まった。

この式で、正式に山田久は、共政会三代目会長となった。

山田は、さっそく、樋上組幹部の長江勝亮と十一会副会長梶山慧らを絶縁した。

ただちに、関係暴力団に絶縁状を回し通知した。

田岡一雄山口組組長との邂逅

昭和五十四年四月十六日、山田は、山口組組長田岡一雄を表敬訪問することになった。

話は、山口組の若衆の一人、清水組組長清水光重からきた。

約束の四月十六日、山田は、山口組に向かった。

浅野真一組長、俠道会の森田幸吉組長、門、片山、藪内ら総勢十名であった。

山口組は、清水光重、小田秀臣、中山勝正ら六人の幹部を呼んでいた。

田岡邸の応接間は、十五畳ちょっとの日本間と、十畳の洋間があった。

初対面の田岡が、切り出した。

「いままで、私の知らないあいだに起こって、知らないあいだにすんだ事件もあるでしょう。今後は、何か事件が起こったら、直接われわれ同士で話をして、喧嘩が小さいあいだに止めましょう。話し合いが、一番肝要やと思います」

山田は、田岡に素直に言った。

「私も、悪い面があったと思います」

田岡は、山田の発言を受けてゆっくりと言葉を嚙みしめるように語った。

「あなたも、十年たちましたか。私は、山口組を継ぐべくして継いだ人間ではないんです。当時、ひょんなことから三代目が私のところに入ってきたんです。その当時、山口組には、私の先輩がたくさんいました。私も、ふとんをかぶって泣いたこともたびたびあります。それが、受け継いで十年目ごろに、やっと、山口組が自分の手に入ったかな、と思うようになりました。あんたも、広島を継いで十年、えらかったでしょう。やっと、あんたの手に入った気がするでしょう」

山田は、思わぬ田岡の述懐に、頬を熱くした。

「いや、親分が十年なら、私は、十五年か二十年、まだまだかかると思うとります」

田岡は、じっと聞いていた。

山田は、心の中で思った。

〈この親分は、考えてものを言われる人だ。えらい……〉

「さかいとまい」を引き起こした清水の出所

昭和六十年五月二十五日、山田の妻多美子の弟の清水毅が、十五年の刑を終えて出所した。四十四年十一月十四日、呉の悪名といわれた宮岡輝雄組長殺害の罪で、四十五年に逮捕され、二十八歳のこの年から十五年間、刑務所に服役していた。いまは、もう四十三歳の中年になっていた。

清水の通いつめるクラブ「エリコ」には、新井も屯《たむろ》していた。新井組組長であった。清水より四歳年上である。清水と同じく宮岡輝雄殺害計画に加担し、逃亡していた新井の兄であった。

常日ごろから、清水は、新井兄弟とは、まったく反りが合わなかった。

清水は、宮岡殺害の一ヵ月前には、この新井の頭を、出刃包丁で叩き割っていた。

そのうえ、新井は、弟を、ことごとくかばった。

「弟は、宮岡に拳銃を向けとらん。上を向いて一発撃っただけじゃ」

まったく清水ひとりが撃ったように誤解されるようなことを言った。兄弟をかばうのは無理もないが、十五年も服役した清水にとって、弟だけを必要以上にかばう新井の気持ちが知れなかった。新井の弟は、いまだに逃亡を続け、刑を受けていないのだ。

だが、それは、まだ目をつむれた。清水が、どうしても腹に据えかねたのは、その呼び方であった。

「おい、殺、こっち来んかい」

「おい、殺、殺」

いちいち、呼び捨てにした。

清水も、娑婆を離れていたとはいえ、いまやれっきとした共政会の幹事長である。山田久会長の義弟でもある。若い衆も、二十人ほど抱えた一つの組の組長である。

そのうえ、自分の恋人雅子がそばにいる。恋人のいる席で、「殺」と呼び捨てにされる。こんな屈辱はない。

十月二十日のその夜も、新井は、清水を「殺」と呼び捨てにした。

清水は、ついに堪忍袋の緒が切れた。

声を荒らげた。

「おう、こらあ、新井、おまえになんでそこまで呼び捨てにされないけんのじゃ。わしゃ、もうガキじゃないんど。おまえも組長かもしれん。ほいじゃが、わしも幹事長ど。おまえが、どれだけ出世したか知らんが、それが、なんぼのもんど」

そう言って、清水は、左手で新井の右頬を殴った。

新井は、吐き捨てた。

「おんどれ！　親分の義弟じゃいうて、ええ気になるな。山田の傘を外れたら、何もでけんいうことを思い知れよ」

新井は、そう言って切れた唇を拭いながら席を立った。

新井は、どす黒い情念をたぎらせていた。

〈このままでは、すまさんど……〉

山田も、日ごろから新井の言動を腹に据えかねていた。

清水からこの夜のことを聞いた山田は、言った。

「腐った林檎は、捨てにゃならん。ほいじゃが、毅、おまえも殴りつけることはない」

が、その翌日、新井は、口頭で、共政会本部に対し、宣言した。

「わしは、今日かぎり共政会を出る」

「さかいとまい」である。逆さまな縁切り、つまり「逆縁」の意味である。これは、博徒の世界では、古来御法度とされてきた。いったんもらった盃は、どんなことがあっても、もらったほうから返すことはできないのだ。しかも、山田には、なんの挨拶もない。山田は、腸《はらわた》が煮えくり返った。

「毅が殴ったと聞いたんで、少しは、こっちも悪い思いよった。いなげな利権を漁ろうが、少しは、大目に見よう思いよった。ほいじゃが、もう許さん。よおし、そんなら、こっちから絶縁にしたろう。そこまで虚仮《こけ》にされ、黙っとることもない」

十月三十日、山田は、すぐに絶縁状をしたためた。

共政会古参の岩本組長の死

絶縁状は、その日のうちに幹部の手に渡った。

山田から絶縁状を配付されたことを知った新井は、翌日、共政会の古参岩本敏幸組長を訪ねた。

岩本の事務所は、市内光町にあった。

岩本は、旧山村組の中で、山田とは兄弟分であった。山田が、三代目に就任すると、山田の下になるのが嫌で袂を分かち、引退した。

が、その後、競輪、競艇のノミ屋をして生活をしていた。その姿を見るに見かねて、山田が、五十年に、共政会に復帰させていた。

新井は、その岩本から見れば、半目あるいは一目下がりの格であった。

新井は、岩本に切々と訴えた。

「兄貴、もう会のやり方には、わしゃ、ついていけん。ほいじゃけえ、逆縁じゃが、会長には、こっちから縁を切らしてもらった」

岩本は、もともと、よくいえばおとなしい性質、悪くいえば優柔不断な一面があった。

そこに、山田から電話が入った。

岩本の顔が強張った。

「はい、岩本じゃが。何ですか、会長」

「そこに、新井が行ってないか」

「新井なら、いまここに」

岩本は、山田の気迫に満ちた声に圧倒され、ついしゃべってしまった。

「なにぃ！　新井が来て、何の話をしとる？　新井を絶縁してから、もう一日たっとるんじゃ。そのあいだに話をするとは、何事じゃ。おまえ、いっしょになってから、また、前と同じように何かしようと思うとるんか」

「………」

岩本は、とっさにものが言えなかった。

山田は、たたみかけるように言った。

「よし、何も言えんいうことは、気持ちがある、ということじゃな。まだ懲りてないんだな。ましてや、絶縁状が回っていることを知っていながら、新井をそこに入れるいうことは、邪《よこしま》なことを考えとる証拠じゃ。そんなら、おまえもいっしょに絶縁してやる」

山田は、新井よりも、岩本の態度のほうによりいっそう怒りを覚えた。もうどうあっても許しがたい行為であった。

人がいい、ということで片づく問題ではなかった。ヤクザとして、もっともしてはいけない行為であった。

山田は、その翌日の十一月一日、追い打ちをかけるように、岩本への絶縁状をしたためた。

共政会相談役の門広が山田会長と岩本の間に入り、ついに翌日の昼、山田会長に詫びを入れ許してもらい、手打ち式をおこなう話がついた。

岩本は、門に連絡したあと、なぜか急に、すべてが片づいた気がした。

つい、ふらふらと、事務所の外に出た。自分の組の若い衆や、新井組の五人を連れていた。

岩本らは、国労会館ビル一階の喫茶店に入った。

アメリカン・コーヒーを飲み干すと、岩本は、大きく息を吸った。

そのとき突然、ドアが蹴破られた。男が四、五人、なだれこんで来た。

岩本らのボックス席まで、一直線にやって来るではないか。

男のうちの一人が、叫んだ。

「岩本組か！」

岩本の顔から、一瞬、血の気が引いた。

とっさに、岩本は、上半身を傾かせ、テーブルの下に身をかくそうとした。

男たちは、四人いた。

四人が、いっせいに拳銃を構え、発砲した。生白い閃光《せんこう》が、鈍く光った。耳をつんざくような銃声が、次々にとどろいた。

一発は、岩本の側頭部から入り、頭を貫通した。岩本は、うしろにふっ飛んだ。

あっけなく絶命した。

岩本の隣りにいた新井組の組員も、胸を撃たれ即死。

残りの四人は、肩などに重傷を負った。が、一命は、とりとめた。

山田は、幹部を集めた席で言った。

「あれは、内部抗争じゃない。絶縁状を出した人間をかばったものに絶縁状を出した。にもかかわらず、態度をはっきりさせていなかった。たしかに、最後は、話がまとまり、断わりを入れに来ることになっていた。しかし、正式な手打ちは、終わっていない。手打ちがすむまでは、何が起こるかわかったものじゃない。ほじゃけえ、正式にきちんと手打ちをすますまでは、どうされようと文句はいえん。手打ちがすむまでは、油断するな。ええか。向こうも本気なら、こちらも本気と思わなあかん」

山田は思った。

〈広島も、十五年も平和が続いた。わしが代を継いでからは、順風満帆じゃ。共政会元禄時代ともいえる時が続いた。じゃが、江戸の元禄も終わりを遂げたように、広島の元禄も、長くは続かん。この事件は、岩本には、酷じゃが、起こるべくして起こったともいえるんじゃ〉

清水幹事長の報復死

岩本敏幸殺害事件で、共政会の組員のなかには、緊張した空気が走った。

当然、岩本組、新井組の残党による報復が、予想されたからである。

あきらかなのは、岩本組長は、亡き人となったが、新井組長は、岩本組長殺害事件直後から、すっかり姿を晦《くら》ましたことである。

相談役の門が、事後収拾に乗り出した。

岩本の直系の若い衆二十数人、新井の直系の十数人は、全員、門のもとに断わりに来た。

「相談役、わしらは、堅気にさせてください」

門は、通告した。

「よっしゃ、堅気になれ。その代わり、その証《あかし》として、ここに、おまえらが持っておる飛び道具を全部持ってこい。ヤッパも、持ってこい」

なかには、ヤクザ稼業にほとほと嫌気が差した者もいた。彼らには、門がすんなり認めてくれたことが、うれしかった。

山田は、岩本事件以来、妻多美子の弟で幹事長の清水毅に、口を酸っぱくして釘を刺した。

「絶対、一人で歩くんじゃないぞ。かならず、護衛をつけて行け」

あれほど山田会長に注意されたのに、清水毅は、相変わらず、護衛をつけず、一人で飲み歩いていた。

昭和六十一年九月十七日午前零時過ぎ、清水は、沖本勲理事長と、広島随一の歓楽街薬研堀の路上を歩いていた。

ちょうど、花屋の前を通りかかった。

実は、その清水をひそかにつけてくる若者がいた。

若者は、清水の背後一メートルに近づくと、清水の首筋めがけ拳銃を構えた。

突然、清水の首の真後ろに、高い破裂音が炸裂した。

「幹事長！　幹事長！」

理事長の沖本は、必死で、清水の体を抱きかかえ、揺すった。

だが、清水は、ぐったりしたまま、何の反応も示さなかった。

数メートル先で、男が、一瞬、こちらを見た。が、すぐ眼をそらせ、逃げ去った。

犯人だった。痩せぎすの男で、ハンチングのようなツバつきの帽子をかぶり、眼鏡をかけ、左手には、傘を持っていた。

清水が死んだことをちゃんと確認してから、逃げたのだ。

プロだった。

清水の頭部を、左後方の至近距離から撃ち抜いた。

あとでわかったことだが、銃は、改造モデルガンであった。

沖本は、追いかけようにも、追いかけられなかった。

沖本の他には、誰も人がいない。

自分が追いかけたら、清水の手当てをするものがいない。

血が、どくどくと流れ続けている。

沖本は、また呼びかけた。

「幹事長！　幹事長！」

清水は、ピクリとも動かない。即死のようだった。

山田は、かつて週刊誌のインタビューで、答えたことを思い出し、いまも気持ちは変わらないと思った。

「『仁義なき戦い』といわれただけあって、広島も、昔は愚かな抗争を繰り返したもんでしたが、こんな不幸なことはない。わたしら、その虚《むな》しさを肌で知りましたからね。各自が意地の突っ張り合いをやっていたら、喧嘩は、何十年たっても終わらないですよ。

広島ヤクザには、戦前から『一人一殺主義』の気風がある。これじゃ、組織の大半が死ぬまで終わらない。実際、何十人も死んでいます。喧嘩が終わったのは、それぞれが、自分の立場を捨て、相手を立てたからでしょう。いまの共政会の幹部のなかにも、自分の親分を殺された者がいます。当然、報復をした。しかし、相手の親分の命を取るには至らなかった。兄弟分、弟分を殺されたという者もいます。そんな汚い仁義なき戦い、血で血を洗うような争いはやめようじゃないか。それがわしの提案であり、信念でもある」

共政会三代目会長山田久は、昭和六十二年十一月六日、五十七歳で永眠した。

四代目共政会会長は、沖本勲と決まった。

沖本は、血で血を洗う仁義なき戦いを、嫌というほど見せつけられてきている。沖本の代になって、広島には、かつてのような抗争はなくなった。

なお、五代目共政会会長には、守屋輯が就任している。

第四章　凄烈篇《せいれつ》——伝説のヤクザ安藤昇

「インテリヤクザ」安藤昇との出会い

私が初めていわゆるヤクザを深く取材したのは、かつて安藤《あんどう》組組長で、のちに俳優として活躍した安藤昇《のぼる》だった。「ホテルニュージャパン」の火災でクローズアップされた横井英樹の取材を通してであった。

なにしろ、安藤さんは、若い衆の千葉一弘さんに横井氏を「殺さない」という条件で撃たせたのだ。そんな話を聞いた取材が終わってからも、当時赤坂にあった安藤さんの事務所にたびたび顔を出すようになった。安藤さんは、いわゆる「インテリヤクザ」で、人間通であり、文章も上手で、教養も深かった。話にユーモアもあった。

静かに笑うとき、左頬の深い傷が動くのが印象的であった。

安藤さんのトレードマークともいうべき、その傷について、私も門下生の一人である評論家の大宅壮一さんがある言葉を残している。

大宅さんは、安藤さんに興味を抱き、連載対談である『大宅壮一人物料理教室』で安藤さんと対談した。

この対談なかば、安藤さんが改まった表情で、大宅さんに頼んだ。

「先生、色紙を書いていただけますでしょうか」

大宅さんは、安藤さんの左頬の傷跡を見ながら、筆をふるった。

《男の顔は履歴書である》

安藤さんは、その言葉を眼に刻みながら、いくどとなく深くうなずいた。

なお、この色紙の文句をタイトルとして、安藤昇主演、加藤泰監督で昭和四十一年七月五日公開の『男の顔は履歴書』が製作された。

安藤さんは、私が『週刊文春』のトップ屋時代に出版記念会を開いたとき、わざわざ出席してくれた。

私は、『週刊文春』を離れたあと、安藤さんについて『小説安藤組』『実録・安藤組解散　さらなる戦い』を書き続けた。安藤さんとは、亡くなるまで酒を酌み交わし続けた。老いてもなお、侠《おとこぎ》の色気のある魅力的な人であった。

私は、滅多《めった》に歌を歌うことはないが、一曲だけ歌う歌がある。安藤さんの人生を想いながら、阿久悠が作詞した『男が死んで行く時に』である。その歌を歌いながら、安藤さんを偲《しの》んでいる……。

安藤 昇

安藤の誕生譚と喧嘩人生の始まり

安藤昇は、大正十五年五月二十四日、東京新宿の東大久保天神下で生まれた。

祖母のきみは、夫の鈴吉に死なれ、その淋しさを紛らす意味もあり、孫の昇をねこかわいがりした。踊りの会にも、昇を連れて行った。昇にわざわざ羽織を着せ、足袋をはかせ、「美味しい鰻を食べさせてあげるからおいで」といって誘い出した。きみの影響で、彼もいつの間にかお洒落になった。

安藤は、小学生時代、喧嘩《けんか》もしたが、一年生から六年生まで、級長として通した。早稲田大学商学部を出て、古河財閥系のゴム会社に勤めていた父親の栄次郎の影響か、国語は秀でていた。絵も、得意であった。

安藤は、神奈川県立川崎中学校に進み、喧嘩に明け暮れていたが、昭和十五年の秋、突然逮捕されてしまった。あとでわかったのだが、不良仲間の相河敏之に腕時計を貸した。その腕時計にからみ安藤が事件の共犯者との濡れ衣を着せられたのであった。

最年少者の行く調布の「六踏園」という感化院に入れられた。

安藤は、昭和十五年暮れに、感化院からもどった。

昭和十六年二月、安藤は、両親のいる満州へ向かった。奉天一中に入学した。

安藤は、満州で暮らすうち、思い始めていた。

〈このまま満州にいるなら、馬賊になってもいいな……〉

馬賊というのは、騎馬の機動力を生かして荒らし回る賊のことである。清朝末期から満州国期に満州国周辺で活躍していた。

安藤は満州で初めて女性の肉体を味わう。安藤は、日本では喧嘩に明け暮れる青春であったが、女には初心であった。

クラスのなかでもっとも気の合う仲間二人と、「夢郷書館」に通った。

が、ついに臨検で捕まってしまった。三人とも、奉天一中を退学になった。

安藤は、満州から一人、列車に乗り、ふたたび東京に舞いもどることになった。満州をあとにする列車の中で、言いようのない淋しさに陥っていた。

〈これで、馬賊になる夢は消えたな……〉

昭和十六年十一月、安藤は、約十ヵ月ぶりに内地の土を踏んだ。東大久保の祖母の家に帰った。

安藤は、自分に濡れ衣を着せた相河を捕まえると、まるでサンドバッグでも殴るように、相河の顔面や腹に右拳を叩きこみ続けた。

その後、相河の属していた大久保一帯の愚連隊紫団のリーダー秋葉誠との戦いとなった。

安藤は、右手の指に挟みこんでいたカミソリで、秋葉の右頬を上から下に斬り下げた。

「うッ！」

安藤が秋葉を斬ったということは、秋葉の兄貴分の新庄政を敵にまわすことでもあった。新庄は、新宿を縄張りにしているテキヤ（的屋）博労会河野組の若者頭であった。

安藤は、新庄のいる新宿三越裏の『祭』に乗りこんだ。

が、新庄は、安藤に攻撃を仕掛けられ、手向かってこられなかった。

新庄は言った。

「秋葉の件は、水に流そう。これから、仲良く付き合ってくれ」

「よし、いいだろう」

安藤は、この喧嘩以来、新庄と兄弟分となった。

コーヒーでの兄弟盃

安藤は、その喧嘩の直後、叔父の世話で、京王商業に転入することができた。学校は、京王線の代田橋駅近くの杉並区和泉四丁目にあった。京王商業に転入すると、不良学生たちが、安藤のもとに群がってきた。

「安藤さん、おれを舎弟にしてください」

京王商業には、不良が多かった。安藤の名は、彼らのあいだにすでに知れ渡っていた。

安藤は、一気に、十五、六人近い不良学生の兄貴分になった。

安藤が、新宿でも羽振りがよくなったころ、京王線沿線の番長として君臨していたのが、帝京商業の加納貢であった。

加納は、大正十四年生まれで、安藤より一歳年上であった。東京では名の通った代々木信用金庫の創立者の息子であった。帝京商業では、柔道部に入っていた。三段の腕前であった。加納は、帝京商業の学生だけでなく、京王線の駅員のなかの不良少年たちも配下に従えていた。

京王線を、安藤か、加納のどちらが制するかの戦いが始まった。

安藤が、機先を制した。加納が、帝京商業のある京王線初台駅の前のレコード屋にいる、という情報が入ってきた。

安藤は、そのレコード屋に乗り込んだ。カミソリの刃を忍ばせていた。

加納は、柔道をやっているというだけあり、がっしりとしたいい体格をしていた。まわりのみるからに不良っぽい顔つきをした不良学生と違い、顔つきは、彫りの深い、インテリ顔であった。

〈ほォ、いい面構えをしてるじゃねえか〉

安藤は、加納と眼を合わせた瞬間、そう思った。

いっぽう加納は、安藤の切れ長の眼の奥に、なにものにも怯《ひる》まない、一途な攻撃性を見た。けっしてケチな妥協をしない、鋼のような強さを見た。

そのうえ、どこか感情を押し殺した、冷徹ともいえるストイシズムも見た。

世に、虫が好く、という言葉がある。加納は、初対面の安藤に、言葉で言いあらわせない好感を持った。

安藤もまた、加納が気に入った。

二人は、おたがいに殴り合える位置にまで近づいていた。が、二人ともしばらく睨み合ったまま、まったく動かない。言葉も発しない。

異様に緊張した空気が流れた。

加納が、口を開いた。

「安藤、コーヒーでも飲みながら、ゆっくり話し合わねえか」

「いいだろう」

安藤は、店の外に出た。相手に背を見せ、夕立のなかを濡れながら歩いた。

加納は、初台駅前の行きつけの喫茶店『白十字』に安藤を誘った。

二人は、喫茶店でコーヒーを頼むと、あらためて眼を交わしあった。

安藤が言った。

「兄弟分になろうぜ」

加納は、安藤の眼をジッと見たまま、うなずいた。

「よろしく頼むぜ、兄弟」

コーヒーが運ばれてくると、二人は、コーヒーカップをおたがいに眼の高さにまで上げ、合わせた。カップの音が、かすかに響く。二人の、兄弟分になった盃であった。

愚連隊の誇りと館崎流喧嘩の要諦

安藤と加納は、新宿旭町のドヤ街で館崎直也に会った。

安藤は、大学生のリーダーである館崎にも、好意を感じた。

館崎は、大きな眼が鋭く光り鼻筋は通っている。慶応大学の詰襟の学生服をぴっちり着ていた。そばに転がっている帽子は、油でなめし革のようにピカピカに光らせていた。あとでわかったことだが、慶応大学の学生というのは嘘で、いわゆるテンプラ学生であった。

館崎は、安藤と加納の顔をあらためて見た。

「二人とも、根性のある、いい面魂をしてるじゃねえか。気に入った。今後は、おれについてこい。喧嘩の仕方を教えてやる」

安藤は、たとえ相手がいくら年が上であろうと、相手に従うのは、性に合わなかった。加納とのように、兄弟分になるのはいいが、舎弟格になるのは性に合わない。

が、館崎という男は違った。なぜか、こちらが彼の言うことに従ってもいい気になった。不思議な魅力をそなえていた。

「お願いします」

安藤も加納も、同時に答えていた。

安藤と加納が、それぞれの舎弟たちを引き連れて館崎の舎弟となったため、館崎のグループの勢力は、三十人近くにふくれあがった。

館崎は、グループのなかでは、若い安藤をとくにかわいがった。「安藤」「安藤」と呼び、かならずといっていいほど連れ歩いた。

館崎は、愚連隊であったが、博徒やテキヤ（的屋）に、まったく怯むことはなかった。

安藤らに、いつもうそぶいていた。

「テキヤは、サンジャク並べて商売してりゃいいんだ。博徒は、ボンゴザの埃吸ってりゃいいんだ」

サンジャクというのは、テキヤが使う組立て売台の寸法が三尺三寸からきた名である。ボンゴザというのは、丁半博打で、壺を伏せる場所へ敷く茣蓙《ござ》のことをいう。

館崎は、前から歩いてくる男がヤクザとわかると、何も言わないで、いきなり顔面に拳を叩きこんだ。

もちろん、相手に縁も恨みもない。

殴られて向かってこようとすると、右眼にふたたび拳を叩きこんだ。

相手は、たいてい気勢を削《そ》がれて、怯んだ。

館崎は、そのように身をもって安藤に喧嘩のなんたるかを教えこんだ。

「安藤、いいな、喧嘩ってのは、このように、とにかく先に仕掛けたほうが勝ちなんだ。要は、勝てばいいんだ。能書きをいう前に、こちらが先にひっぱたけばいいんだ」

安藤も、それまでの喧嘩で、絶えず先制攻撃を心がけてきた。が、館崎の喧嘩は、先制攻撃という生やさしいものではなかった。相手に宣戦布告もしない。いきなり、襲いかかるのである。

安藤は、館崎流の喧嘩の要諦を学んだ。

少年院から予科練に志願入隊

安藤は、暴れすぎ、京王商業を退学になり、練馬区石神井にある智山中学へ四年生として転入した。

しかし、転入早々、柔道部の猛者連中に道場に呼び出されて、一時間にもわたってリンチを受けた。

安藤は、その後、仲間の同級生を連れ、柔道部の連中が五人でいっしょに下宿している上石神井近くにある彼らの下宿にドスを呑んで殴りこみをかけた。

彼らを痛めつけ、五円と剣道具三組、柔道着、絣の着物三枚を戦利品として奪った。

安藤は、その事件で淀橋署に逮捕され、練馬署へ入れられた。運よく成年刑をまぬがれ、九段の少年審判所へ送られ、多摩少年院へ送られた。

安藤は少年院から早く出たくてたまらなかった。少年院から予科練に願書を出し、少年院から航空隊に試験を受けに行った。三ヵ月後に合格通知を受けて、入隊したのであった。

安藤は、昭和十八年十二月八日、三重海軍航空隊に入隊した。

昭和二十年六月、安藤は、その期の第一回特攻に志願した。合格し、いよいよ実戦部隊として横須賀久里浜の秘一〇九部隊に配属された。別名「伏龍隊」ともいった。

やがて訓練に入り、「伏龍隊」の意味が理解できた。安藤は、潜水服に潜水帽をかぶり、波打ち際に潜った。竹竿の先に爆雷をつけ、上陸してくる敵の船艇を待った。船艇が近づいてくると、下から竹竿を突き上げ、爆破させる。もちろん、自分も死ぬが、船艇に乗っている敵兵百人も死ぬ。一人で、武装した敵兵百人が殺せる。

もっとも、すでに特攻機すらほとんどなくなっているこの時期、このような原始的な特攻法しか残されていなかった。つまり、安藤たち隊員が海に伏せた龍というわけである。

安藤たちは、特別訓練に入った。横須賀久里浜の砂浜の松原に建てられたバラックの兵舎に閉じ込められての訓練であった。秘密漏洩を恐れ、一歩の外出も許されなかった。潜水帽に潜水服というまるでロボットのような姿をした安藤らの群れは、いっせいに海の底に身を沈めた。命懸けの訓練であった。

八月十五日、部隊の者たちが、下を向き、泣きながらテントに帰ってくる。安藤は思った。

〈だれか、死んだのかな……〉

安藤は、帰ってきたひとりを摑まえて訊いた。

「何があったんだ」

「日本が、負けた」

「負けた？」

安藤には、日本が敗れたということが、どうしても信じられなかった。いま一度念を押した。

「本当か」

「ああ、先ほどラジオで陛下直々の放送があり、日本が敗れたことを……」

そう言いながら、ふたたびしゃくりあげて泣き始めた。

「愚連隊の元祖」万年東一

安藤昇は、昭和二十一年二月、法政大学予科の入学試験を受け、合格した。

安藤が法政大学に入学してまもない昭和二十一年四月、学校からの帰り、世田谷区下北沢の行きつけの喫茶店「パール」でコーヒーを飲んでいた。

そこに、万年東一《まんねんとういち》の使いという男があらわれた。安藤の所在を確かめに来たのだろう。万年が安藤に会いに来ると言い置いて帰っていった。

万年は「愚連隊の元祖」で、安藤たち学生ゴロにとって憧れの英雄だった。

万年は新宿と銀座を拠点とし、暴れまくっていた。安藤と加納の兄貴分の「人斬り小光」と呼ばれている小林光也の親分であった。

まさか万年ともあろう人が、安藤たち学生グループ相手に喧嘩を売るとも思えなかったが、いちおう、用意をととのえて待った。

夕方、万年はやって来た。

「実は、きみたちに話があってきたんだ。先日、きみたちと揉《も》めた三田組の件だけど……」

下北沢は、テキヤ三田組のシマであった。安藤のグループと三田組の若い衆が喧嘩をしていたのだ。

安藤のグループの二人が日本刀で斬られた。安藤は、日本刀と拳銃モーゼルの45口径を持ち、親分の三田剛造や幹部を探し回っていた。実は、あとでわかるのだが、三田と幹部は、警察に自首と称して逃げこんでいた。

安藤は緊張で身体を硬くして、万年を見据えながら訊いた。

「それが、なにか」

「三田と、手を打ってもらいたいんだ」

万年は、直截に言った。

「きみらとしては不本意だろうが、そのことは重々承知のうえでの頼みなんだ。いっぺんだけ、おれの顔を立ててもらえないだろうか？」

これが貫禄というものだろう。もし高飛車に出られたなら、どこの何様だろうと反発もするが、万年の言葉は、静かだが腹にズシンと響く重みを感じた。

「わかりました」

安藤は、思わず頭を下げて承知した。

あとで聞いた話であるが、北支戦線で中国の毛沢東率いる共産党のゲリラ部隊である八路軍と交戦して負傷した万年上等兵を三日三晩、寝ずの看病に当たったのが三田剛造であったという。万年はその恩義を感じて、三田を安藤たち狂犬から救ったというわけである。

安藤はこの話を聞いて感激し、ますます万年に対する憧れを強めた。

「ありがとう、安藤君」

安藤の手を握って帰ってゆく万年の男らしい姿を、安藤はいつまでも立ちつくして見送った。

安藤は、これが縁で、万年と親しくなり、盃こそ交わさなかったが、万年を親分格の存在と仰いでいた。

安藤は、のち万年について語っている。

「仏さまのように優しかった……」

安藤は、空手部、ラグビー部、応援団と、三つのクラブに入った。用心棒的存在として頼まれてのことであった。三つものクラブに所属したのは、安藤くらいのものであった。

手広い裏の闇商売

安藤は、借金がたまってくると、ダンスパーティーを開いて、資金をつくった。

結局、安藤は、法政大学を除籍になった。

安藤は、大学を除籍になった直後から銀座三丁目の洋品店「ハリウッド」を経営していた。

表向きは、いかにも小さな洋品店であったが、裏では、手広く闇商売を続けていた。裏の商売のほうが儲けの額が大きかった。ドルを、外人相手の娼婦、いわゆるパンパンから仕入れさせる。そのドルで、松屋のPXから物品を仕入れていた。

PXは、ポスト・エクスチェンジの略で、米軍内の酒保（売店）のことである。敗戦後、銀座四丁目角の服部時計店や松屋などがPXとなっていた。PXには、米軍用の物資が豊富にあった。そのころは、日本人は、まだ兵隊帰りの服を着ている者が多かった。日本人にとって、アメリカのニューモードの服は、既製品でも大変粋に見えた。シャツもズボンも、飛ぶように売れた。

安藤は、アメリカへの輸出用の生地を横流しして儲けることを考えていた。二十四年当時は、衣料統制で、巷には生地は出回らない。輸出用の生地を横流しして売れば、いくらでもいい値で売れた。

初めのうちは、米兵にドルを渡してドル専門の店OSS（海外供給物資ストア）で少しずつ買わせては、彼らに小遣いをやっていた。米兵は、女と遊ぶ金ほしさによろこんで買ってくれた。

その生地を、神田の秋葉原近くの生地問屋に持って行くと、三倍の値になった。

そのうち、もっと欲が出た。OSSのマネージャーの買収にかかった。スタンレー・山田が、マネージャーに話をつけた。

スタンレー・山田は、二世の兵隊であった。昭和二十三年からの知り合いである。酔っ払ったスタンレーが、渋谷の宇田川町の安キャバレーで白人二人とホステスの取り合いから喧嘩しているのを助けたのがきっかけであった。

彼は、進駐軍のPXに動務する下士官であった。

安藤は、OSSの裏口にトラックをつけて、生地をごっそりロールで買った。

伝票操作は、マネージャーがうまくやってくれた。

一万ドル動かして、三万ドルの売り上げにはなった。儲けた二万ドルのうち半分の一万ドルを、スタンレーをはじめとする米軍関係者と、OSSのマネージャーに渡した。残りの一万ドルを、安藤と友人の塚田四郎とで分けた。安藤の懐には、一回のトラック買いで五〇〇〇ドル、つまり、百八十万円もの金が転がり込んだ。昭和二十四年には、国家公務員の初任給が四千八百六十三円、年収が六万円弱であった。

一回のトラック買いで、国家公務員の年収の三十倍の稼ぎになった。笑いがとまらなかった。

安藤は、月に二回トラック買いをやった。稼いだドルは百円札に替え、ジャポックナンバー、つまりアメリカ軍ナンバーのシボレーのうしろの席に、新聞紙にくるんで山のように載せた。そのシボレーは、スタンレー・山田名で購入していた。

安藤は、洋品店ハリウッドを持ちながら、自分のものは他の一流店で買いそろえた。

入れ墨ともなった左頬三十針の烙印

安藤は、昭和二十四年の春の夜、銀座みゆき通りの交差点を渡った。道路を渡っているとき、向こうから来る男に呼びとめられた。

「安藤さん」

三国人連盟のバッジを背広の襟にこれ見よがしにつけている台湾人の蔡である。安藤は、その男の顔を知っていた。

安藤も、ああ、といちおうは軽く挨拶をした。しかし、安藤の挨拶の仕方が横柄な感じだったので、蔡にはよくわからなかったらしい。

安藤が、蔡に丁重な挨拶をしなかったのには、理由がある。彼らの戦後の横暴さに、むかっ腹を立てていた。特権を利用して、隠匿物資の摘発をおこなう。それも、強盗同様に押し入ったりしていた。

電車の中で、平然と酒を飲み、女にからむ。さらに、身動きもできないほどの満員電車なのに、多くの座席を一人でぶんどり、大の字に寝ころんだりしている。

もちろん、彼らにも言い分があった。日本の軍隊に戦時中、いじめにいじめられていた。その重石《おもし》が、敗戦とともに取れた。彼らもそれまでの屈辱を晴らす意味もあり、暴れまくっていたのであった。しかし、現実には、眼の前で彼らにひどい目にあっている同胞を見過ごすわけにはいかなかった。安藤は、彼らの横暴さを目にするたびに、歯向かい、叩きのめしてきた。

安藤は、そのまま通り過ぎようとした。

ところが、蔡が背後からやって来て、因縁をつけた。

「安藤さん、おれが挨拶したのに、どうして挨拶しないんだ」

安藤が、このとき、「実は、おれも挨拶したんだよ」と言えば、事なきを得た。が、心の底にわだかまっている彼らの横暴さへの憎しみがあった。

安藤は、蔡を睨み据えて言った。

「それがどうした！　この野郎……」

そう言ったときには、安藤の左手は蔡の襟首を摑まえていた。左の襟首を摑まえるのは得意であった。

同時に安藤の右拳が、蔡の顔面に叩きこまれた。蔡の体は、吹っ飛んだ。

安藤は、その当時右手に包帯を巻いていた。海軍時代から患っていた疥癬のせいである。その手に巻いた包帯が、安藤にとっては、かえってさいわいしていた。包帯が膿で固まり、武器になった。

相手の顔にパンチを入れ、当たった瞬間、ねじるようにすると、顔が切れる。倒れた蔡の顔も、切れていた。

安藤は、さらに蔡に飛びかかった。左襟首を摑むや、右拳をもう一発顔面に叩きこもうとした。

蔡が哀願した。

「待ってくれ！　上衣を脱がさせてくれ」

安藤は思った。

〈サシでやる気だな……〉

安藤は、堂々とサシで勝負をしようという蔡の根性を見なおした。

「よし、脱げ！」

安藤は、襟首を摑んでいた左手を離した。蔡は、背広を脱ぎはじめた。そのとき蔡は、背広のポケットに忍ばせていたジャックナイフを、ひそかに取り出していた。

蔡の体は、安藤に対して斜めに向いていた。そのため、安藤の眼には、蔡がジャックナイフを取り出した側が死角になった。

安藤の眼に、きらりとジャックナイフの刃が映った。その瞬間、安藤は、頰に冷気を感じた。数秒遅れて、丸太で殴られたような激痛が走った。頰が、パッと開いた。押さえると、生温かい血が、どっとあふれ出た。

「ちくしょう、やりやがったな！」

安藤は、武器になるものを、あたりに探した。焼け煉瓦《れんが》が転がっていた。右手で、焼け煉瓦を拾った。

蔡めがけて思いきり投げつけた。

蔡は、背を見せ、走った。安藤は、追った。

〈殺してやる……〉

蔡は、右手にジャックナイフを握ったまま、銀座の路地から路地を逃げた。

安藤は、傷口を押さえながら追い続けた。頬がゆるんだ感じで、どうしてもいまひとつ体に力が入らない。安藤のせっかくの背広やズボンは、血まみれであった。一升もの血をかぶった感じである。

二人の姿を見た者は、「きゃあ！」と悲鳴をあげて、左右に散った。

しかし、安藤は、蔡を捕まえる前に、ＭＰ二人と日本警官の三人に捕まってしまった。

そのままＭＰのジープで、新橋の十仁病院に連れていかれた。十仁病院は、整形病院である。

いざ手術に入ると、安藤は、梅澤文雄医院長に怒鳴った。

「おい、麻酔なんて、打たなくていいぞ！」

安藤は、海軍時代、麻酔を打って傷口を縫うと、あとで傷口がきたなくなる、と聞いていた。

梅澤医院長が、念を押した。

「その代わり、痛いぞ」

「おれがいいと言ってるんだ！　早くやれ！」

「しゃべるな！」

傷口があまりに深く、開きすぎている。中の肉をまず縫い合わせなくてはいけない。

それから、表側の傷口を縫うことになった。

麻酔をしていないので、曲がった針を引っかけられるたびに、頬に、荷物を引っかける手鉤を打ちこまれたように痛い。安藤は、苦痛にうめきながら、梅澤医院長にへらず口を叩いた。

「きれいに縫えよ！　このやぶ医者め！」

「黙ってろ！　うるさすぎて、縫えねえじゃないか！」

喧嘩のようなやりとりが一時間半も続き、手術がようやく終わった。

表側を、二十三針縫った。中縫いを入れると、三十針も縫った。

手術が終わって、看護婦が安藤の頬の血をきれいに拭った。

安藤は、看護婦に頼んだ。

「鏡を見せてくれ」

看護婦が、鏡を持ってきた。

安藤は、切られた左頬を鏡に映して見た。ゾッとした。左頬に、耳の下から口の近くまで、赤黒い百足《むかで》が足を広げて張りついているようであった。

安藤は、慄然《りつぜん》とした。

〈これで、もう二度と、堅気《カタギ》の世界にはもどれない〉

安藤は、一生入れ墨を入れる気はなかった。が、安藤にとっての今回の頬の傷は、外から入れられた入れ墨のようなものである。生涯拭うことはできない。

安藤は、鏡の中の不気味な傷を睨みつけながら、呪いをこめてつぶやいた。

「やつを、かならず、殺してやる……」

仕上げた蔡への落としまえ

蔡を探して二ヵ月になろうかというとき、銀座の高橋輝男から、渋谷の『ブラウンズウィック』にいた安藤に電話が入った。

「安藤、話がある。いまから一時間後にそちらにいく。よろしく」

安藤は、加納貢だけでなく、高橋とも兄弟分の縁を結んでいた。安藤と高橋は、おたがいに同じ匂いを感じあい、惹かれあっていた。

高橋輝男は、大正十二年生まれで、安藤より三歳年上であった。目黒区祐天寺で育ったので「祐天寺のテル」という愛称で呼ばれていた。

高橋は、銀座で遊び始め、住吉一家三代目安倍重作の子分である浦上伸之の舎弟になった。浦上は「人斬り伸」と恐れられていた。

高橋は、昭和十六年に大東亜戦争が始まると、横須賀の海兵団に召集され、ベトナムに近い中国の南端の海南島に送られた。

生きながらえて帰還して間もなく、新宿で安藤昇と会い、どちらからともなく意気投合して、兄弟分となった。

安藤が銀座三丁目に洋品店「ハリウッド」を出すときも、高橋は、いろいろと便宜をはかってくれた。

高橋は、浦上に代表される古いタイプのヤクザと違い、事業にも手を出した。銀座に「高橋事務所」を構えた。舎弟には、高橋が相撲が好きだったせいで、明治大学相撲部出身の者が多かった。

高橋は、貸し植木業、バー、小料理屋の増加にともなうオツマミの仕入れ販売のほか、寿司屋も開業するという事業計画を披露した。銀座のバーには、まだオツマミ屋のないころで、彼は、その先駆者であった。

高橋の舎弟はしだいに増え、このころには、二百人にふくれあがっていた。

高橋は、舎弟たちに、新しい銀座のヤクザはどうあるべきか、と訴えるために、映画の製作にまで踏み切った。が、脚本がまずかったため、興行的には失敗した。

高橋は映画の次に、鉱山経営にも手を出した。九州の別府近くの廃鉱から硫黄が出ると聞き、大金を出して購入した。そのうえ、事故の見舞い金で一文無しになっていた炭鉱主を、東京の会社に就職させたりした。

まだ盛んでなかったボクシングの興行にも、手を染めた。

右翼の大立物である大東塾顧問の三浦義一にもかわいがられ、自分の舎弟の豊田一夫を三浦のもとに送りこんでもいた。

高橋には、度胸、知恵、才覚に加え、ユーモアのセンスもあった。

さて、高橋輝男は、安藤を訪ねてきた。

「実は……」

と言いよどんだ。

「お前の顔を傷つけた蔡のことなんだが、勘弁してもらえないだろうか。やつの兄貴から頼まれたんだ」

「断わる！　おれとおまえの仲だが、こればかりは……」

安藤は、つい声を荒らげた。

高橋は、安藤の眼を見つめながら、

「実は、蔡も、悪かったといって、そこのガードの向こうまで来ているんだ」

と、意味ありげにいった。

そばで安藤と高橋のやりとりに耳を傾けていた須崎清と五、六人の舎弟の姿が、即座に消えた。

高橋は、それに気づかず、安藤と話し続けた。いや、高橋は気づいていて、わざと気づかぬふりをしたに違いない。安藤は、とっさにそう判断した。

須崎たちは、近くのガードに向かって走った。全員、ドスや出刃包丁を懐にかくしていた。

〈兄貴の仇は、おれが取る！〉

という執念に燃えていた。

ガードの向こうに、蔡の姿が見えた。

須崎らの走ってくる姿を認めると、顔を引きつらせた。あわてて背を向け、逃げ始めた。

しかし、須崎らの勢いにはかなわなかった。蔡や同行していた金に追いつくと、いっせいに襲いかかった。須崎が、ドスで金の背中を刺した。

蔡は、よろけながら、なお走った。

蔡は、大通りに出た。

一人が、蔡の右脚の太腿を刺した。

蔡は、その場に蹲《うずくま》った。

蔡の前に回り、蔡の頰をドスで斬った。蔡の耳も、斬った。

大通りを歩く者たちが、叫び声をあげ逃げまどう。

「きゃあ！」

警官が走ってきたので、須崎たちは逃げた。

一人が、安藤のもとへ息を切らして帰ってきた。

「兄貴！　蔡は、めった斬りにしました」

手には、血に染まったドスを握っている。

続いて、四人が入ってきた。

高橋は、驚きもしないで言った。

「終わったのか」

安藤の顔を見て、にやりと笑った。

「それじゃ、近いうちに会おう」

そう言って、部屋から出ていった。知らぬ顔で、安藤に仇を討たせてくれたのである。高橋らしい、粋なはからいであった。

なお、蔡は命を取りとめた。蔡は、この事件をきっかけに、堅気《カタギ》となった。二度と、修羅の世界にはもどってこなかった。

集い始める安藤の舎弟群

安藤は、舎弟を次々と増やしていった。

その一人石井福造は、昭和三年十二月に世田谷区用賀の農家に生まれた。安藤昇より三歳年下である。

石井は、喧嘩に明け暮れて、三つもの中学を退学になった。昭和二十一年一月には、京王商業も退学になった。

石井は、国士館中学に転入すると、番長として暴れまくった。

ついに退学となった。それから中野中学に転校していた。

石井は、安藤の舎弟になった直後、安藤からレストランに呼び出された。

石井が行くと、安藤が待っていた。隣りの席に、和服姿の色の白いふくよかな年増女が座っていた。石井には、女の安藤を見る視線から、彼女が安藤に惚れ込んでいることがひと目でわかった。

安藤は、石井に説明した。

「このひとは、桜丘にある藤松旅館の女将さんだ」

桜丘は、渋谷駅南口から歩いて五、六分足らずである。

安藤は、女将に石井を紹介した。

「こちらが、うちの石井だ」

安藤は、紹介を終えると、切り出した。

「石井、この書類を持って、これから藤松旅館に行け。今日からおまえ、旅館の責任者をやれ」

安藤は、石井に書類を渡した。

「藤松旅館に、関西からの流れ者のおやじがいる。しかし、戸籍上の夫婦じゃねえ。やつを、ほっぽり出せ」

石井は、安藤から渡された書類に眼を走らせた。

安藤が説明した。

「この書類は、きちんと弁護士を入れて、旅館の賃貸の契約を結んだものなんだ。おれが、旅館を借りたことになっている。おやじが四の五のぬかしたら、今日から、安藤昇がこの旅館を経営します、と言ってこの書類を突きつけ、ほっぽり出せ」

「ほっぽり出すわけには……」

女将が、右の腕の袖をまくり、艶めかしい腕を見せた。

「これを見て」

腕は、青い痣だらけであった。

「わたしのあのひとへの態度が急に冷たくなったというので、あのひと、毎晩、青竹で殴りつけるの。寝かせてくれないの。それで家出をしてきて、安藤さんのところに飛び込んできたの」

安藤の表情が厳しくなった。

「やつがグズグズ言ったら、ひとまず三畳間にでも押し込んでしまえ」

石井は、藤松旅館に向かった。

石井は、関西の流れ者に賃貸借契約書を見せつけた。しかし、流れ者は動じない。

そこで、石井は、実力行使に出た。男を奥の三畳間に押し込めたのである。

が、その男は、夜になっても酒に酔っぱらって暴れた。

のち安藤組幹部の志賀、千葉は敵側で初見

翌日の夜遅く、女中が、「もう今夜は、営業が終わりました」と断わるのに、強引に旅館に入ってくるグループがあった。石井も顔見知りの志賀日出也であった。志賀は、千葉一弘ら舎弟を八人も引き連れていた。

志賀日出也は、昭和二年一月十日に、東京大田区蒲田で生まれた。安藤の一歳下で、千葉より六歳年上だった。

志賀の父親は、戦後最大の高利貸しと謳われた森脇将光の番頭をしていた。森脇は、法スレスレの商売で、十日に一割の利息を取り、「トイチ」の流行語を生んだ。昭和二十三年には、個人所得九千万円をあげ、長者番付の筆頭に躍り出た。が、政治家からの裏での借金の申し込みは殺到していた。

志賀家の生活は豊かであった。志賀の父親は、まわりの誰よりも早く外車を乗り回していた。

戦後は、横浜、東海道を愚連隊として暴れ回っていて、のちに稲川会の幹部となる〝モロッコの辰〟と呼ばれていた出口辰夫や、〝浜のキー坊〟と呼ばれていた井上喜人のコンビとよく遊んでいた。

志賀は、出口と井上が横浜刑務所に入ったころ、渋谷の博徒落合一家の渋川清太郎の舎弟になっていた。ただし、落合一家に加わったわけではなかった。あくまで渋川個人の舎弟であり、愚連隊として暴れ回っ

た。

志賀は、すでに、左肩に桜、右肩に牡丹の入れ墨を入れていた。

志賀の舎弟である千葉一弘は、昭和八年、東京のいわゆる「山の手」である、渋谷区代官山猿楽町に生まれた。千葉の父親は、朝倉寅次郎商店という大きな米屋の番頭をしていた。

さて、石井は、志賀らをひとまず部屋に通した。

志賀は、石井に言った。

「おい、ビールを持ってこい」

石井は断わった。

「ビールは、あいにくなくなってしまいまして」

志賀は、血疾まじりの血をペッと畳に吐きかけてすごんだ。

「なけりゃあ、買ってくればいいじゃねえか！」

あきらかに言いがかりをつけにきている。石井は察した。

〈関西の流れ者が、地元のやくざに助っ人を頼みやがったな〉

石井がビールを買いに走らないとみると、志賀が言った。

「石井よ、いい顔になったな……ビールがなけりゃ、おまえの器量で、どこからか都合してくりゃいいじゃねえか」

石井は、知り合いのバーに電話を入れ、ビールを持ってこさせることにした。

ビールが届くあいだ、志賀は息巻いた。

「この旅館にある家財道具を、全部持っていくからな」

「この旅館は、安藤昇の経営になっております」

「うるせえ！　ここのおやじに、金を貸してあるんだ!!　だから、そっくり持っていくんだ」

バーからビールが運ばれてきた。

石井は、運んできた男に、若い衆に安藤に伝えるよう耳打ちをした。安藤からは、やくざ者が来た場合、自分が行くまで止めておけ、と釘を刺されていた。

志賀たちは、ビールを飲んで騒ぎ疲れると言った。

「石井、今夜のところは、このまま寝かせてもらおう。明日、またジックリ話をしよう」

安藤は、夜明けに藤松旅館に着くと、玄関の戸を激しく叩いた。

「おい、安藤だ！　開けろ」

石井は、安藤の声を聞くや跳び起きた。

玄関の戸の鍵を急いで開けた。安藤の顔は、殺気立っている。左頬に百足の這っているような傷が、夜明けの光に、薄桃色に不気味に光っている。

安藤は、石井に眼で尋ねた。

〈やつら、どの部屋にいる〉

石井は、小声でささやいた。

「一階の一番奥の、右の部屋です」

安藤は、眼でうなずくと、右手に握っている木刀をあらためて強く握りしめた。志賀の背後には、落合一家の渋川がいる。今日の話が、渋川に通っているのかいないのかわからないが、志賀たちを締め、渋川ら落合一家へ挑戦状を突きつけてやる、と思っていた。

〈落合一家に代わって、おれが渋谷を支配してみせる〉

安藤は、廊下を走るように進んだ。志賀のいる奥の部屋へ急いだ。

いっぽう、石井は、台所へ走った。出刃包丁を素早く摑むと、安藤に続いた。

安藤は、志賀の占拠している部屋の前に止まった。襖《ふすま》をわざわざ手で開けるのも癪《しゃく》であった。右足で、襖を開けた。

志賀らは、眠っていた。安藤は、怒鳴った。

「てめえら、起きろ！」

志賀らは、大声に驚いて跳び起きた。

安藤は、志賀ら九人を射るように睨み、啖呵《たんか》を切った。

「安藤だ。束になって、かかってこい！」

安藤のすさまじい剣幕に押され、志賀も千葉たち舎弟たちも、手向かってはこない。

安藤は、うそぶいた。

「おれは、渋谷なんて、目じゃねえんだ。日本を、制覇してみせる！」

安藤は、木刀をより力を込めて握ると、部屋の中に踏みこんだ。

石井も、出刃包丁を持って安藤といっしょに部屋に踏みこんだ。

安藤は、いまにも九人を半殺しの目にあわす勢いで啖呵を切った。

「どなたさまでもいいから、呼んでこい！」

志賀は、安藤の噂は耳にしていたが、安藤と渡り合うのは初めてである。安藤の一歩も引かぬすさまじい迫力に、思わず唸っていた。

志賀は、実は、今回の仕事に乗り気ではなかった。兄貴分の渋川から頼まれての仕事である。別に、この旅館を追い出されかけている流れ者にも義理はなかった。それに、この仕事を終えたら、渋谷に別れを告げ、立川に移ることにしていた。立川の高松町二丁目にすでに一軒家を買い、そこに、米兵相手の娼婦であるいわゆるパンパンを置き、立川の米軍基地の兵隊を相手に稼ぐつもりであった。

高利貸しの森脇将光の番頭をしている父親から金も引き出し、あとは自分と千葉ら舎弟を引き連れていけばいいことになっている。

その前に、特別の義理もない流れ者のために一戦交え、千葉たち舎弟を傷つけても馬鹿らしい気持ちになっていた。

千葉は、太い眉の下の眼を血走らせ、安藤に勝負を挑もうとしている。

志賀は、千葉の肩を押さえ制した。

志賀は、安藤に言った。

「今回のところは、おとなしく引き揚げるぜ」

志賀たちは、そのまま引き揚げていった。

凶星の花形も参加

昭和二十五年の春、藤松旅館の番頭部屋にいた石井福造を、花形敬が酔っぱらって訪ねてきた。

花形敬は、昭和五年、小田急線経堂駅に近い東京市世田谷区（現・東京都世田谷区）船橋町の旧家に生まれた。

父親の正三は、当時では珍しい米国シアトルに留学し、そのまま現地でキャデラックディーラーになるなど国際派ビジネスマンだった。が、大正末期に排日運動が高まり、帰国を余儀なくされていた。

一族の血筋をさかのぼれば、武田二十四将の一人に行きつくのだという。

花形家は一巡するのに半時間はかかるという宅地の中に、テニス・コートを持ち、門番まで住まわせていたという。

昭和十八年、花形敬は、経堂国民小学校から世田谷区で唯一の進学校である旧制千歳中学校に進学した。

一年一組で仮副級長を命じられた。旧制千歳中学校時代、ラグビーに打ち込んだ。

昭和二十年、花形敬は軍需工場に勤労動員された。

終戦後、花形敬は喧嘩三昧の日々を送るようになった。警察より、ＧＩ、つまり米兵などとの喧嘩が、旧制千歳中学校に報告された。

花形は、石井より二歳年下であったが、国士館中学へは石井より一級上の四年生として入ってきた。

花形は、石井と国士館中学で暴れ退学になったが、正規の試験を受け、明治大学の予科に堂々と合格した。本来、頭脳は優秀だったのである。

石井は、国士館中学時代、花形にいじめぬかれていた。花形にだけは会いたくなかった。

花形は、縁なし眼鏡の奥の眼を殺気に光らせて言った。

「石井、こんなところにいやがったのか」

石井は、花形に、自分が藤松旅館にいることを隠していた。いわゆる〝ヤクネタ〟の花形に、毎晩のように旅館に押しかけられ、暴れられては身がもたない。安藤組組長の安藤昇から旅館の責任者を任されている。旅館だけは、死んでも守らなければ、という強い思いがある。

花形は、顔にいくつもついている傷を、酔いに赤く染めて苛立った。

「久しぶりに会ったというのに、愛想がないじゃねえか。何か、冷蔵庫の物を食わせろよ」

石井は、きっぱりと断った。

「だめだよ。あそこに入っているのは、お客さんに食わせるもんなんだから」

「うるせえ！」

花形は、吐き捨てるように言うと、勝手に冷蔵庫を開けた。

「お、うまそうなハムが入ってるじゃねえか」

ハムが貴重品の時代である。花形は、一本丸ごと取り出すと、切ることもしないで、そのまま齧りついた。

石井は、はっきりと言った。

「敬さんよ、おれは、あんたの古い友達だから我慢はしよう。しかし、おれはいま、安藤昇の舎弟として、この旅館を預かっているんだ。このまま許していると、他の舎弟たちに、示しがつかなくなる。やめてくれ」

花形は、よけいにいきり立った。

「安藤が、どうした。いつでも連れてこい！　勝負してやろうじゃねえか！」

それから十二日後、安藤は、木刀を持って藤松旅館に乗りこんだ。今度は、外の敵と勝負するためではなかった。舎弟たちにヤキを入れるためであった。石井のいる番頭部屋に、六人の舎弟を集め、正座させた。石井もそのなかにいた。石井らは、そろってヒロポンを打っていたのである。

安藤は、怒鳴った。

「てめえら、あれほどポンだけはやるなと釘を刺しておいたのに……」

安藤は、覚醒剤が大嫌いで、打つことも、もちろん売買することも許さなかった。それなのに、石井の部屋に彼らが集まり、ヒロポン注射を打っていたと聞き、ヤキを入れようとしたのである。

そこに、ひょっこり、花形敬が石井を訪ねて入ってきた。花形は、安藤のただならぬ気迫に呑まれた。

彼も、つい石井らと同じく正座し、部屋の片隅に座った。

安藤と花形は、このとき初めて出会ったのである。安藤昇、二十四歳。花形敬、二十歳であった。

安藤は、一人ずつ立たせた。

「おい、立て！」

立った舎弟の尻を、木刀で力のかぎり殴りつけた。

安藤は、尻を殴りながら喝を食らわした。

「今度ポンを打っているところを見つけたら、尻を殴るだけじゃすまねえぞ！」

花形は、安藤の気迫に激しい感動をおぼえていた。

〈おれが、生涯一目置けそうな男に、ようやく会えたようだ〉

花形は、安藤が藤松旅館から引き揚げていくと、石井に頼んだ。

「おい、安藤さんに頼んでくれよ。おれも、安藤さんの舎弟になりてえ」

石井は、すでに渋谷の愚連隊であった日山正照、佐藤昭三、それに用賀小学校の後輩であった森田雅、花田瑛一の四人を安藤に紹介し、舎弟にしていた。日山と佐藤は途中で組を抜けていくが、森田と花田は安藤組の大幹部におさまる。

この翌日、安藤のいた喫茶店に、石井に連れられ、花形がやって来た。

石井が、安藤に頼んだ。

「安藤さん。この男は花形敬というんですが、おれの古くからの友達です。舎弟の一人に、加えてやってください」

安藤は、ふてぶてしさと繊細さのまじった面構えと、がっちりした体の花形を一瞥すると、うなずいた。

「いいだろう」

花形は、この日から安藤の舎弟になった。

花形は、安藤の前では、ひと言の口答えもしなかった。が、安藤のいないところで酒を飲むと、ガラリと一変した。馬触れば馬を斬り、人触れば人を斬るではないが、眼に入る者を片っ端から殴っていった。

花形は、手のつけられない暴れ者であったが、男でも女でも、品のない粗野な人間は嫌いであった。

花形には、強い誇りがあった。

〈おれの血の中には、旧家の血が流れている〉

先にも触れたが、花形一族は、武田二十四将の一人の血を引いていた。敬の母親の美似も、長州萩の旧士族の娘であった。花形が安藤に惚れ込んだのは、安藤のなかに、まわりの粗野な愚連隊たちとはひと味違う雅さを感じ取ったからである。

花形は、昭和二十七年五月七日、渋谷の栄通りで、白系ロシア人のジミーと喧嘩になり、蹴りに蹴った。ジミーは、花形に蹴られた傷がもとで破傷風にかかり、十二日後に死んだ。

花形は、裁判で正当防衛を主張したが認められなかった。

花形は、余罪の追及も受け、懲役判決を受け、宇都宮刑務所に服役した。

そして、花形は、昭和二十九年六月、模範囚として宇都宮刑務所を出所した。

横井英樹を知った「白木屋乗っ取り事件」

安藤が、親分格にあたる大日本一誠会会長の万年東一の頼みで、横井の白木屋乗っ取りにひと役買ったのは、昭和二十九年で、俗にいう「安藤組」を形成する母体企業「東興業《あずまこうぎょう》」設立の二年後のことであった。当時立教の大学生であった矢島武信が、安藤から直接に仕事を頼まれたのは、実は、この横井英樹の白木屋乗っ取り事件であった。

昭和二十九年三月三十日、安藤が矢島に声をかけた。

「おい、明日、白木屋の株主総会がある。おれたちは、横井側の助っ人として出る。人数が足りねえから、出てくれ」

矢島は、安藤から直接に頼まれ、うれしかった。

「やらせていただきます」

矢島は、安藤を遠くから見て憧れていたが、直接に口をきいてもらったのは、この日が初めてであった。

矢島は、昭和八年二月十七日、東京の神田錦町に生まれた。父親は、「ヴィーヴ・ル・ジャポン」つまり、フランス語で「日本万歳」という意味のフランス料理店を経営していた。

昭和二十六年四月、池袋の立教大学に入った。ダンスホールにも出入りするようになり、愚連隊と付き合いはじめた。そのうち、安藤組の井上と知り合った。

井上は、宇田川町でキャッチバーに近いトリスバーを開いていた。羽振りがよく、矢島に飯を食わせてくれた。

井上を通じ、安藤に遠くから憧れた。

〈世の中に、こんな格好のいい男がいるのか〉

安藤には、若者が慕い集まる魅力のすべてがそなわっているように思われた。

当時、ヤクザというと、雪駄《せった》を履いてダボシャツ着て、入れ墨ちらつかせて歩いていた。が、安藤は、井上らにまるで違うことを言った。

「雪駄履くなら、流行のコードバンの靴を履け」

「ちゃらちゃら歩くなら、外車乗り回せ」

「匕首ちらつかせるなら、ハジキを忍ばせておけ」

「ダボシャツ着るなら、ネクタイ締めろ」

安藤は、無口であった。それでいて、ひときわ鋭い眼が、ふだんは優しい。生まれながらの親分、という感じがしていた。

その安藤から、初めて仕事を頼まれたのである。矢島は闘志に燃えていた。

井上が、矢島に説明した。

「今回横井側につくのは、万年さんのつながりらしい」

横井は、大正二年七月一日に愛知県中島郡平和村に生まれ、貧しい少年時代を送った。高等小学校を出ると上京し、日本橋の繊維問屋で見習い店員になった。

十代で独立し、繊維問屋「横井商店」をつくった。第二次世界大戦が始まると、陸軍の御用商人になり、「横井産業」を設立した。

戦後は、混乱のなかで、米軍への物資納入業者に転じて財をなしていた。

横井は、白木屋株を百万株以上買い集め、二十八年二月一日、鏡山忠男社長に日活ホテルの堀久作の部屋で会い、迫った。

「現在の三越、高島屋に比べ、白木屋は見劣りする。副社長か専務として経営陣に参加し、立て直しをはかりたい」

ところが、鏡山社長は、横井を前に言いきった。

「白木屋は、江戸時代から三百年ののれんを持つ名門だ。横井君がどのような手段で株を集めたかは知らないが、どこの馬の骨とも、素性の明らかでない者を、重役に迎え入れることは絶対にできない」

横井は、思わずムッとして立ち上がった。

「私は、なるほど鏡山さんのいわれるように、いわゆる血統とか素姓はたいしたものではないかもしれない。しかし、現在は資産三十億、借金十億、差し引き二十億円を持っている。たとえ私が最後の一人になっても、全私財を投げ込んで、かならず白木屋株の過半数を握ってみせる」

こうして、いよいよ昭和二十九年三月三十一日の株主総会を目前に迎えたのである。この時点で、横井系の名義株は百二万八千株。連合軍を組んでいた日活社長の堀久作系、七十五万株、総計、百七十七万八千株。いっぽう白木屋側の株数は、社長の鏡山忠男、十万四千株、その他五十六万七千百株で、計六十七万一千百株。横井の優勢は、誰の眼から見てもあきらかであった。

矢島は言われた。

「明日の株主総会には、白木屋は、愛国青年連盟、新田組、力道山まで動員する。荒れるからな」

白木屋事件での横井を安藤は評価

翌三月三十一日、第七十回株主総会が、日本橋浜町の中央クラブで開かれた。

一階入口には、白木屋側、横井側と二つの受付が置かれた。両方とも、声をからして呼びかけている。

「委任状を、お願いします！」

矢島は、安藤組の幹部らの後ろについて会場に入った。

会場を見渡すと、白木屋側の席に、プロレスラーの力道山が座って睨みをきかせている。会場は、殺気立った雰囲気に包まれていた。

定刻十時半よりやや遅れて、鏡山忠男が姿をあらわした。

議長席に着くと、開会を宣言した。

間髪を入れず、横井の側から鈴木一弘が立ち上がった。彼は、横井からあずかってきた委任状を提出した。

それを待ちかまえていたように、会社側の総会屋が立ち上がって発言を求めた。

「委任状の数を、点検すべきです！」

鏡山派の防戦策である。総会をできるだけ引き延ばし、時間を虚《むな》しく費やしてしまおうという作戦である。

議場は、騒然となった。議長の声が聞こえないほど怒号と叫びが満ちた。委任状点検となると、容易なことではできない。ただむだに時間が費やされるだけである。

憤激した横井側の株主が、次々と立ち上がった。

「この際、白木屋繁栄のため、両派が合議のうえ、妥協点を見出すべきだと思いますが」

が、鏡山はこの要求も頭から拒否した。

「それは、議案外のことでありますから」

あらかじめ予定した台本どおり、自分の派のみに有利に総会を運営する肚《はら》であった。

横井が、そのとき立ち上がった。

「私は白木屋の大株主です。当然経営陣に入れるだけの株を有している。しかし、ただ年が若いという理由で、鏡山氏が経営陣に受け入れてくれようとしない。一つは私が、どこの馬の骨ともわからぬ成り上がり者だからというのです。かのアメリカ副大統領ニクソン氏は、私と同じ年であります。しかも私は、過半数に近い株を持つ大株主です。どうして経営に参加できない理由がありましょう。鏡山さんは、この若僧を招いて『横井頼んだぞ』とのひと言をなぜ言ってくれないのでしょう。私は今日ご出席のみなさんに、強くこの不合理を訴えます」

矢島は、すさまじい攻防戦に興奮を禁じえなかった。総会は、揉めに揉め、午後四時十五分になっても、なお結論が出なかった。

あらためて四月二日十時に継続総会を開くことに決定された。

白木屋の鏡山派と横井派との争いは、こののちも続いた。四月二日の継続総会は、横井側が東京会館で、鏡山派が日本橋浜町中央クラブで開くという、分裂総会となった。

結局、この後相互の株主総会の無効訴訟、財界人による斡旋などがあり、横井は、昭和三十年に株式を東急コンツェルン総帥の五島慶太に譲渡する。

白木屋は、昭和三十三年に、東横百貨店と合併し、東横と改称して落着する。

安藤は、事の善悪は別として、白木屋事件に関しては、横井を評価していた。一介の復員兵から身を起こし、わずかのあいだに数億という財産を築き上げてきた彼の手腕を、見習わなければならないとさえ思ったものだった。

皮肉なことに、安藤は、のちに横井を攻めることになる……。

なお、矢島は、白木屋事件の助っ人以来、安藤や井上から認められ、よけいにかわいがられることになった。

矢島は、親友のいいなずけがミシンの外交員に強姦されたと打ち明けられ、義憤にかられ、その外交員を締めた。この事件が新聞ざたになった。裁判で執行猶予になった。大学はなんとか卒業できたものの就職試験のタイミングも外れてしまった。まともに就職する気もなくなった。矢島は、肚をくった。

〈こうなったからには、本格的に安藤組に入って、暴れまくってやろう〉

矢島は、自分の配下の者二十名近くを引き連れ、安藤組に入り、井上の舎弟になった。

力道山と安藤組の暗闘の始まり

昭和三十年の春の夜の十二時過ぎ、渋谷区宇田川町のキャッチバー風のトリスバー「マンボ」に、あきらかに水商売のマネージャーとわかる髪の毛をポマードでテカテカ光らせた、気障《きざ》な男が飲みに来た。

男は、トリスウイスキーを飲みながら、自慢そうにうそぶいた。

「おれは、近くそこに開店するマンモスバー『純情』のマネージャーだが、まあ、このあたりの客は、ウチが全部とって、閑古鳥が鳴くようになるね」

「純情」のマネージャーは、この店が安藤組の若い衆が経営している店とは知らなかったのである。カウンターの中には、安藤組の若い衆の小森茂がいた。小森のシェーカーを振る手が止まった。若い衆の小森は、純情のマネージャーを睨みつけた。純情のマネージャーは、それでも気づかず、うそぶき続けた。

「おれたちのバックには、あの力道山がついているんだ。怖いものはねえよ」

力道山は、昭和二十四年に関脇に昇進したが、二十五年夏場所後、突然引退した。

力道山は、その秋、プロレスラーに転向した。アメリカで修業ののち、昭和二十九年十二月には、柔道出身の木村政彦七段と戦い、日本選手権を獲得。プロレスブームを巻き起こしていた。テレビの普及と相まって、プロレスは茶の間のスポーツとして愛好されるようになり、「空手チョップ」は大流行し、力道山は少年のアイドルともなっていた。

若い衆は、頭に血がのぼった。

「てめえ、力道山がバックについていたら、誰でも恐れることねえと思っているのか」

若い衆は、カウンターを飛び越えて出ると、純情のマネージャーの膝を蹴った。

「ここを、誰の店と思ってるんだ。安藤昇の若い衆の店だぞ。文句あるなら、力道山でも誰でも連れてきやがれ！」

小森は、純情のマネージャーの顔面に、右拳を叩きこんだ。マネージャーは、止まり木から転がり落ちた。小森は、マネージャーの腹を蹴った。

翌日、小森は、道玄坂を登りきった左側にある福島ビルの二階の「東京宣伝社」に行った。東京宣伝社は、花田瑛一と森田雅でつくった会社で、サンドイッチマンのカスリを取ったりしていた。

小森は、花田と森田に、昨夜の事情を打ち明けた。花田も、いきり立った。

「このままだと、安藤組は、やつらに舐められてしまう。純情を、ぶっ潰してしまおうじゃないか」

花田は、純情がオープンする日の朝十時に、五千円用意してきた。子分どもに命じた。

「これを、全部百円札に崩してこい！」

百円札が五十枚そろうと、前もって集めておいた五十人に百円ずつ渡し、彼らを引き連れ、ぞろぞろと純情に出かけた。五十人のなかには、安藤組に出入りしている学生たちも多くいた。大塚稔が先頭に立っていた。

大塚は、昭和四年二月五日、渋谷区池尻に生まれた。安藤昇より四歳下である。

父親は、堅い銀行員であった。

昭和十八年八月、予科練を受け、合格した。十五歳の最年少者であった。十二月一日、予科練に入隊した。

戦後は、父親が五島慶太率いる東急電鉄に勤め始めたので、大塚も東急電鉄に入れてもらった。出納係で、計算をしていた。ソロバンの腕は、三級であった。

大塚は、多摩川にあった日本フライ級のチャンピオンであった岡本不二《おかもとふじ》のやっている「不二拳（現・不二ボクシングジム）」というボクシングジムに通い始めた。しかし、拳闘では食えない。しかも、殴られて顔は変形していく。割に合わない。

大塚は、安藤組の知恵袋といわれていた島田宏に誘われた。

「どうだい、ウチの組に入らないか」

大塚は、昭和二十八年の六月に、安藤組に入っていたのである。

確執進む力道山一派を退ける作戦

純情の開店は一時からであった。昼は喫茶店で、夕方の六時からバーに切り替えられる。

店が開くと、花田や大塚ら五十人が真っ先にどっとなだれこんだ。五十人が、別々のテーブルに座った。

そろってコーヒーを一杯注文した。コーヒー一杯だと、百円でおつりがくる。

そこに、一般の客が入ってきた。が、五十席占領されているので、座る席がない。

ウエートレスが、大塚たち安藤組の引き連れて入った客に訊いた。

「あのォ、相席よろしいでしょうか」

「駄目だ。あとから、相棒が来ることになっている」

しばらくして、力道山が、フロアに姿をあらわした。

大塚が、突然号令をかけた。

「うちの生徒全員、起立！」

五十人が、そろって起立した。

大塚は、さらに大声を張りあげた。

「力道山に敬意を表して、礼！」

五十人全員が、力道山に礼をした。

「着席！」

五十人が着席した。

力道山は、いったん引き下がった。

が、プロレスリングのレフリーをしている安倍治が大塚の席に使いとしてやって来た。

「力さんが、号令をかけた人に来てくれって言っている」

大塚は、啖呵を切った。

「何も、おれが行く必要はない。話があるなら、向こうが来ればいいだろう」

安倍は、また引っこんだ。

今度は、東富士が大塚の席にのっそりとやって来た。

東富士の、巨腹を利しての寄りは、〝怒濤の寄り身〟と形容されていた。優勝を六回もした横綱でありながら、力道山に誘われてプロレスラーに転向していた。プロレスラーとしての彼は、アメリカでは「動くフジヤマ」「ヨコヅナ・レスラー」といわれて人気があったが、日本での人気は、力道山に遠く及ばなかった。

東富士は、大塚のそばにくるには来たが、何も言わないで引っこんだ。

次に安倍が大塚の席にやって来て、苦りきった表情で頼んだ。

「大塚、なんとかならないのか」

「なんとかなるもならないもないね」

安倍は、今度は力道山を大塚の席へ連れてきた。そばで力道山を見ると、さすがに大きい。

力道山は、大塚の肩に手をやって言った。

「夕方の六時に、来てもらいたい。そのとき、話し合おう」

「わかった」

大塚も、ひとまず引き揚げることにした。

大塚が、五十人に声をかけた。

「全員、退席！」

五十人が引き揚げると、店の中には一人として客がいなくなった。開店日だというのに、一般の客は、一人も入らなかったことになる。

大塚は、昼の喫茶店から夜のバーに替わる六時過ぎ、約束どおり純情を訪ねた。

専修大学の江藤豊がついてきていた。江藤は、テーブルに座ると、ボーイに言った。

「大塚が力さんに会いに来た、と伝えろ」

ボーイが引っこんだ。が、力道山は、なかなか出てこない。

十分はたった。いいかげん嫌気がさしていると、ボーイがテーブルにやって来て言う。

「美空ひばりが、力さんに会いに来ている。力さんは、ひばりの前では話にならない、と言っている」

大塚の頭に、血がのぼった。

「夕方また来てくれ、と指定したのは、力道山のほうだぜ。そっちの都合で変更があれば、申しわけないけど、また明日にでもとか、言い方というもんがあるだろう」

その夜、安藤昇のいる社長室に、森田雅、花田瑛一が、大塚を伴ってあらわれた。

花田が、安藤に説明した。

安藤は、話を聞くなり、吐き捨てるように言った。

「プロレスラーに、用心棒までされてたまるか。用心棒は、われわれの収入源と同時に、縄張りの誇示だ。面子《メンツ》だ」

「力道山を狙え!」を撤回させた東富士

安藤昇は、さっそく力道山攻撃を開始した。まず、大森池上の力道山の自宅付近に網を張った。

力道山の邸宅は、小高い丘の住宅地にある。門前は、割に狭い道路に面している。おそらく、彼のキャデラック・コンバーチブルが通るにはやっとの道幅であり、その道に入る前にはどうしても速度をゆるめる。

安藤は、自ら自分の車マーキュリー・コンバーチブルに乗り、力道山の通る同じ道を走らせ、予行演習を繰り返した。

安藤は、助手席に乗っている子分たちに言った。

「おれの車でも、ここでいったん停止しなくてはならない。やつの車は、当然、停まることになる。この曲がり角の空き地の生け垣が、狙い撃ちにかっこうだ。いいな、この生け垣に隠れて、この道を通る力道山を狙い撃ちしろ」

安藤のもとに、生け垣に交代で隠れて狙わせている子分から電話連絡が入った。

「社長。力道山め、恐れて、家に寄りつきませんよ」

別の情報網から、電話が入った。

力道山は、弟子を三人車の横に乗せ、実弾を装塡した猟銃を絶えず携帯し、何処へ行っても寝る間も離さないらしい。

大塚稔は、純情に出かけ、ボーイに言った。

「とにかく、安倍を呼べ」

しばらくすると、レフリーの安倍治ではなく、東富士が出てきた。

東富士は、力道山より大きい体を折り曲げるようにして、丁重に言った。

「私が力さんの代わりに話をさせていただきますので、明日の三時、銀座の資生堂で待っていていただけますか」

「わかった。その代わり、力道山は、かならず連れて来るんだぞ」

花田瑛一ら七人は、翌日、車四台に分乗して、銀座八丁目の資生堂パーラーに向かった。懐には、全員拳銃を忍びこませていた。

二階の資生堂パーラーに、約束の時間より十分早い二時五十分に入った。

東富士が、すでに来て待っていた。そばには、やはり相撲から転向した豊登、吉の里、それに安倍治らテレビで観る連中が、陣取っていた。彼らは、六人であった。が、なにしろ巨体ぞろいなので、倍の十二、三人いるように映る。

力道山は、来ていない。

花田が、険しい表情で訊いた。

「力道山は、どうした」

東富士が、申しわけなさそうに言った。

「力さんは、都合があって、どうしても来れない」

「都合？　あれほど約束しておきながら、どうして逃げ回っているんだ」

「とにかく、まわりにこれだけ人がいては話しにくい。渋谷あたりのどこか静かなところで話せませんか」

「わかった」

花田は、渋谷の円山町の料亭に、部屋をとらせた。その料亭に、そろって車で向かった。

大塚は、東富士に会い、彼から受け取った新聞紙の包みを開いた。五十万円あった。

その夜、大塚はその五十万円を持って、「東興業」へ行き、安藤に報告した。

社長室にいた島田宏が、険しい表情で言った。

「大塚、それはまずい。恐喝になるぞ」

安藤の知恵袋的存在であった島田は、法律にくわしかった。

「手形でいいから、五十万円、東富士に渡しておけ」

安藤も、東富士の誠意に免じて、力道山の命を狙うことをやめた。

安藤は、大塚に言った。

「手は引くが、条件がある。東富士を通じて、力道山に伝えておけ。今後、用心棒などいっさいやらぬ。悪酔いして、人に暴力はふるわぬこととな」

舞い込んだ横井英樹の返済行使の依頼

昭和三十三年六月十日、渋谷の青山学院のはす向かいの三階建ての網野皮革興業ビルの三階のフロアすべてを借り切った東興業株式会社に、三栄物産社長の元山富雄が、安藤を訪ねてきた。元山は、安藤の開く賭場に時折顔を出していた。

元山は、なるべくわかりやすいように、順を追って話した。

「八年前の昭和二十五年の年も押し迫った師走どきに、元侯爵の蜂須賀《はちすか》正氏《まさうじ》が、東京、三田綱町にある約千坪の敷地を売りに出した。売却額は、数千万円だそうです。その話を耳にした東洋郵船社長の横井英樹が、さっそく蜂須賀に借金の申し入れに行った。当時、横井は、ご存じのように、日本橋のデパート白木屋の株を買い占めに乗り出していた」

安藤も、白木屋事件には無関係ではなかった。白木屋事件では、「愚連隊の元祖」と呼ばれた万年東一に頼まれ、横井側について応援していた。

元山は、話し続けた。

「横井は、蜂須賀に言ったそうです。

『いま白木屋の株を買い占めて、一年のちにぼくが社長になったら、借りたお金の二倍、いや、三倍の利益を、蜂須賀さんにお約束しますよ。三千万円貸していただけるのでしたら、年、二割の利息をお約束します』」

横井の態度に押されて、蜂須賀はとうとう横井に金を貸すことにした。返済の期日は、ちょうど二年後、それまでは年ごとに利息を蜂須賀家に入れる約束である。が、横井は、約束の期日がきても、利息はおろか、元金さえも支払おうとしない。蜂須賀は、何度も返済の催促をした。横井は、ようやく一千万円を蜂須賀に返済したが、蜂須賀は、全額返済を見ないままあの世に逝ってしまった。債権は、アメリカにいた智恵子未亡人に引き継がれた。智恵子未亡人は、急遽日本にとって返すと、横井に借金返済の催促をした。が、債権者が代わっても、横井の返済は滞ったままなんです」

「相手が女とみて、よけいに舐めているんだな」

「業を煮やした智恵子未亡人は、二十八年九月、地方裁判所に訴訟を起こしたわけだ。裁判所は、控訴、上告と続き、結局、民事裁判では最高の最高裁まで上がった。翌二十九年十月、最高裁は横井に二千万円の支払いを命じ、幕は下りたかに見えた。が、横井はそれでもなお、二千万円の返済をしなかった」

安藤は、左頬の傷を光らせ、苦笑いした。

「やつらしいな」

元山は続けた。

「それなのに、横井は、新車のキャデラックを数台乗り回し、箱根の強羅や栃木県の那須など数ヵ所に、豪華な別荘まで持っている。やつの持ち船である観光遊覧船「興安丸」一隻とってみても、その財産価値は、数十億にのぼるだろう、といわれている。挺子《てこ》でも動かない横井に、智恵子未亡人は、法の手段に訴えることにした。が、裁判所を通じ差し押さえた横井の財産は、郵便貯金三万九千円というわずかなものだったんです。もちろん、智恵子未亡人は、仰天した。しかし、横井本人名義になっている財産は、たったそれだけだったそうです。横井は、その豪華な財産のすべてを、実弟など、すべて他人の名義にしていた。困り果てた智恵子未亡人が、古くから知っている私に、相談にきたというわけだ」

元山は、安藤に訴えた。

「やつにすれば、二千万円なんて金、はした金のはずだ。裸一貫で復員して、うろうろしていた横井は、誰のおかげで浮かび上がってきたと思います？　元華族が彼に金を融通してやったからこそ、今日の横井があるんじゃないですか。借りても支払い能力がないやつなら、何にもいいません。それは貸したやつが悪い。だが、横井は、万人承知のとおりの男だ。豪遊をきわめている。貸した側の蜂須賀さんは、ご主人も失い、困窮のどん底にある。恩知らずにもほどがある。こんなことが、許されてもいいんですか！」

安藤は、元山に、きっぱりと言った。

「わかった。おれも男だ。そんな悪いやつは放っておけない。この話、引き受けさせてもらいますよ」

安藤は、さっそくビラの作製に取りかかった。

《日本経済を攪乱し、社会を毒する魔王、五島慶太、その手先となって実業界を破壊する横井英樹の行為は、かならずや天誅を受くべし。彼らは最近、株の買い占めにより東洋精糖株式会社を乗っ取った》

横井の背後には、東急コンツェルン総帥で「強盗慶太」の異名をとる五島慶太がひかえていた。横井は、白木屋事件以降、「五島学校」の門下生を任じ、五島の手先となって株の買い占めを繰り返していた。東洋精糖の株買い占めも、五島慶太が背後にいた。

ビラは、翌日昼、安藤組の若い衆によって空からヘリコプターで撒布された。銀座、日本橋、兜町、後楽園と、ほとんど東京中にばらまかれた。

傲岸さと嘲笑をもって対してきた横井

昭和三十三年六月十一日の午後三時半に、約束どおり三栄物産社長の元山富雄は、安藤昇の東興業株式会社の事務所にやって来た。元山は、蜂須賀チエ未亡人から、正式に取り立て委任状をもらってきていた。

しかも元山は、一人ではなかった。「銀座警察」と呼ばれる浦上一家顧問、熊谷成雄を伴っていた。

安藤は、元山、熊谷を五三年型ポンティアックに乗せ、自分で運転して三十分もしないうち、銀座八丁目の第二千成ビルに着いた。

八階にある東洋郵船に押しかけた。

安藤たちは、女事務員に導かれるまま、社長室に案内された。四十五歳の横井は、丸顔の小さな体を凛々しく見せるためか、黒い蝶タイをしている。部屋が明るいせいなのか、顔は異様にぎらぎらと光っている。

横井は、終始笑顔を絶やさなかった。安藤の眼には、温厚そうな好紳士にさえ映るほどであった。

横井は、元山から話を聞いても、まったく払おうとはしなかった。

安藤の抑えに抑えていた怒りが、ついに爆発した。

「横井さん！」

安藤は、ソファーから半分身を乗り出すと、横井を睨みつけた。

「てめえ、それでも人間かい？」

ない袖は振れないという相手ではない。あって出さないとは、汚すぎる。が、横井も黙ってはいなかった。

「てめえ？」

横井は、ソファーに深く座り直した。

「てめえとは、なんだ！　おれはおまえたちに、てめえ呼ばわりされるおぼえはない！」

安藤も、受けて立った。

「何をぬかしやがる。てめえがいくら銭を持ってるか知らねえが、もう少し人間らしいことをしてみやがれ！　そうすりゃ、社長らしい口もきいてやるが、てめえみてえな野郎は、てめえだって、もったいねえや！」

安藤は、一気にまくしたてた。ドンと手をついたテーブルの横には、大きなガラスの灰皿があった。安藤は、灰皿に手をかけた。横井の顔から、一瞬にして血の気が引いた。

あわてた元山が、止めに入った。

「まあまあ」

安藤は手を引っこめたが、場はますます気まずくなった。

沈黙が続いた。

沈黙を破ったのは、横井であった。横井は、きわめておだやかそうに言った。

「まあ、そう興奮しないで、コーヒーでも飲んでください」

横井はそう言うと、自分もコーヒーカップに手を伸ばした。

横井は、ひと口、コーヒーを下品な音をたててすすると、吐き捨てるように言った。

「まったく、うちじゃ、借金取りにまでコーヒーを出すんだから」

この言葉に、安藤の怒りは爆発した。

「なに、てめんとこのコーヒーなんか、飲めるか！」

安藤は、自分の前にあったコーヒーカップをとっさにわし摑みにすると、思い切り床に叩きつけた。

社長室にいた全員が、一瞬、息を呑んだ。床にぶちまけられたコーヒーは、毛足の長い真っ赤な絨毯にどす黒く染み込んだ。

横井の顔が、ひきつっていた。それは、安藤が激怒したからではなく、カップが砕け、絨毯が染みになったからひきつっているように安藤には思えた。

横井が、怒鳴った。

「元山さん、あんたはなんでこんなチンピラを連れて来たんだ！」

安藤にもプライドがある。安藤は、チンピラ扱いされたことにますます腹を立てた。

元山も、肚を決めた。

「横井さん。あんたはこの安藤さんの名前を知ってるでしょう。知らないはずがない。白木屋事件のとき、ずいぶん世話になってるはずだ」

横井は、あらためて安藤の顔を見つめた。が、すぐに眼をそらした。そして、あきらめたように言った。

「なんだ、見たような顔だと思っていた。あのとき私についてくれた人が、なんで、今度は敵にまわるんだ？　ヤクザ者というのは、そのときそのときの都合で敵や味方になるのか」

安藤が言った。

「あんたの根性や正体を知って、頭にきたんだよ。株の買い占めをやるような金があるんなら、二千万円ぐらいのはした金、返しやがれ。おまえのために首を吊った人間が、何人いると思うんだ！」

「何人首を吊ろうが、手をくくろうが、おれの知ったこっちゃない。おまえらに言われて金を返すようなおれではないぞ！　出て行け！」

「横井、てめえとこれ以上話しても埒があかねえ。おい、横井、いまてめえが言ったこと、よくおぼえてろよ！」

安藤は、そういうと、席を立った。横井に背を向けると、後ろにあったソファーを思い切り蹴った。

横井が、うそぶいた。

「ああいいとも、おぼえといてやらあ」

安藤は、社長室を出た。ドアを閉めようとしたとき、振り向きざまに言った。

「横井、おぼえてろよ！」

安藤は、横井のことを「金の暴力団」だと感じていた。はっきりと「社会の敵」だと思った。法律の通用しない世界、それは無法地帯である。自分と横井は、その無法地帯にいる。無法地帯で人間が反省し得る唯一の機会は、自分自身の肉体の痛みだけだ。

安藤は、心の中でつぶやいた。

〈横井には、身体に痛い思いをさせねばいけないな〉

横井を「撃て!!」

安藤は、事務所に着くなり、『東興業』の赤坂支社にいる志賀日出也に電話を入れた。

「日出ちゃんか、安藤だ。すぐこっちに来てくれ」

志賀は、愛車のローバーを飛ばして渋谷の事務所へ急いだ。

ビルの三階の社長室に駆けこんできた志賀に、安藤が訊いた。

「日出ちゃん、東洋郵船の横井っておぼえてるか？」

「横井……」

志賀は、首をひねった。

「ほら、白木屋乗っ取りの……」

「ああ、やっと思い出しました。で、その横井がどうしたんです」

「撃て」

一瞬、志賀はギョッとした。

〈撃つ、というのは、殺るという意味なのか…〉

志賀は、恐る恐る安藤に訊いた。

「撃つ、っていうのは、殺《や》るってことですか?」

「いや……」

安藤は、煙草に火を付け、大きく煙を吐き出した。

「殺してしまってはいけない。右腕に、一発ぶちこんでやればいい」

安藤は、にやりと笑った。

「左腕だと弾がそれて、心臓をぶち抜くおそれがあるからな」

「で、ハジキは、何を使いますか」

二人は、横井秀樹襲撃の台本を練り始めた。

「32口径のブローニングを使え」


東興業赤坂支社では、ただちに志賀、島田宏と花形敬の三人で誰がやるかについて話し合いがおこなわれた。

その会議室裏の寝泊まり用の部屋には、千葉一弘がいた。

その夜は、そろそろ酒を飲みに出かけようかとソファーに横になっていたのだ。そこで三人の話が自然と千葉の耳に入ってきたのである。

千葉は、ソファーからムックリと起き上がり、会議室に入って行った。

「面倒くせえ、おれがやってやるよ」

そもそも千葉は、自身が患った結核の症状にはほとほと嫌気が差していた。なかば捨て鉢な気分でもあった。

〈おれは病気だから、いいんだ……〉

もっとも、二十五歳と若い千葉は、肺病でなくても、荒ぶる魂から志願兵になっていたであろう。

それと同時に、千葉には、予感めいたものがあった。

〈おれが申し出なくても、この役目は、いずれおれにお鉢が回ってくるだろう〉

というのも、千葉は、破竹の勢いで急成長する東急関連各社に出入りしており、ビジネスマンらしい振る舞いが身についていたからである。かりに、愚連隊の若者を即席ビジネスマン風に仕立て、横井社長がいるビルに送り込んでも、社長室にはとうてい到達できないだろう。挙動不審と見られ、途中で呼び止められたり、受付の段階で面会拒絶される可能性が大である。

それと、千葉は、銃の腕に自信があった。先日、東京湾に船を浮かべて、「カモ撃ち」と称しておこなった安藤組の射撃練習でも、千葉は、抜群の命中率を挙げていた。

ヒットマン千葉一弘

安藤は、千葉に横井の顔について教えた。

「横井というのは、カニみたいな顔をしたやつだ」

千葉は、横井の顔写真も見せられず、とにかく「カニみたいな顔をした男」を狙うのみであった。

千葉は、東洋郵船のあるビルに入り、受付奥に見える「社長室」の札を凝視して、策をろうして受付嬢に席をはずさせてドアのノブに静かに手をかけ、回した。

ドアを開けた。四人の男が、会議をしていた。

左手にデスクがあり、右手に応接セットがある。が、彼らは、安藤の指摘したそのどちらにもいなかった。一番奥の円形のテーブルのところに座っている。

男たちは、いっせいに千葉の顔を見た。

千葉は、右手に握っている拳銃をとっさにうしろにかくすようにした。

四人の男は、どれも歳のころは四十半ばで、ふてぶてしい顔をした者ばかりであった。

千葉は、肝心の横井の顔を知らなかった。安藤から事前に、横井の風貌は「カニみたいなやつだ」と教えられていたものの、四人のうち誰が「カニ」だかわからない。

彼らも、不意の闖入者の顔を見たままである。

千葉は、そのまま一番奥の円形のテーブルに五メートルのところまで進んだ。

千葉に背を向ける格好で、首だけうしろに回して見ている一番手前の男に、訊いた。

「横井って、どいつだ？」

その瞬間、声を出した男がいる。

「横井は、おれだが」

丸顔で、蝶ネクタイをした中年の男が、細い眼をいっそう細くして千葉を見た。

横井の言葉を聞いて、千葉の体は凍りついた。

〈テーブルに座ったままでは、右腕を狙うことができねえ！〉

しかし千葉は、横井の「おれだ」という言葉を聞くやいなや、後ろ手に隠していた拳銃を前に突き出した。横井の顔から、一瞬にして血の気が引いた。横井は、千葉の拳銃をかまえる姿を見て、驚くほど大きな声で叫んだ。

「おい！」

千葉は、しつこく釘を刺されていた。

「心臓は左にあるから、左腕は狙うな。かならず右腕を狙うんだぞ」

千葉は、頭の中で「右腕」「右腕……」とこだわり続けていたので、とっさに真向かいの向かって右の横井の左腕を右腕と錯覚してしまった。

千葉は、横井の腕めがけ、力をこめ引き金を引いた。

横井の叫び声とほとんど同時に、すさまじい銃声が響いた。締め切られた部屋に爆裂音のように反響した。

横井は、とっさに弾を避けようとした。

横井が動いたせいで、弾は、横井の左肩に当たってしまった。弾丸は、左の腕の上膊部を貫通してから心臓下をわずかにそれ、左の肺、右の肝臓を貫いて、右脇腹に達する瀕死の重傷を負わせてしまったのだ。

会談をしていた他の三人は、横井が銃弾に倒れるのを見て、いっせいに円形のテーブルの下にもぐり込んだ。

横井は、テーブルの上に、右手をつくようにして倒れこんだ。

千葉は、横井が倒れたのを確認するや、一目散に社長室から飛び出した。

千葉の眼に、エレベーターが入った。一瞬、エレベーターで降りようと思った。が、やめにした。

〈万一、あの受付の女が正気にもどって、管理室に連絡を入れ、エレベーターを止められてもまずい〉

千葉はエレベーターを使わず、たしかめておいた非常階段を使って階下に降りた。

階段を走りに走った。二段飛ばしで、一気に駆け降りた。七階、六階、五階、四階、三階、二階。一階に着いたと思ったその瞬間、守衛室から、ビルの警備員が飛び出す姿が見えた。

〈やばい！〉

千葉は、正面玄関から逃げることをあきらめた。

〈裏口も、たぶんまずいだろう〉

千葉は、もう一つあった銀座通りに面していない出口から、外に出た。表通りとは反対の出口であった。

千葉は、外に出て初めて、まだ右手に拳銃を握ったままであることに気づいた。あわてて、ジャケットの内ポケットに拳銃をしまいこんだ。

逃げおおせるために、このまま一気に駆け出したかった。が、疑われないためにも、走り出すわけにはいかない。

あくまで平静を装って、歩き出した。

車道に出ると、タクシーを止めた。

〈やった、やったぞ！〉

千葉は、はやる気持ちを抑えながら、タクシーに乗り込むと、運転手に声をかけた。

「新橋の先のほうに、やってくれ」

千葉は、車窓から第二千成ビルを覗くように見た。

タクシーが走り出そうとするまさにそのとき、第二千成ビルから、二、三人の男が出てきた。千葉を追ってきたのである。

その男たちを追うように最後に出てきたのは、なんと、横井本人ではないか。

千葉は、つい叫びそうになった。

〈横井だ！〉

が、すんでのところで言葉に出すのを抑えた。

横井は、左肩を押さえながら、血まみれになって何かを叫んでいる。

血まみれの横井を見た通行人は、おどろき、叫び、みるみるうちに人だかりができた。

千葉は、見とどけたい、と思った。が、運転手は気づかず、そのままタクシーは発車してしまった。

千葉を乗せたタクシーが新橋方向に向かっていると、反対車線はサイレンを鳴らしたパトカーや救急車が、次々に走っていく……。

横井事件からの逃亡と抵抗

昭和三十三年六月十一日午後七時、安藤組組長の安藤昇は、熱海に向かった。

安藤は、志賀や若い衆らと翌日の午前十一時に小田急線で新宿に引き返した。

新宿到着と同時に、張り込みを警戒して、急いで下りの各駅停車に飛び乗った。下北沢駅で下車すると、駅前の公衆電話から代々木のアパートに住む山口洋子に電話した。

「もしもし、おれだよ」

山口洋子も、びっくりした。

「ああ、安ちゃん！　どこにいるの？　新聞見たわ。すぐいらっしゃい！」

「東興業」の事務所は、ガサ入れでテンヤワンヤであろう。安藤の妻や何人かの愛人たちのところには、警察が張り込んでいるに違いない。が、警察は、山口洋子のことまでは把握していないようだ。

なお、山口洋子は、昭和十二年に名古屋で生まれ、昭和三十二年の東映第四期ニューフェイスとして売り出していた新人女優だった。同期には、佐久間良子、山城新伍、曽根晴美、室田日出男、水木襄、花園ひろみらがいる。

山口洋子は、のちに銀座のクラブ「姫」のママとして名を馳せ、と同時に、作詞家、作家として活躍を始める。昭和四十六年オリコンで一位を獲得する、五木ひろしの『よこはま・たそがれ』や、昭和四十九年に百五十万枚の大ヒットを記録した中条きよしの『うそ』の作詞を手がけ、昭和六十年に『演歌の虫』『老梅』で直木賞を受賞する。

安藤は、下北沢駅前でタクシーをひろい、洋子のアパートに向かった。

その翌日、東映の大泉撮影所に出た洋子の部屋に残った安藤は、六月十四日付『読売新聞』朝刊の「暴力団の根絶へ乗り出す　安藤組を突破口に」に眼を通し、怒りをおぼえていた。

安藤は、横井を「財界でいちおう名の売れた人物」という表現に、カチンときた。

〈なにが、いちおう名の売れた財界人だ。日本の法律を冷笑し、与《くみ》しやすしとみれば、爪を研ぎすまして攻撃をかけてくるようなヤクザ野郎じゃねえか。そんな男に、財界の知名人面されてたまるもんか！〉

それに、従来、警察とヤクザというのは、極端にいうと親戚づきあいのような一面もある。地区内で事件が発生した場合、警察はまず地元のヤクザのところに協力を求めてくる。そんなとき、犯人が自分のところの組員であれば、安藤も自発的に警察に出頭するようにうながしていた。

それを、今回に限って純粋捜査をするという。相手が横井だから、という理由である。

安藤は、腹の虫がおさまらなかった。

「そっちがその気なら、こっちにも考えがある！」

安藤は、新聞をわし掴みにして立ち上がった。

そのとき、軽いノックの音がする。

「志賀です」

安藤がドアを開けると、志賀と島田宏が入ってきた。

安藤は、勢いあまって二人に新聞を投げつけた。

「畜生、横井め！　そっちがそっちなら、こっちもこっちだ。ひと泡吹かせてやる！」

一言もなく、玄関に立ちつくしている二人に、安藤は命じた。

「千葉を、絶対に、自首させるな！　徹底的にズラからせろ！」

安藤のなかで、既成社会に対する疑惑と反発がムラムラと湧き上がってきた……。

安藤は、志賀と島田を前に、にやりと笑った。

「横井の親分は、東急コンツェルン総帥の五島慶太だ。横井といっしょに、五島も、血祭りにあげてやろうじゃねえか」

これから先、横井が相手なら親分の東急コンツェルン総帥の五島慶太がしゃしゃり出てきて、政治的な圧力をかけるに決まっている。機先を制したほうが、勝ちだ。

横井の親分・五島慶太への脅迫状

安藤は、本当は前々から、日本の政財界のいかがわしい大物を十人狙うつもりでリストを作っていた。そのリストには、横井のような小物は入っていなかった。横井狙撃は、行きがけの駄賃にすぎない。

その十人は、政界では自民党の河野一郎、財界では五島慶太、フィクサーでは右翼の大立者児玉誉士夫をトップ3のワルとして挙げていた。

志賀が、はやる口調で言った。

「社長、やるんなら早いほうがいいです。警察の手が回るから、遅ければ遅いほどやりにくくなる。私がまず、上野毛の五島邸に掛け合いに行ってきます」

「まぁ待て」

安藤は、志賀を制した。

〈いま五島のところへ飛びこめば、飛んで火に入る夏の虫ではないか。五島は、横井襲撃事件以来、自分の身辺をつねに十数人のボディーガードで護衛させている〉

五島のボディーガードは、日本愛国青年連合会という右翼であった。しかし、いくらボディーガードを連れて歩こうと、狙うほうには隙はない。狙われるほうには必ず隙がある。

ハジキ（拳銃）を持って五人行けば、体はさらってこられるだろう。まして、五島は必ず築地の料亭へ行く。まさか料亭まで、十人も二十人もの護衛は連れてゆくまい。

安藤が次を言おうとしたとき、島田が口をはさんだ。

「命か、金かですね」

安藤は、うなずいた。

「そうだ」

「で、金額は？」

「一億円だ」

一億円といえば、現在の金額に換算すれば、二十億円である。

「一億円ふんだくって、五千万を政財界、さらに警察から検察にまでばらまいて話をつける。そうすれば、おれたちの逮捕も抑えきれる」

残りの五千万円を自分たちのために取っておけばいい。

「で、それを、誰が」

「政財界に金をばらまいてくれるのは、日産建設の上野社長にやってもらう。上野社長とおれとは、関係が深い」

上野浩社長は、安藤組の賭場の客でもあった。安藤はかつては、上野宅に招かれたこともあった。上野は、女性の櫛を収集する趣味があった。櫛だけを飾る部屋もあり、引き出しにも、櫛がきれいに整頓されていた。なんとも壮観な眺めであった。

安藤は、そばのノートに鉛筆で書き始めた。

《一、東洋製糖株式会社の乗っ取りからいっさい手を引け。

二、横井英樹の尻拭いをせよ。

三、三日以内に、一億円を、久原房之助のもとに現金でとどけろ。もしこの三点を守らず、警察に通報したら、組織の全力をあげて、五島一族の命を絶つ！》

久原房之助は、日立製作所創立の基盤となった久原鉱業所（日立銅山）や久原財閥の総帥として「鉱山王」の異名を取った。また、昭和に入ると政界にも進出。逓信大臣、立憲政友会（久原派）総裁を歴任し「政界の黒幕」と呼ばれた。その久原房之助の四女は、五島慶太の長男である五島昇に嫁いでいた。久原は、五島と閨閥関係にあったのである。

安藤は言った。

「この脅迫状を、五島慶太に届ける。どうだ、完璧じゃねえか」

二人も、うなずいた。

そこで、島田がまた質問をした。

「ですが、どうやって五島のところに届けるおつもりです？」

安藤には、そのパイプがあった。

「上野社長が、実は、久原と泥懇の仲だ。久原は、日産自動車、日産コンツェルンの創始者、鮎川義介の義兄だ。上野さんの日産建設は、日産の子会社だ。上野社長にこの手紙を久原にとどけてもらい、秘密裏に、久原から直接、五島慶太に話をしてもらう」

安藤は、上野社長への紹介状を書いた。安藤は、島田に、その上野への紹介状と五島への脅迫状を手渡した。

「ここから先は、おまえが連絡をとってやれ。おれには、報告だけでいい」

「はい、わかりました」

島田は、手紙を折れないように、紙袋にしまいこんだ。

島田と志賀は、山口洋子のアパートから消えて行った。

ことのなりゆき上、安藤は五島翁を狙っているとはいえ、五島翁は、日本のトップ3のワルではあったが、半面安藤の尊敬してやまない人物でもあった。実は憧れの的でもあった。

自分の長所も短所も人前でさらけ出し、天衣無縫、一片のてらいもなく、自己の思うところを実行していく人物に、たまらない魅力を感じるのだ。安藤はその英傑をさらい、サシで談判する。そのときの状況を一人で夢みるように想像した。

〈ピストルを胸に突きつけられた五島翁は、いったいどんな顔をするだろうか〉

安藤は、二とおりの姿を脳裏に浮かべた。

「金は、いくらでも出す。生命だけは助けてくれ！」

そう訴え、安藤の前に膝を折って哀願するか。

それとも、

「小僧！　なかなか味なまねをやるな！　この老いぼれの生命がほしければ、くれてやるぞ。ハハハ……」

そう笑いとばすか。

安藤はおそらく後者であろうと信じた。安藤が尊敬する英傑がそうであってほしいとすら思った。不思議な心理状態であった。

警察の誤認、混乱で捜査迷走

安藤昇に逮捕状が出た翌日の六月十四日には、横井事件の鍵を握る人物として、三栄物産社長の元山富雄も逮捕された。

六月十六日、志賀から安藤に電話が入った。

「小笠原が、指名手配になりました」

なんと、賭場で中盆をやらせることの多い小笠原郁夫が、指名手配になったという。

安藤は、あまりにとんちんかんな人違いにあきれて訊いた。

「なんで、小笠原なんだ？」

「いやね、それなんですよ」

志賀は、笑いながら続けた。

「東興業として、熱海かどこかに社員旅行に行ったときの全員の集合写真を、たまたま警察に出入りをしていた新聞記者が持っていたそうです。その写真を、横井襲撃の現場にいた四人の男のうちの一人、横井の秘書に見せたところ、そいつが写真の小笠原を指さして言ったそうなんです。『犯人は、こいつだ』って。もう、決まりですよ」

「で、小笠原は、いまどうしてるんだ」

「いやね、島田たちのほうが手を回すのが早くて、どっかに匿《かくま》ってるらしいですけどね」

「そうか。そうか！」

「でも、似てませんよね」

「うん、あんまり似てねえな」

安藤も、おかしくて仕方がなかった。

〈千葉じゃなくて、小笠原が勘違いされてるのか。おもしろくなってきたじゃねえか〉

安藤は、志賀に命じた。

「いいか、小笠原を徹底的に匿え。絶対に捕まらせるな！」

いっぽう小笠原の指名手配で、安藤組の内部は、大混乱に陥った。

当の小笠原が、騒ぎたてたのである。

「なんで、おれなんです。冗談じゃない！」

小笠原は、島田に文句を言った。

島田は、小笠原の顔をジッと見た。千葉の顔と、あらためて見比べた。

「ああ！」

島田は、急に声を上げた。

「おまえが、千葉と間違えられた理由が、いまわかったよ」

「何なんです」

「おまえのその顔の、アザさ」

島田は、小笠原の左頬を指した。

小笠原は、島田に食ってかかった。

「これは、昔、つまんねえ喧嘩でついた傷だ。これが、何の関係が……だって、千葉は、顔に傷なんかないでしょう」

島田も、小笠原を諭すように言った。

「あいつ、あの二、三日前、喧嘩したとかなんとかで、たしか顔を腫らしてた。顔にすり傷があったんだよ。で、顔の傷だけおぼえていた横井の秘書が、それだけを頼りにおまえだってタレ込んだわけよ」

「そんな馬鹿な……」

「まあ、いまさら焦っても、仕方ねえだろう。とにかく、社長は、おまえに絶対自首させるな、という方針だ。なるようにしかならん。おまえも、すぐ身を隠せ」

小笠原は訊いた。

「東京、離れるんですかい」

「あてがなければ探してやる。とにかく、おれの車にでもかくれてろ！」

この日夕刻には、花形敬にも逮捕状が出た。

日に日に、警察の焦りが見えてくるのも、安藤には楽しかった。安藤は、自分が警察を翻弄しているようで、おもしろくて仕方がなかった。

金額が合わず破綻した五島とのコンタクト

いっぽう潜伏している島田に連絡を取ってきたのは、安藤の古くからの知り合いであった右翼系の大物であった。しかも、直接本人からではない。本人の代理という弁護士からの連絡であった。

「例の五島さんの件で、ご相談なんですが、実は、金額のことでご相談が」

「なんて言ってきてるんだ」

「三千万で手を打ってほしいと」

五島慶太に要求した一億円は出せず三千万でどうか、というのだ。

島田は答えた。

「おれは、直接判断する権限を持っていない。とにかく要件は承った。明日、また連絡させてもらう」

島田から安藤に連絡が入った。

「五島から、第一報がとどきました」

安藤は、急に声を張り上げた。

「なんと言ってきた！」

「はい、三千万円で手を打ってくれないかと」

「三千万？」

「はい」

「相手は天下の五島慶太だろ。一億円ビタ一文欠けても駄目だ、と言え！」

安藤は、それだけ言うと、一方的に電話を切った。

安藤逮捕でマスコミは大騒動

六月二十七日、東洋精糖会社乗っ取り問題で揉めていた秋山利郎社長と東急会長の五島慶太のあいだで和解契約が調印された。

五島は、安藤の横井英樹襲撃事件で、東洋精糖乗っ取りから手を引いたわけである。

なお、安藤は、横井事件の前に秋山から「株主として名前を貸してくれ」と頼まれ、百人分の判子をついてにせ署名を集め、名簿を貸していた。

翌二十八日には、東洋精糖の株主総会が無事終了した。

安藤は、株主総会に出席している五島慶太の姿を、山口洋子のアパートから出て、匿われていた田村邸のテレビで見ていた。

小柄な五島慶太は、警護の警官十数人と、屈強なボディーガードたち二十数人ほどに囲まれて、埋まってチラリとしか見えなかった。彼らはすべて特別許可の拳銃を所持しているという。

〈ボディーガードは、「愛連」の連中だな……〉

安藤は、愛連（日本愛国青年連合会）の会長である大沢武三郎とは、顔馴染みである。ボディーガードの若い衆も知っていた。

〈まったく、笑わせやがる。ビクビクするなら、初めから狙われるようなことはしないほうがいいんだ！〉

功成り名を遂げ、金も名誉もある五島慶太ではあるが、画面から明らかに怯えている様子が伝わってきた。大ワンマン翁の姿は、安藤の眼には、おかしくもあり、気の毒でさえあった。

〈おれが要求する「一億円」を、「三千万円」に値切った代償さ〉

安藤は、七月十五日、友人が世話してくれた葉山の別荘で逮捕された。まず葉山警察署に護送された。

その後、安藤は、神奈川県警に護送された。そして、護送車は、あらためて東京に向かった。

安藤を乗せた車は、午後五時十五分、東京桜田門前の警視庁に入った。警視庁前には、五百人以上の野次馬と報道陣が群がっていた。

安藤が車から降りたとたん、カメラマンたちが安藤を囲んだ。

「もっと、ゆっくり歩いてくれ！」

「安藤、こっちを向けよ」

「馬鹿！　痛いじゃないか」

熾烈《しれつ》な安藤争奪戦だった。

安藤は終始黙って一〇〇メートルの廊下をもみくちゃにされながら十分もかかって取調室にたどりついた。

その途中、安藤はテレビカメラに笑顔を見せた。

その夜テレビ映像を見た東映第四期ニューフェイスの山口洋子は、会心だった。

〈約束どおりだわ。私のために微笑《ほほえ》んでくれた！〉

洋子は、彼女のアパートに安藤を匿っていたときに、安藤にこんなお願いをしていた。

「捕まったら、テレビカメラに笑いかけてね」

洋子は、てっきりその約束が果たされたと思った。つまり、「私に」微笑んでくれたと確信したわけである。

いっぽう、警察と報道の人間に揉みくちゃにされていた安藤には、洋子との約束を思い出すような余裕はなかった。ただただ笑みがこぼれたのである。

各判決が下り服役、そして出所へ

昭和三十三年十一月十五日、安藤は、小菅拘置所から巣鴨の東京拘置所に移監された。

昭和三十三年十二月二十五日午前十時、東京地方裁判所第二十一号法廷で、伊達秋雄裁判長から判決が言い渡された。

求刑十二年であった安藤昇は、殺人未遂、監禁、銃砲刀不法所持、火薬類取締法違反、賭博開帳で、懲役八年。

求刑十年であった千葉一弘は、殺人未遂、銃砲刀不法所持、火薬類取締法違反で、懲役六年。

求刑十年であった志賀日出也は、殺人未遂、銃砲刀不法所持、賭博開帳で、懲役七年。

結局、安藤と志賀は殺人教唆《きょうさ》で共同正犯になった。志賀に関しては、東興業・赤坂支部で横井襲撃の共謀に加わっており、さらに安藤から直接指示を受け、なおかつ自分の舎弟である千葉が襲撃を実行したことが重く見られた。

求刑六年であった花形敬は、殺人未遂幇助《ほうじょ》、監禁、暴力行為、銃砲刀不法所持で、懲役二年六ヵ月。

求刑五年であった島田宏は、殺人未遂幇助で、懲役二年、執行猶予三年がついた。千葉が、島田はあくまで銃を使うことを反対したと主張したことが功を奏したといえよう。

千葉と間違えられて逃亡した小笠原郁夫は、求刑二年であったが、賭博開帳、銃砲刀不法所持、火薬類取締法違反で、懲役一年。

しかし、安藤は、社会が自分たちに共感していることがわかっていた。

〈まあ、それなら懲役八年でもよかろう……〉


安藤がいたころは、安藤組というだけで、渋谷の街を大きな顔で歩けた。が、渋谷に進出し始めていた神奈川県の熱海を本拠とする稲川角二（のち聖城）率いる稲川一家の眼を気にし、博徒の落合一家やテキヤの武田組を牽制しながらの毎日である。

最盛期には三百人を抱えた安藤組も、一人減り、二人減りして、その数も三分の一以下になってしまった。

花形敬も東声会に狙われていた。

昭和三十八年九月二十七日夜、二人組に柳刃包丁で刺し殺された。

安藤昇組長が前橋刑務所に入っているとき、渋谷では稲川会系の錦政会の岸悦郎一派が安藤組を攻めていたが、稲川会長が、前橋刑務所に二度ほどやって来た。

とはいえ、面会するわけでもない。ただ前橋刑務所の所長に言づけして帰っていた。

「私のような素性の人間が面会すれば、なにかとお上の心証も悪くなるだろうから……。来たことだけ伝えてください。くれぐれも安藤をよろしくお願いします」

稲川会長は、自身が面会すれば、安藤の査定に悪影響が出るとわかっていた。が、それでもなお、足を運んで激励してやりたい。揺れ動く気持ちが、来訪しても面会しないというかたちになった。

とはいえ、稲川会長は、自分の若い衆のところには、面会などには滅多に行かないのだから、安藤のため前橋刑務所に二度も足を運んだのは、やはり例外中の例外であった。

稲川組長は、安藤を「安ちゃん」と呼んでいた。いっぽう安藤は、稲川組長を「貸元」と呼んでいた。

昭和三十九年九月十五日の正午、安藤は、ついに出所した。懲役八年のうち二年は拘置所、六年の刑務所生活のはずが、四年になった。二年の仮釈放をもらっての社会復帰であった。

安藤は、花形敬の葬儀など多忙をきわめ、すぐに稲川会長のもとに挨拶に行かなかった。

安藤は、一段落すると、ようやく熱海に行った。稲川会長が、安藤の放免祝いをしてくれるというのである。稲川会長は、安藤のために、箱根の老舗旅館「翠紅苑」に部屋を取ってくれた。

安藤組の解散と新たな道への歩みだし

が、安藤がムショから出てきたことにより、渋谷の街での錦政会三本杉一家と安藤組の対立は、ますます激化していった。

西原健吾が、昭和三十九年十一月七日、その三本杉一家の中原隆に撃ち殺された。

十一月九日、西原の葬儀が、雨のそぼ降るなか、大田区蒲田の自宅でしめやかにおこなわれた。

安藤が姿をあらわしたときには、幹部たちが殺気立った声をあげていた。

「おい、これからでも、仇討ちに行こうじゃねえか!」

前の日の晩、西原の郷里である九州・福岡から、急を聞いて母親が駆けつけてきた。

参列者が、一人一人、菊の花を死者にたむける。

安藤も、西原の遺体に花をそえた。

最後の一人が花を置き、顔を残し、西原の体が菊の花で埋もれた。

そのとき、いままで耐えに耐えていた母親が、動かない西原にすがりついた。

「健ちゃん！」

老いた母親は、肩をふるわせ泣き崩れた。

母親は、しがみつくように西原に添い、花をかきわけるように、泣きながら頬ずりをした。

「健ちゃん！　健ちゃん！」

老母は、何度も自分の息子の名を呼び、頬をすり寄せた。

安藤は、西原の母親が、早くに夫を亡くし、女手ひとつで西原を育て上げたことを知っていた。一人息子に先立たれた哀れな老母の姿を目《ま》のあたりにして、安藤の体の中は、自責の念でいっぱいになった。

老母は、なおも西原にすがりつき、話しかけている。

「健ちゃん、おまえ、どうしてこんな姿になってしまったの！　健ちゃん、お母さんですよ。わかるわね、痛かったろうにね」

息子を亡くした悲しみに身をよじる母親の姿が、安藤には耐えられなかった。

生きた子に語りかけるような母親の言葉を耳にしながら、安藤は考えていた。

〈おれは、西原よりも何年も多く生きている。花形を犠牲にし、西原を犠牲にし、おれは他人の命を散らせた分だけ生きながらえている。かわいい舎弟たちを犠牲にしてまで、求めていたものは、いったい何だったんだ！〉

時間がきて、そろそろ出棺だというのに、老母はまだ西原の遺体から離れようとしなかった。

組の幹部たちが、無理矢理棺から剝がすように母親を連れてきた。母親は、安藤に、泣き腫らした眼を向けた。安藤の背中に、戦慄が走った。

老母は、安藤に言った。

「子供が親より先に逝くなんて、こんな不孝なことはありませんよね」

安藤は、背中を後ろから叩っ斬られたような気がした。

いい知れぬ孤独感が安藤を襲った。

〈こんなことを、続けていちゃいけない。やめるなら、いましかない……〉

血で血を洗う果てしない抗争。いま、そこに終止符を打つときがきた。

安藤の気持ちは、複雑だった。刑務所まで訪ねてくれ、放免祝いまでする稲川会長率いる錦政会の下部組織に、西原を殺されたのである。

安藤は、老母に土下座して謝った。

「お母さん、おれが悪かった。すまなかった。もうこんなことは、二度とさせない。組は解散する。どうか、許してください！」

式場は、一瞬、水を打ったように静まりかえった。そして誰もが、わが耳を疑った。

そこで、安藤が解散を決意するのだが、もしも東興業を単独で維持していく方法があるとすれば、西原を殺した錦政会も敵に回し、花形敬を殺した東声会も敵に回し、闘争を続けるということになる。

しかし、安藤は、その道を選ばなかった。

安藤は思った。

〈このまま東興業が闘争を続ければ、また何人も、死ぬ。刑務所に行く者も出るだろう。それは、あまりにも辛い……〉

安藤は、その夜、妻の昌子に口にした。

「組をやめたいと思うんだが……」

昌子は、ただひと言「そう」と答えるしかなかった。

結婚して二十年、夫が初めて見せた態度だった。何をするにも、事後承諾させられてきた昌子だったが、その夜だけは、夫がしんみりと語りかけたのである。

十二月九日、渋谷区千駄ヶ谷の区民会館で安藤組の解散式がおこなわれた。

安藤組長は、解散の声明書を読みあげた。

《解散声明書
この度、安藤組を解散したことを声明いたします。
この声明と同時に、今後は如何なる形においても、安藤組を称号してことをなすことはありません。
ここに、社会のみなさまに、過去においておかけした御迷惑をお詫び申しあげます。あわせて、今後は、深い反省のもとに、おのおの、善良なる一市民にたちかえって、再度貢献する覚悟でありますから、なにとぞ、御協力をお願い申しあげます。
昭和参十九年拾弐月九日
安藤組解散委員会代表
安藤　昇》

安藤は、稲川会長が自分を組の幹部としてほしがっていることは察知していた。

実際に、安藤に対して、稲川会長のほうから間接的な打診もあった。安藤が乗ろうと思えば、乗れた合併話である。しかし、安藤は、あえて断わっている。

安藤にとっては、いかに大きな組の大幹部とはいえ、あくまでも子分である。「子分になる道」を拒んだのではないか。それまで安藤は、ずっと親分として生きてきた。誰かの子分になって、ヤクザ生命を永らえる、あるいは、ある種の安全圏で生き残るという発想がまるでなかったであろう。

安藤は、この世でただ一人の「親分」と認める稲川会長とさえも縁を組まないのである。稲川会長を個人的に好きであることと、自身が稲川の組に入ることとは峻別していたのであろう。

かりに安藤が稲川会のような大きな組織に入っていれば、自身はトップではなく、ナンバー3やナンバー4になってしまう。結果論だが、稲川会の大幹部である長谷川春治、森田祥生、趙春樹、石井隆匡らと並び大名になっても、「安藤伝説」は、いまのような形では残っていなかったであろう。

安藤昇という男が渋谷で暴れて、最後は稲川会に入って安定したという物語だ。伝説にはなっていなかったろう。もちろん、安藤が自身の伝説化を欲したわけでもないし、そんなことを予見していたわけでもない。

安藤組解散後、残された組員の新たな修羅の戦いが始まった……。

自伝『激動』の映画化に主演で参画

安藤は、『激動』というタイトルで、双葉社の『週刊大衆』に自伝を発表した。

その原稿を『血と掟』というタイトルで、監督は湯浅浪男、安藤自身が主役で、俳優の丹波哲郎、伊沢一郎、そのころはまだ売れていない菅原文太、藤岡弘、高宮敬二らが出演した。

映画公開は、松竹で昭和四十年八月二十九日におこなわれた。ヒットした。

安藤は、二千万円の契約金で松竹専属の俳優となった。

安藤の二千万円という専属契約料も、ふつうではない。さらに、映画を一本撮るごとに発生する出演料もまた破格となる。

専属契約前のある日、安藤は、一本あたりの出演料の相場を松竹の白井部長に尋ねたことがあった。

「松竹のトップ女優は、いくらもらっているんだ？」

「いま、岩下志麻が二百五十万円で、彼女が一番高い出演料です」

安藤は、持ち前の茶目っ気で、またまた吹っかけてみた。

「その倍の五百万円出すなら、出てもいいよ」

すると白井部長、なんともあっけなくその条件も呑んだのである。

とはいえ、松竹側も、ほかの俳優と新人俳優安藤昇との出演料格差を表沙汰にしたくはなかった。格差を隠すために、手を打った。安藤の出演料を公称二百五十万円としつつ、裏で安藤に残りの二百五十万円を渡したのである。

安藤出演の作品のうち『血と掟』『やさぐれの掟』『逃亡の掟』の三本は、松竹の肝いりでつくった製作会社である「ＣＡＧ」製作となっている。「ＣＡＧ」は、いわば俳優のギャラ体系を崩さないための松竹の隠れ蓑であった。安藤は、その裏事情をのちに知らされることになる。松竹にとって、それほど安藤の存在は特別であった。

そのうち、東映のプロデューサー俊藤浩滋から、安藤に具体的な打診があり、安藤は、移籍を決意してしまう。

安藤は、松竹側に申し出た。

「東映に移らせてもらう」

五社協定が厳しかった折、極めて異例な、まさに掟破りである。

松竹は正面切って安藤昇に異議の申し立てをしなかった。というよりも、できなかったというのが正確だろう。もしも松竹が安藤に「映画業界から干す」などと言おうものなら、安藤からどんな反撃を受けるかわからない。松竹としては、触らぬ神に祟りなしという感覚だったのかもしれない。

東映に移籍するといっても、安藤の出演料が上がったわけではない。松竹時代とほぼ同額であった。

監督にも反骨を示す掟破りの行動

安藤は、監督面を下げて横暴を振るう監督に対して、さっそく行動で反骨を示した。

石井輝男監督の昭和四十二年十二月二十三日公開の高倉健主演の『網走番外地　吹雪の斗争』の撮影現場であった。

安藤は、かねて石井監督をとっちめてやろうと思っていた。というのも、安藤自身は出演していなかったが、石井監督の昭和四十年公開の『網走番外地　北海篇』の撮影中に、若かった俳優千葉真一を強引に海で泳がせて、溺れそうになったまま引き揚げたというエピソードを聞いていたからである。

安藤は、若い俳優を死ぬ寸前まで酷使する石井が許せなかった。

『網走番外地　吹雪の斗争』の撮影が始まった。安藤は、現場で石井監督の所業を見るにつけ、その人間性にますます不信感を抱くようになった。

〈強い者には弱いし、弱い者には強い。こいつは、駄目だな〉

安藤は、撮影を始めたばかりのころ、石井監督を呼びだした。

そして、わざと因縁をつけた。

「おまえ、今日のおれの撮り方は、なんだ！　カメラの大きさが、違うじゃないか」

実は、それは安藤の一方的な言いがかりであった。映画用とテレビ用のカメラは大きさが明らかに違うが、安藤には映画用のカメラの違いはよくわからなかった。つまりケチをつける対象などなんでもよかったのである。

石井監督は、安藤を退けた。

「そんなことないです！」

安藤と石井は、そのように揉めた。

その翌日である。安藤たち俳優やスタッフ全員、スタッフが泊まる安ホテルのロビーに呼び出された。

午前七時であった。早朝の大雪山での撮影のため、集合が早かったのである。

ところが、石井監督自身がなかなか撮影に出かけようとしない。スタッフやキャストたちは、ひたすら待たされた。天気は快晴。いわゆる〝ピーカン〟であったにもかかわらずである。

待機は、なんと、昼まで続いた。

五時間ほど待たされた安藤は、助監督の一人に言った。

「朝早くから呼んでおいて、おかしいんじゃないか。撮れよ！」

しかし、助監督に文句を言っても、どうにもならなかった。そこで安藤は、石井監督本人に直接訊いた。

「天気はピーカンなのに、なんで撮影をしないのか」

石井監督は答えた。

「撮らない。いまは、ピーカンすぎて撮れない」

さらに、続けた。

「雲が出るまで、待ってください」

安藤は、怒鳴った。

「バカ野郎！　スモークを炷《た》いてもいいじゃないか。早く撮影を始めろ」

それでも石井監督は、いっこうに撮影をしようとしない。

安藤の頭の中で、前日のカメラに言いがかりをつけた件と撮影遅延が結びついた。

〈向こうは向こうで、報復なのか……〉

安藤は、みんなの見ている前で石井監督に言い放った。

「撮影しないなら、おれは帰るぞ」

安藤は、さっさと自分のホテルに戻ると、マネージャーで、法政大学時代の同級生で自動車販売会社の社長である嘉悦義人に帰り支度をさせた。

帰り際、安藤たちは助監督と出くわした。助監督は、安藤と石井監督のやりとりを知らなかったのであろう。

「もう、お帰りですか？」

安藤は、すっとぼけた。

「おぉ、終わったから、帰るぞ」

助監督は、「お疲れさまです」と安藤と嘉悦を呑気に見送った。

二人は、そのまま旭川駅に向かった。

ところが、旭川駅に着くと、すでにスタッフたちが大挙して先回りし、あちらこちらから見張っていた。

安藤は、嘉悦に言った。

「あいつらに、見つかんなよ」

安藤たちは旭川駅で列車に乗ったままではいいものの、まだホーム周辺ではスタッフたちが大騒ぎで安藤を探していた。

そこで安藤と嘉悦は、列車の座席に縮こまるようにかくれて千歳空港に向かった。

そのころ、事態を聞かされた東映の常務が東京から千歳空港に飛行機で向かっていた。安藤が乗っていた列車が千歳空港に着いた。そこで安藤は常務とバッタリ出会うのである。

常務は、開口一番。

「安藤さん、待ってくれ」

そして、懇願した。

「安藤さん、現場に戻ってください。撮影も、もうすぐ終わりますから」

安藤は断わった。

「あの野郎は、やり方が気にくわないから帰る。それに、もう荷物を飛行機の中に入れたから駄目だ」

常務は、消え入るように言った。

「そうですか……」

安藤と嘉悦は、そのまま飛行機に乗りこみ、東京に帰ってしまった。

安藤がいなくなったので、現場はてんやわんやとなった。物語が、それ以後がつながらなくなってしまった。すなわち決定稿と、実際に撮影されて完成したものでは違うものになってしまったのである。

本来、ラスト・シーンは、夕陽を背に安藤と高倉健の〝二人〟が馬に乗って、雪原を去っていくはずであった。考え方が違う二人の男、つまり高倉健と安藤昇が互いに認め合うというのが本来の筋であった。

ところが、肝心の安藤がいないものだから、そのシーン自体がなくなった。

代わりに安藤の役は、ある悪党に撃たれて死ぬことになった。高倉健の演じる役は、ラストシーンは、一人で立ち去るのである。なんとも中途半端な結末であった。

撃たれて倒れる安藤役は、望遠で撮影されたこともあり、代役が演じた。安藤はすでに東京に帰っていたので、それ以外どうにも手の打ちようがなかったのである。

ストーリーは、いきなり安藤が充分な見せ場もなく死んでしまう。映画を観た観客も、さぞや呆気にとられてしまったことだろう。

ただし安藤は、共演した高倉健については「いい男です」と称賛を惜しまない。

また、鬼寅親分役の嵐寛寿郎も、感じのいい人だったという。スクリーンで見せる迫力ある顔と、現場で見せるふだん着の顔が違った。ふだんの嵐寛寿郎は、腰が低く、感じのいい人だったという。

永遠の「安藤昇伝説」

安藤組解散後、住吉会石井会顧問で、横井秀樹事件の実行犯、千葉一弘の周囲には、安藤昇の悪口を言う人はいない。

人々の心には、もはや神話化された安藤昇像があるのであろう。同世代はもちろん若い世代にも、安藤に対する憧れがある。安藤自身が堅気になって、やくざの世界にはいっさい介入していないことが、さらに伝説を伝説たらしめているようだ。

もちろん千葉の周囲にいる親分衆が、安藤を悪く言わないのは、千葉が安藤組出身者との配慮もあるが、安藤と直接利害関係があった親分や、当時やりあった人物が、もはや存命していないのもまた事実である。かりに利害関係があれば、遺恨が残り「こん畜生」という鬱憤も残っていたはずだ。ところが、かつての宿敵たちは、恨み節もろともあの世に行ってしまった。

堅気になった安藤は、一時期、歌手活動をしていた。

すると、千葉と兄弟分である立川連合の人間なども、「安藤昇歌謡ショー」のような興行を打ってくれたものだった。立川連合のなかには、安藤と確執があった人間もいただろうに、悪口一つ言わなかった。

千葉に対して、せいぜい「安藤さんは、元気か」と訊くだけだった。

安藤は、安藤組解散後も不思議な存在感を維持している。千葉は、住吉一家内ではあえて安藤組の話はしない。がしかし、若い衆たちはインターネットで調べるのであろう、安藤組の輝きをよく知っている。その結果、千葉は尊敬を集めている。

安藤組の生き残り組のなかでは、千葉はもちろんのこと、右翼団体大行社会長であった三本菅啓二と住吉会石井会を率いていた石井福造に対する評価は高い。

千葉にとって安藤組にいた意味を嚙みしめるのは、周囲から高い評価を受ける瞬間である。住吉会でも、安藤組での経歴が自身の評価につながっていることはわかっている。

また堅気相手でも、「横井英樹襲撃事件の、あの千葉さん!?」ということになる。

また、堅気衆から「安藤さんは伝説の人」などと言われれば、千葉は、やはりうれしい。

かつて安藤組で暴れ回っていた組員たちは、安藤組解散後、流星のごとくさまざまに散っていき、さらなる修羅を生きざるを得なかった。が、いつまでも「伝説のヤクザ」としていまだ記憶されている安藤を慕い続けている……。

安藤昇は、平成二十七年十二月十六日、肺炎のため、この世を去った。安藤は、最期に八十九年の人生を振り返り言っていた。

「男の生き方として『変節をせず』を心に刻んで生きてきた自負はある」

平成二十八年二月二十八日、午後一時、青山葬儀所で「安藤昇お別れの会」が開かれ、安藤昇を偲んだ。

発起人は、映画監督の佐藤純彌、降旗康男、中島貞夫、梶間俊一、プロデューサーの吉田達、俳優の梅宮辰夫、村上弘明、三田佳子、岩城滉一の各氏。その他に北島三郎ら関係者約七百人が参列した。

私も参列し、安藤さんとの取材、酒を通しての三十八年にもわたる交流を思い浮かべながら偲んだ。

第五章　制覇篇――田岡一雄と美空ひばり

美空ひばりと田岡一雄山口組組長の二人三脚

演歌は、持続である、という。演歌を聴くとき、その演歌がヒットした時代の自分に一瞬にしてもどる。演歌は、生きた年表である。その意味では、美空《みそら》ひばりほど長い期間、第一線でヒット曲を放ち続けてきた歌手はいない。戦後の昭和二十四年以来、ひばりの歌は流れ続けている。いかに持続しても、ヒット曲を放ち続けられなければ、人々の耳に残らない。懐メロ歌手は現代とかかわれない。生涯現役としてヒット曲を放ち続けてこそ、人々にとって生きた年表になる。戦後、ひばりほどたくさんの人々にとって生きた年表であり続けた芸人はいない。ひばりの一代記に取り組み、ひばりが生涯千九百三十一曲もの歌を吹き込んでいたことに、あらためて驚いた。まさに、怪物である。

私は『美空ひばり　時代を歌う』を、昭和六十三年四月十四日号から平成元年二月二日号まで『週刊新潮』で連載。それまでの美空ひばり伝と違ったのは、ひばりと山口組三代目の田岡一雄《たおかかずお》組長が、二人三脚でのし上がっていく姿を描いたことである。

ひばりの弟で初め小野透《おのとおる》の名で歌手をしていたかとう哲也《てつや》（当時の芸名、本名は加藤益夫）が、山口組ともかかわり、賭博、恐喝、銃砲不法所持で逮捕されたせいで、ひばりは、昭和四十八年の紅白歌合戦を落選している。ひばりとすれば、弟が山口組とかかわったせいで自分にとばっちりがきたのではなく、本人が山口組と深くかかわり、組の拡大に功があったことを細かく書かれたことが、おもしろくなかったようである。したがって、本人は取材拒否であった。が、彼女以外の、彼女とかかわったほとんどの四百七十八名もの人に会い、話を聞いた。

〈はじめに〉でも記したが、田岡組長は、ひばりの公演にはほとんど同行していた。日本最大の暴力団の組長がなにゆえにひばりの公演に欠かさず同行していたのかは、田岡にとって、ひどくメリットがあったためである。

ひばりの興行は抜群の人気があったから、その興行が打てれば、かかわった地元のヤクザは大儲けできる。したがって、大スターのひばりを呼びたい。そこで、ひばりを抱えている山口組に頼みこみ、ひばりを呼んだ。田岡はその要求を受ける代償として、地方のヤクザの組と山口組との盃を交わしている。

それが可能となったのは、山口組の特殊性があった。山口組が稲川会のような博徒でなかったことである。山口組は、港湾荷役と「神戸芸能」の二本柱で稼いでいた。もし博徒ならシマ（縄張り）を重んじ、次々と盃を交わすことに躊躇《ちゅうちょ》する。ところが、山口組は、博徒ではなかった。したがって、ひばりの興行を武器に地方の組と盃を交わしていくことに抵抗感はなかった。

ひばりの興行は、山口組の全国制覇の大きな武器であった。

まさにひばりと田岡組長は二人三脚でのし上がっていったのだ。

しかし、取材を進めるにつれ、信じられないエピソードがこれでもか、これでもかと出てきた。到底ありのままには書けなかった。そのまま書くには、ひばりがあまりにも惨めすぎる。知った事実をすべて書けばいい、というものではない。名誉毀損《きそん》という問題だけではない。

ひばりの、生き、もがき、苦しんだ泥沼は、あまりに深すぎる。まさに地獄であった。しかし、ひばりは、地獄でのたうつほど、芸の世界では大輪の花を咲かせていった。泥沼にこそ、美しい蓮の花は咲くという。ひばりの花には、誰も真似のできぬ「芸格」があった。

ひばりは、「美空ひばり」のまま死んだ。「美空ひばり」でなくなり、「加藤和枝《かとうかずえ》」（本名）だけの人生は、ついになかった。生涯現役で終わった。歌一筋に生きたひばりにとって、せめてもの救いであったろう。

喜美枝・ひばり母子と田岡の出会い

横浜国際劇場の支配人である福島通人は、昭和二十三年の暮れ、神戸の新開地にある神戸松竹劇場に美空ひばりを出演させる前日、母親の加藤喜美枝とひばりに言った。

「田岡さんに、挨拶に行っておこう。これから関西で興行を打つには、田岡さんの顔がないと難しい」

福島は、神奈川県片瀬を本拠として、横浜、川崎の一部から東海道を平塚にかけて支配するやくざの加藤伝太郎を後ろ楯にしていたから、横浜国際劇場では興行が実に楽であった。

が、これからは、ひばりを全国的に売りこむのだ。土地の顔役には、挨拶をしておかなければならない。

喜美枝は、抵抗をおぼえるより、むしろ積極的に興味を示した。

「どんな親分か、一度会っておきたいわね」

美空ひばりは、昭和十二年五月二十九日、神奈川県横浜市磯子区滝頭の魚屋「魚増」を営む父・加藤増吉、母・喜美枝の長女として生まれた。戦後間もない昭和二十年、私財を投じて自前の「ミソラ楽団」を設立。近所の公民館・銭湯に舞台を作り、ひばり八歳のときに「美空一枝」の名で初舞台を踏む。

その後、芸名を「美空ひばり」と決定。作曲家古賀政男に会う。

福島は、ひばり母子をつれ、松竹劇場から歩いて十五分とかからない田岡邸まで、木枯らしの吹くなかを歩いた。

福島は、ひばりに釘を刺した。

「これから会うひとは、偉いひとだからね。おじさんと呼ばないで、親分と呼ぶんだよ」

ひばりは、こっくりとうなずいた。

田岡一雄は、大正二年三月二十八日、徳島県三好郡三庄村の小作農の息子として生まれた。生まれたときには、すでに父親は病気で死んでいた。一雄は、母の手ひとつで育てられる。

大正八年、一雄が六歳のとき母親も死に、神戸の叔父宅に引き取られた。

昭和二年、兵庫尋常高等小学校高等科卒業後、家計を助けるため、川崎造船所へ旋盤の見習工として入社する。が、二年後に、体の具合の悪い同僚の仕事を手伝っているのを現場主任に注意され、カッとなり、箒の柄で殴りつけ、退社した。

山口組二代目山口登の弟秀雄が小学校高等科時代の同級生だったことから、昭和五年、山口組舎弟古川松太郎宅に住みこみ、極道の道へ入ったのである。

昭和七年、大関玉錦が、幕内力士の宝川に因縁をつけられ、喧嘩《けんか》となった。

気性の荒い玉錦は、山口親分の根回しで横綱昇進が決まっていたので、辛抱した。

「わしは、喧嘩はせん。神戸の山口の親分から、きつく止められとるんだ。それさえなければ、おまえを殴り倒してやる」

浪曲界、歌謡界だけでなく、相撲界の興行面にも進出し、広く顔の利いていた山口親分は、先代出羽ノ海を説得した。

「玉錦を、横綱にしてほしい。横綱になって、これまでどおり喧嘩、博打《ばくち》などの品行がおさまらなければ、即刻、私が玉錦に横綱を返上させる」

それを条件に、横綱昇進が決まっていたのだ。

宝川は、高飛車に出た。

「なにィ、それなら、山口でもなんでも呼んでこい。宝川は、逃げも隠れもせん。山口に、宝川がそう言っていたといえ」

田岡は、山口親分を舐めた宝川の右手の小指と薬指の半分を、ドスで斬り落とした。額も、ドスでざっくりと割った。

昭和九年夏、田岡は、海員組合争議本部に、ドスを持ち、殴り込みをかけた。この争議の調停を、神戸港の荷役事業にたずさわっていた山口登が引き受けていたのである。

田岡は、組合長を、袈裟懸《けさが》けに斬りつけた。懲役一年で、神戸刑務所に服役。出所後、昭和十一年一月二十日、山口登から盃を受け、山口組の若い衆となった。

翌十二年二月二十五日、兵庫県切戸町の山口組事務所に、日本刀を手に玄関を打ち破って躍り込んだ男がいた。博徒の大長八郎である。

田岡は、日本刀を手にし、大長に立ち向かった。

田岡は、大長八郎の実の兄の政吉の頭を鉄瓶で殴りつけていた。大長八郎は、兄の仇を討ちに来たのである。

田岡は、庭に出、大長八郎の胴をなぎ払った。

ただならぬ物音に、山口親分は二階の寝室で目を覚まし、声をかけた。

「何事だ？」

田岡は、平然として、言い放った。

「親分、自首しますわ」

山口親分は、そのとき初めて、田岡が大長八郎を斬ったことを知った。それほどの早業であった。大長は、病院に担ぎこまれ、二日後に病院で果てた。

田岡は、懲役八年の刑に服した。

「切戸町の熊」という異名を持つ田岡は、それ以来、兵庫一帯のヤクザの世界に名をとどろかせた。

田岡は、昭和十八年七月十三日に出所した。皇紀二千六百年の恩典で、二年減刑になったのであった。

終戦後の昭和二十一年六月、田岡が服役中の十七年十月四日に亡くなっていた山口登二代目の跡目を継ぎ、山口組三代目を襲名した。山口親分が、息を引きとるとき、言い残したのである。

「長男の幸博は、まだ子供や。三代目は、田岡に継がせる。ええな」

須磨の一流割烹料理屋「延命軒」でおこなわれた襲名披露には、先代の山口親分と因縁浅からぬ仲であった兵庫一区選出の日本自由党代議士佃良一も参列した。


田岡は、昭和二十三年十月、先代七回忌追善興行をおこなった。福原の「関西劇場」を借り受け、先代からの繋がりである広沢虎造をはじめ、二代目天中軒雲月、寿々木米若、梅中軒鶯童などの当代一流どころの浪曲師をそろえ興行を打った。

興行は、大成功であった。浪曲界の興行師として名のあった先代の山口登は、芸人に出演料をはずみ、大切にあつかった。その実績と、三代目の興行の成功により、神戸の劇場に出演する芸人たちは、かならずといっていいほど山口組に挨拶に出かけていた。

田岡一雄

「天下を取る」土台

福島は、ひばり母子を連れ、田岡邸の玄関に入った。

田岡邸は、昭和二十一年十月から、生田区橘通り二丁目五十三番地に構えられている。

入口には、「土建業山口組」と筆太な文字の看板が掲げられていた。

入ってすぐの八畳ほどの事務所兼応接間に、福島とひばり母子は通された。

ソファーに座ったひばりは、頭にピンクのリボンをつけている。

田岡は、ひばりのあどけない姿を見ると、にわかに相好を崩した。

ひばりは、ていねいにお辞儀をした。

「美空ひばりと申します」

田岡は、ひばりがすっかり気に入った。

「美空ひばりというのか。かわいいが、しっかりしたお嬢ちゃんやな」

田岡は、それまで、美空ひばりの名前さえ知らなかった。

ひばりは、続いて、大人顔負けの挨拶をする。

「おやぶん、今後とも、よろしくおねがいします」

少女から「親分」と言われ、田岡は、照れてしまった。

「親分は、よしてくれよ、おいちゃんでええよ」

ひばりは、うなずき言った。

「では、おいちゃんと呼ばせていただきます」

田岡は、父親のような優しい口調で言った。

「おお、おお、おいちゃんでええよ。これからは、おいちゃんが、ひばりちゃんの言うことを、なんでも聞いてあげるよ」

ひばりのために菓子が運ばれ、なごやかな雰囲気になった。

福島との話もはずんだ。

喜美枝も、評判とまったく違う雰囲気の田岡に打ち解け、田岡の前に右の握り拳を突き出して言った。

「親分、こうして握り拳を固め、その中にホクロがあれば、女は天下を取れるといいます。不思議なことに、ひばりの握り拳の中にも、私の握り拳の中にも、ホクロがあります」

田岡は、喜美枝の威勢のいい言葉にいっそう機嫌をよくした。

「男は、どこにホクロがあれば天下が取れる」

喜美枝は、即座に答えた。

「金ン玉です」

田岡は、声をあげて笑った。

喜美枝も釣られて笑いながら、しかしあくまで真剣な眼差しでつけくわえた。

「親分も、侠客として天下取りを狙うように、私も、歌の世界でひばりに天下を取らせます！」

「あんたが男やったら、ええ親分になるやろな」

話が一段落すると、田岡は言った。

「ひばりちゃんの靴は、白いズックやな。おいちゃんが、もっと似合う靴を買ってやる」

田岡は、ひばりを右肩に乗せるようにして抱くと、福島と喜美枝と連れ立ち、新開地に出かけた。

新開地商店街の「とらや」に入ると、田岡は、かわいい赤い靴を選んだ。

「ひばりちゃん、この靴、どうや」

ひばりは、眼を輝かせて、うなずいた。

田岡は、わざわざひばりの前にひざまずいた。ひばりのズックを自分の手でぬがせ、新しい赤い靴を履かせた。

ひばりは、はずんだ声で言った。

「おいちゃん、ありがとう！」

ひばりは、赤い靴を履けたのがうれしくてたまらなさそうに、足を高くあげて歩きながら、『赤い靴』の童謡を歌った。

赤い靴　はいてた
女の子
異人さんに　つれられて
行っちゃった

舞台では大人の歌ばかり歌うひばりにしては、珍しいことであった。ひばりも、つい童心に帰っていたのである。

田岡は、ひばりの手をしっかりと握ったまま、新開地を歩き続けた……。

運命の転回点となる四人の会合

福島通人が、ひばり母子をつれて初めて田岡邸を訪れた三ヵ月後の、昭和二十四年二月初旬である。

福島は、山口組三代目である田岡一雄邸の応接間に入るや、恭《うやうや》しく田岡に礼をした。

紫色の法被《はっぴ》を着た田岡は、鋭い眼をなごませ、右手でソファーに座るようにすすめながら言った。

「福島はん、わざわざ神戸までお呼び立てしてすまん。実は、ぜひあんたに会わせたい男がいましてね」

田岡の左隣りに、川田義雄が座っていた。

福島は、川田とは、すでに顔見知りであった。川田は、前年一月二十六日から二月一日までの横浜国際劇場の興行に、歌手の岡晴夫や笠置シヅ子といっしょに出演していた。

そのときは、脊椎カリエスのため、下半身は不随同然であった。楽屋に寝泊まりし、大道具特製の手押し車に乗り、笠置シヅ子に押してもらって出演していた。

五月の横浜国際劇場開館一周年特別興行にも出演している。美空ひばりが、芸の世界で生涯ただ一人だけ「先生」と呼んだ川田と出会ったのも、そのときである。

その後、福島が川田に会うのは、初めてであったが、もう手押し車は必要ない程度の体には回復しているようであった。

田岡は、川田に眼をやり、福島に言った。

「顔見知りかもしれんが、川田義雄や。私は、川田のファンなんや」

田岡は、情のこもった眼差《まなざ》しで、川田をジッと見た。

川田は、福島に頭を下げた。

「川田義雄です。横浜国際では、いろいろとご迷惑をかけまして……」

田岡は、福島に言った。

「私は、この男をふたたび男にしたいのや。この男の芸を、なんとしても昔のように蘇らせたいのや」

かつて、川田のギターを鳴らし、浪曲のイントロに入る『地球の上に朝が来る』は、一世を風靡《ふうび》したものである。

　地球の上に朝が来る
　その裏側は夜だろう

西の国ならヨーロッパ
東の国は東洋の
富士と筑波の間《あい》に流るる隅田川
芝で生まれて神田で育ち
今じゃ浅草名物で
ギター鳴らして歌うたい

川田は、田岡親分にそこまで言ってもらい、恐縮して頭を下げた。

「男として、親分の期待に沿えるように死にもの狂いで頑張ります」

田岡は、時代を読む独特な目を持っていた。

〈もうこれからは、浪曲の時代やない。歌謡曲の時代や……〉

しかし、いますぐに、歌謡曲の歌手たちを集めて、興行を打つこともできない。

とりあえず、川田を、美空ひばりのマネージャーの福島に預けようと思ったのである。

「福島はん、私には、芸能の仕事は、ようわかりまへん。そこで、川田をあなたに預けます。福島はんに、川田のマネージャーを頼みたいのや」

福島に、田岡の要求を断わることはできなかった。逆に、川田の芸と人脈は、ありがたいことでもある。

「わかりました。引き受けさせていただきます」

川田義雄が、福島に言った。

「福島さん、ひばりちゃんは、大変な掘り出しものだよ。天才だ。かならず、一流の歌い手になれる子ですよ。なにより、自分の〝節〟を持っているから、個性を伸ばしてやらなくちゃ。私も、非力ながら、力になさせていただきます」

そして、あらたまった口調で言った。

「私も、これを機会に、心機一転をはかります。新しく生まれ変わった気持ちで、頑張ります。名前も、今日から、川田晴久とあらためます」

川田と福島が繫がったことで、二人だけでなく、ひばりと田岡をふくめた四人が、それぞれに大きく運命を変えていくことになる……。

〝興行の田岡〟の第一歩「歌のホームラン」

田岡一雄は、美空ひばりの十四歳の誕生祝いの席で、福島マネージャーを隣りに呼んだ。

田岡は、ほろ酔いかげんのいい気持ちで福島に言った。

「今回の『歌のホームラン』では、文字どおりホームランをかっとばし、興行界に田岡あり、と言わせたる」

昭和二十六年四月十九日の夜であった。京都の出町にある登美家旅館の大広間である。

ひばりの誕生日は、五月二十九日である。が、ひばりはそのころ『母を慕いて』の撮影で忙しくなるため、繰りあげてこの夜に誕生祝いを開いたのであった。

田岡は、ひばりの興行を請け負うようになって以来、自分でひばりの誕生祝いを開くことを欠かさなかった。

彼の長男の満は、昭和十九年五月二十六日生まれで、ひばりと誕生日が三日しか違わない。田岡は、興行先でかならずひばりの誕生祝いをするため、三日違いの満の誕生祝いをしてやることができないこともあった。田岡は、それほどひばりをかわいがり、大切にあつかっていた。

福島は、はずんだ声で田岡に答えた。

「親分、今回のような大がかりなショーは、東京でもやられたことがありませんよ」

田岡は、満足そうにグラスのビールを飲みほした。

田岡興業と福島の新芸プロは、五月二十六、七日の両日、大阪球場を借り切って「歌のホームラン」を開く企画を立てていたのであった。

野球場を借り切ってという派手さもさることながら、田岡が自分の顔で集めることになっている歌手が、錚々たる顔ぶれであった。

灰田勝彦、岡晴夫、田端義夫、川田晴久、淡島千景、美空ひばりを一堂に集めてのショーである。

岡晴夫は、毎年『平凡』でおこなっている「歌手人気投票」で三年連続ナンバーワンの歌手である。ひばりは、この年ナンバースリーに選ばれていた。「歌のホームラン」にそろえる歌手のほとんどが、ベストテンに選ばれている。

福島が、田岡親分のグラスにビールを注ぎながら言った。

「今回は、戦後歌謡界のビッグ・イベントであることはもちろん、レコード界の実情からみて、空前絶後の壮挙ですよ。ビクターやコロムビアの大会で、それぞれの系統のスターシンガーがおなじ舞台に立つことはありましたが、当代の人気歌手をピックアップし、所属会社を超えての競演は、初めてのことです。なにしろ、一人一人が、いずれも単独公演のできる一枚看板の強力スターですからね。それぞれのスケジュールが調整できず、大顔合わせを実現できなかった。親分にしかできない企画ですよ」

とくに、キングレコードの人気王であった岡晴夫を他の歌手といっしょに引っ張り出せたことは、田岡の顔ならではのことであった。

岡晴夫は、『憧れのハワイ航路』などのヒット曲を、ワンステージ、十五曲も二十曲も平気で歌いまくる。この当時は、どの歌手も、三曲か四曲しか歌わなかった。そのため、他の歌手は、客から岡晴夫と比べられ、サービスが悪いと文句を言われていた。他の歌手たちが、岡晴夫に、「おまえ、あまり歌いすぎるなよ」と抗議したほどである。

岡晴夫は、そのため、絶対に他の歌手とは合同公演をしないことに決めていた。NHKラジオの人気歌謡番組「今週の明星」にすら、頑として出演を断わり続けていた。

その岡晴夫が、他の歌手といっしょに出演すると聞けば、世間は驚くに違いない。

福島が、あらたまった顔になり、田岡に頭を下げた。

「新しく発足する新芸プロにとっても、いい船出となります」

福島は、五月から、それまでの「福島事務所」を発展的に解消し、有限会社「新芸術プロダクション」、略称新芸プロを発足させることにしていた。新芸プロの代表取締役は、福島通人で、取締役は、川田晴久、加藤喜美枝、それに斎藤寅次郎監督の三人であった。

監査役には、これまでなにかと福島の相談に乗ってくれていた旗一兵と、吉本興業時代から福島と親しかった南亘を入れる。

所属歌手としては、これまでどおりひばりに川田晴久、それに新たに田端義夫を加えていた。

新芸プロにとって、今回の「歌のホームラン」は、興行界に、新芸プロここにあり、と実力を示すためにも大きい意味をもつ。

福島が言った。

「親分、六大スターに加え、もう一人、近江俊郎を加えると、もっと花を添えることができますけどね」

「近江か、ええやないか。よし、声をかけてみよう」

近江俊郎は、『湯の町エレジー』などの〝湯の町〟もので連続ヒットを飛ばし、コロムビアの至宝とされていた。

田岡は、近江俊郎を「歌のホームラン」に出演させる交渉には、田岡興業の番頭、山沖一雄を走らせた。

近江は、ちょうどひばりが主演の『母を慕いて』に出演のため、少し遅れて松竹京都撮影所入りしていた。

山沖は、眼鏡がないと一メートル先も見えないような強度の近眼であったが、さらに眼を近づけるようにして近江を口説いた。

「『歌のホームラン』は、田岡さんと福島さんの会社だけでなく、『大阪日日新聞』が主催するんです。社会的にも、意義があるもんなんです」

昭和二十六年当時の『大阪日日新聞』は、『朝日新聞』の強い影響下にあった。

田岡は、その『大阪日日新聞』と組んだのであった。

近江は、出演メンバーの名を聞き、思わず尋ねた。

「いくら田岡親分がかむとはいえ、本当にそんな夢のような企画が実現するんですか……売れっ子の一枚看板を張るスターばかりじゃないですか」

「親分のやることです。できないということはありません」

近江は、きっぱり言った。

「親分からの頼みを、光栄に思います。引き受けさせてもらいましょう」

近江は、それまで何回か田岡の仕事で興行に行っていた。田岡の仕事なら、いつも大船に乗った気で、安心して仕事ができた。

興行の世界では、地元のヤクザのいやがらせを受けたり、わけのわからない興行師に金を持ち逃げされて、一銭の金も入らなかったりすることがよくある。

しかし、近江が田岡の仕事で興行に行ったときは、そのようなトラブルはいっさいなかった。

それどころか、田岡の興行に行くと、いわゆる「取っぱらい」といって、初日に最終日までの出演料を全部くれた。ふつうの興行師は、中日に半分支払い、最終日に残りの半分を支払うというやり方であった。

近江は、田岡からいつも初日に全額払ってもらうため、病気をしてあとの舞台がつとめられなくなっては、と体のコンディションを整え、ベストの状態で舞台に上がったものである。

五月二十六日の午前十一時、難波の大阪球場でいよいよ「歌のホームラン」が開かれる。

田岡は、定刻前から球場入口に立ち、客の入りを眺めていた。やはり、不安であった。

田岡興業の若い衆たちに、ポスターを張って歩かせた。が、そのポスターを見た者のほとんどが、信用しなかった。

「はったりも、ええかげんにせんかい。こんな夢物語が、実現するわけがないやないか」

この日は、朝から薄曇りであった。万が一雨が降れば、球場では公演はできない。滅多《めった》なことでは心を乱すことのない田岡も、不安の色は隠せなかった。

ところが、時間前から、想像以上の客が詰めかけた。入口には人垣ができた。

田岡の右隣りに立っていた山沖が、興奮した声をあげた。

「これは、大成功でっせえ！」

田岡も、初めて顔をほころばせた。

〈これで、組の仕事の新たな柱が、確立できそうや……〉

山口組の生業に新柱が加わる

田岡は、生業として、まず土建業に手を染めた。

しかし、土建業は、もののみごとに失敗した。田岡には、およそ商才などなかった。材木を十本買っても、仲介に入った者に三本横流しされた。高価な建築機械を、倍の値で五台も買わされたりした。

結局は赤字続きで、昭和二十五年五月、ついに土建業の看板を下ろした。

ただし、もう一本の柱である「港湾荷役」の仕事は、狙いどおりに進んでいる。

初代の山口春吉は、神戸の人夫供給業として山口組の看板をあげた。港湾関係の仕事と山口組とは、切っても切れぬ縁であった。

田岡は、港の仲仕として働いてきた岡精義を右腕として、新たに港湾荷役、特に船内荷役の仕事に進出した。船内荷役というのは、船と岸壁の間の荷の積み降ろしや、荷揚げの仕事のことである。

田岡は、昭和二十四年四月一日、神戸港船内荷役の十五業者に呼びかけ、親睦団体「港洞会」を結成、自ら、会長におさまった。田岡は、神戸港制覇のための最初の楔《くさび》を打ちこんだのである。

当時、横浜港は笹田組の笹田照一、東海荷役の鶴岡政次郎、藤木企業の藤木幸太郎、神戸港は永宝商会の向井繁人、大神倉庫の本多仁介によって牛耳られていた。

「港洞会」会長に就任した田岡は、先輩たち五人と共に「港の六人衆」と呼ばれるようになったのである。

田岡は、港湾荷役の柱に加え、もう一本の柱がほしかった。いま、その柱が立とうとしている。

午前十一時から、「歌のホームラン」の幕が開いた。

『大阪日日新聞』の繁村長孝編集局長の挨拶が終わると、トップバッターの近江俊郎が、野球選手のように、ダッグアウトから出てきて、マウンドに造られた舞台に上がった。七千人近い客が、スタンドからいっせいに拍手を送る。

近江は、十八番の『湯の町エレジー』『湯の町夜曲』『南の薔薇』を歌った。

ＮＨＫの大阪放送局であるＢＫの録音機も、回っていた。田岡がＢＫに手を回して、この日録音した歌を、この夜七時半から八時半まで一時間全国放送させることになっていた。

続いて、田端義夫、宝塚出身の女優淡島千景が歌った。

その次が、ひばりである。ひばりは、『母を慕いて』の舞妓役の衣装のまま松竹京都撮影所から駆けつけ、舞台に上がった。

『母を慕いて』の撮影班のカメラが回った。劇中に、この「歌のホームラン」の場面を挿入することになっている。

ひばりは、『泥んこブギ』『私は街の子』に続き、『越後獅子の唄』を歌った。この年一月に封切られた松竹映画『とんぼ返り道中』の主題歌であった。

笛にうかれて　逆立ちすれば
山が見えます　ふるさとの
わたしゃ孤児《みなしご》　街道ぐらし
ながれながれの　越後獅子

ダッグアウトでは、歌い終わった近江が、ひばりの歌を聴きながら、トリを歌うことになっている岡晴夫に話しかけた。

「ひばりちゃんは、手取り十五万らしいぜ。おれたち二人合わせても、かなわないや。あの子は、たいしたものだ」

そのころ、近江も岡も、手取りで五、六万円の出演料であった。ひばりは、押しも押されもせぬ大スターにのし上がっていたのである。

田岡は、ひばりに言っていた。

「わいは、ひばりちゃんの歌を舞台の袖で聴いていると、いろいろな思いが消えて、気持ちがスッとすんのや」

田岡にとって、ひばりの興行は新たな生業の一つとなっており、それは実感だったろう。

「ひばりの初恋」鶴田浩二への襲撃

ひばりは、昭和二十八年一月六日の昼過ぎ、浅草国際劇場の楽屋から、鶴田浩二に電話を入れた。鶴田は、大阪千日前の大劇の「グランドショウ百万$《ドル》の宝船」に高峰三枝子、水の江滝子らと出演していた。

ひばりは、はずんだ声で言った。

「お兄ちゃん、暮れにぜひ誕生祝いをさせてもらおうと思っていたけど、おたがいに忙しかったでしょう。今度、国際での私の舞台が終わると、次の十三日から、入れ替えにお兄ちゃんの舞台があるわね。そのとき、お祝いしたいんだけど……」

鶴田は、前年の十二月六日で、二十八歳の誕生日を迎えていた。

「ありがとう、ひばりちゃん。楽しみにしてるよ……」

ひばりは、電話を切ったあとも、胸にかすかな甘いものが残った。

ひばりは、昭和二十六年十一月に封切られた松竹映画『あの丘越えて』で、鶴田と初共演した。牧場の少女役のひばりは、その映画の中で、大学生役の鶴田に淡い思慕を寄せる役を演じた。

ひばりは、鶴田のなかに、父親の増吉に通じるものを見出した。

〈お兄ちゃんは、男らしくて、純情だわ。感激屋のところも、お父さんにそっくり〉

鶴田は、ひばりを前に、自分の将来の夢について、無我夢中で語る。その言葉に酔って、涙さえ流すことがある。

ひばりは、ツンとすましている男は、嫌いであった。熱のない男も嫌いであった。ひばりは情熱的な鶴田に好意を抱いた。

芸能誌は、ひばりと鶴田の仲をさっそく「ひばりの初恋」と書きたてた。横浜の磯子区丸山町のひばりの家には、「鶴田の部屋が造られている」というまことしやかな噂すら流れた。

ひばりが、鶴田の写真を額に入れ、座敷の欄間に飾っていたことが大げさに伝えられたのであった。

ひばりは、鶴田がポリドールから昭和二十六年九月にコロムビアに転属し第一回吹き込みをおこなう話を聞くと、コロムビアに熱望した。

「鶴田のお兄ちゃんといっしょに歌いたい」

コロムビアは、ひばりの願いを聞き入れた。裏面を、鶴田、ひばりの二重唱『頬よせて』でいくことになった。

昭和二十八年一月六日の午後七時過ぎ、大阪市天王寺区大道町の旅館「備前屋」の前に、四人の男が立った。山口組の山本健一、益田芳夫、清水光重、尾崎昭治の四人であった。

眉に入れ墨のある山本健一が、説明した。

「ええな、二階に上がって、奥の左手の部屋に鶴田が泊まっている」

鶴田は、備前屋に泊まるのは、今回が初めてであった。

ファンに押しかけられたり、妙な因縁をつけられても煩わしいので、どこに泊まっているかは内緒にしていた。しかし、山本らは、すぐに鶴田の宿を探し出した。鶴田が、どの部屋に泊まっているかまで、調べあげている。

山本は、上着のポケットからウイスキーの角瓶を取り出すと、残っているウイスキーをぐいと飲み干して言った。

「鶴田の野郎！　親分を舐《な》めくさりおって……おれたちに楯突いたらどうなるかを、思い知らせてやる」

前年の秋、田岡は、東映京都撮影所で、鶴田のマネージャー兼松廉吉と顔を合わせた。山本も、そのとき田岡のそばにいた。田岡は、兼松に申し出た。

「どや、兼松さん、鶴田浩二と美空ひばりとで、コンビを組んで、うちの芸能部で興行を打ってみんか」

田岡は、いずれは鶴田を自分の傘下におさめる腹づもりであった。が、なにもいますぐにと提案したわけではなかった。これからは、持ちつ持たれつで、仲ようやっていこうやないか、という含みを持たせていた。

ところが、兼松は、いますぐに、と受け取り、一蹴した。

「むこう一年間は、スケジュールがいっぱいで、どうにもなりません」

山本は、頭に血がのぼった。田岡も、山本に言った。

「関西では、今後、鶴田には興行をさせへんからな」

今回、鶴田が大劇に出演することになり、前年の暮れ、兼松マネージャーが、田岡邸へ挨拶に行った。贈り物の浅草海苔の中に、現金五万円がしのばせてあった。

兼松が帰って、そのことに気がついた田岡は、激怒した。

「こちらの話を断わっておいて、今度は、金でおれの面《つら》を張るのか！」

そばで聞いていた山本は、「親分を馬鹿にしおって……」と仲間を引き連れ、鶴田を襲撃する決心をしていた。

山本は、念を押した。

「ええな、鶴田の顔は、商品やからな。顔だけは避けて、半殺しにするんやで」

備前屋の前には、サインをせがむ十数人の若い女性が群がっていた。彼女たちも懸命に鶴田の宿を探し出したらしい。

山本が、彼女らに近づいて言った。

「サインなら、おれがもろうたるわ。いっしょに来んかい」

山本ら四人は、格子を開け中に入った。制止する女将を振りきり、いきなり階段を駆け上がった。

山本らは、鶴田のいる「桔梗の間」にファンといっしょになだれ込んだ。

山本は、食事中の鶴田に声をかけた。

「おめでとうさん」

が、鶴田は、山本に冷ややかな一瞥を送っただけで、箸を動かし続けた。鶴田は、山本の顔を知っている。それなのに無視され、よけいに頭に血がのぼった。

山本は、上着のポケットに両手を突っ込んだまま、苛立《いらだ》たしそうに言った。

「ファンが、この寒いのに外で待っとるんやけどなあ……」

鶴田は、振り向きもしないで、箸を動かし続けた。

山本は、怒り狂った。

「なんや、その態度は！」

山本が声をあげるのが合図のように、四人そろって鶴田を取り囲んだ。

山本は、ポケットからウイスキーの空の角瓶を取り出した。振り上げ、鶴田めがけて思いきり殴りかかった。

鶴田は、とっさに両腕で顔を覆った。顔は、役者の生命である。

「い、命だけは、助けてくれ！」

山本は、鶴田の後頭部に、ウイスキーの角瓶を振り下ろした。ウイスキーの角瓶は、後頭部に命中し、粉々に砕け散った。

いま一人が、拳大の石を手に、さらに鶴田の頭に殴りかかった。

鶴田は、血みどろになって倒れた。

四人は、旅館近くに待たせてあった黒塗りの車で走り去った。

鶴田は、パトカーで鶴橋駅前の早石外科に運ばれ、手当てを受けた。さいわい、命は取りとめた。が、後頭部と右手人差し指、左手に傷を負っていて、十一針も縫った。

翌日、ひばりは、出演中の国際劇場の楽屋で、鶴田が襲撃された事件を、喜美枝から知らされた。自分でも、顔から血の気が引いていくのがわかった。

「お兄ちゃんが、どうしてなの……」

ひばりには、鶴田が襲われなければならない理由が思いつかなかった。

二月二十四日、山本健一が徳島県小松島競輪場で逮捕された。鶴田を襲ったのが、山口組とわかった。ひばりにとって、このことは、二重の驚きであり、苦しみであった。

山本健一は、それまで、田岡といつもいっしょに巡業先に付いて来てくれる、ひばりにとっては、あくまで優しいおじさんである。ひばりは、喜美枝に、思わず訊いた。

「どうして。ねえ、どうしてなの……」

港湾・興行の強力二本柱が全国制覇を目指す

田岡組長は、落ちこんでいる三橋美智也を元気づけるように言った。

「三橋君、なにもしょげることはない。『十大歌手による民放祭』が、すべてやない。こっちはこっちで、別の祭りを派手にやろうやないか。誰が見てもおかしくない十大歌手を、わいが集めてみせたる」

民間放送連盟が昭和三十二年の四月二十一日、恒例の「十大歌手による民放祭」をおこなうことになっていた。ＮＨＫラジオの「紅白歌合戦」に対抗する民間放送の一大デモンストレーションである。

この民放祭に出演する歌手は、ファン投票によって選ばれることになっていた。レコード会社は、社員を総動員して葉書を出させ、歌手も、後援会を総動員して十大歌手に入れるよう策をめぐらせた。

十大歌手に選ばれたのは、美空ひばり、島倉千代子、三浦洸一、小畑実、藤島桓夫、若原一郎、曽根史郎、白根一男、鈴木三重子、小坂一也である。

三橋は、この三年間、『おんな船頭唄』『あの娘が泣いてる波止場』『リンゴ村から』『哀愁列車』などのヒット曲を連続して放っていた。それなのに、落選してしまった。

前から三橋に目をかけかわいがっていた田岡は、怒った。

「ひばりは、民放祭やなく、こっちに出演させる。民放祭に負けない歌手を集め、同じ日の同じ時間に、ぶつけてやろうやないか」

田岡は、三橋の地方巡業に付いて行くことも多かった。ひばりの地方巡業ほどではなかったが、ひばりに続いていっしょによく回ったのは、三橋美智也と高田浩吉であった。

三橋がデビュー間もないころで、まだ舞台衣装の着方も満足にわからないので、田岡がよく着せてやった。補整をして襟を合わせ、帯も締めてやった。

芸能人は、力士同様、客に祝儀をもらういっぽうだが、三橋だけは遊びに行っても、店の者たちにかならず祝儀を振る舞う。田岡は、三橋のその気前のよさが気に入っていた。

田岡は、地方巡業先で三橋といっしょに風呂に入り、自分の方から三橋の背中を流しながら言ったことがある。

「おまえがおれたちの世界の人間やったら、気っ風のよさを買って、四代目にしたいくらいや……」

田岡には、それほどかわいがっていた三橋が虚仮《こけ》にされたことが、許せなかった。

〈芸能界でのわいの力がどんなもんか、世間に思い知らせたる〉

田岡は、さっそく歌手のところを駆け回った。ひばりを通じて、『テネシー・ワルツ』の江利チエミ、『オー・マイ・パパ』の雪村いづみを、すぐに口説かせた。昭和三十年十一月の東宝映画『ジャンケン娘』以来、ひばり、チエミ、いづみのトリオは、「三人娘」と呼ばれていた。

そのほか、『お富さん』の春日八郎、かつて「歌のホームラン」に出演してもらった近江俊郎、それに田端義夫と、またたく間に集めた。

田岡は、日新プロダクション社長の永田貞雄に会い、これらのメンバーを集めたことを語った。

「永田はん、そのほかに、映画でも人気のある高田浩吉と鶴田浩二を加えれば、民放祭に負けまへんで」

鶴田は、山本健一らに襲われた事件以後、山口組に楯を突くことはなくなっていた。

その襲撃事件で田岡は天王寺署に自首して出たが、そのとき警察とのあいだに入ったのは、永田である。なお田岡は、その事件では、処分保留で釈放され、不起訴となっていた。

田岡は、永田に言った。

「永田はん、わいは、意地でも、民放祭の向こうを張ってやるで。立派に、やりぬいてみせたる」

永田は、わずか一ヵ月のあいだに、これだけの錚々たる歌手を押さえた田岡の腕にうなった。

〈海千山千の興行師でも、そう簡単にできることやない……〉

民放連主催の「十大歌手による民放祭」は、四月二十一日、代々木体育館でおこなわれることになっていた。田岡は、同じ日に、両国の日大講堂を借り、「十大歌手競演歌謡ショー」をぶつけることに決めた。

この事件は、芸能界を真っ二つに分裂させる、大騒動にまで発展した。

民放連は、あわてた。開催日が間近に迫ると、民放連側から田岡に申し入れがあった。

「日大講堂における歌謡大会を、なんとか延期にしてほしい」

田岡は、突っぱねた。

「そのつもりは、ない！」

が、永田は、このあたりが潮時、と判断した。日本精工の今里広記を通じ、民放連側と接触し、合意点を探った。

その結果、民放連側は、大幅な譲歩を見せた。

「田岡は、日大講堂での歌謡ショーを中止する。その代わり、民放祭は二十大歌手として、合同で開催する」

そのうえ、裏では、永田の仲介により、田岡に百五十万円もの金が流れた。

田岡は、ようやく了承した。

〈これで、わいの顔も立った。興行界にも、力を見せつけることができた〉

田岡は、民放連会長の足立正と握手を交わした。

このとき、田岡は、書類に、さすがに「山口組興行部」と組名を露骨に出してはサインできなかった。「神戸芸能」とサインした。

このときをもって、山口組興行部の名は自然消滅し、「神戸芸能」という名によって引き継がれることになったのである。

田岡は、思いどおりに事《こと》が運んだことに、ほくそ笑んでいた。

〈これで、港湾面と興行面との、強力な二本柱ができた〉

昭和三十一年七月十三日、田岡の出身地である徳島県小松島市で、山口組系の小天龍組と、本多会系の平井組、福田組の縄張り争いが起こった。

続いて、翌三十二年十一月、また両者の対立事件が起こった。田岡は、配下百五十人を助っ人に小松島に送りこんだ。

この小松島事件は、山口組の他府県での抗争の第一弾となった。山口組は、この事件を皮切りに、大阪、山陰、北陸、近畿、九州、四国と抗争の火蓋を切り、全国制覇目指して進撃を続けていくことになる。

この二つの事件のあいだの昭和三十一年八月二十九日、山口組は、兄弟分である横浜の笹田組の笹田照一、東海荷役の鶴岡政次郎、藤木企業の藤木幸太郎ら、いわゆる〝横浜三親分〟と呼ばれていた港湾の実力者と「全国港湾荷役振興協会」(全港振)を設立させている。当時、農林大臣であった河野一郎を顧問に迎え、田岡は、全港振副会長兼神戸支部長に就任した。

その港湾事業で力を持ったことに加え、興行面にも柱を持つことができたのである。

福島通人に反目する喜美枝

昭和三十二年七月二十一日、ニッポン放送開局三周年記念歌謡大会が開かれることになった。

「〝十八の星〟競う絢爛《けんらん》の花形歌手大会」のタイトルで、美空ひばりをはじめ、石井好子、ペギー葉山、小畑実、若原一郎、春日八郎、高田浩吉、藤島桓夫、コロムビア・ローズ、江利チエミ、雪村いづみ、三浦洸一、淡谷のり子ら錚々たるメンバーの出演が決まった。

福島通人は、この大会へのひばりの出演を承諾し、『港町十三番地』と『浜っ子マドロス』の二曲を歌わせることも決めた。

ところが、土壇場になって、喜美枝が、

「ひばりは出さない」

と言い始めたのである。

新芸プロの一室で、福島は、喜美枝に訊いた。

「ニッポン放送が、気に入らないんですか」

喜美枝は、口を尖《とが》らせるようにして言った。

「ニッポン放送じゃないわよ。福島さん、あんたが気に入らないから出さないのよ」

「突然そう言われても……とにかく、今回の番組は、ニッポン放送にとっても、大事な番組ですから、なんとか……」

「駄目だね。あんたが、ギャラの改善を約束しないかぎり、ニッポン放送だけでなく、どこへも出さないよ」

喜美枝は、挺子《てこ》でも動かぬ構えである。

福島は、背筋の凍る思いがした。これまでも、喜美枝から、ギャラについての文句は出た。が、このように強硬な態度に出られたのは初めてである。

「ギャラの話は、あとでゆっくりとすることにして、とにかく今回は出演してください」

「はっきりと約束しないかぎり、駄目なものは駄目です」

福島に、喜美枝を説得する力はなかった。わがまま放題になってきた喜美枝を説得できるのは、田岡しかいなくなっていた。

が、福島は、田岡に頼むには躊躇《ためら》いがあった。田岡に頼めば、田岡と喜美枝の仲をより密接にすることになる。田岡にそれだけ借りをつくることにもなる。

ひばりは、昭和三十二年一月十三日、浅草国際劇場で、ショーを観に来ていた少女から塩酸を顔にかけられた。その塩酸事件以来、喜美枝は、田岡を、より頼りにしている。まかり間違えば、新芸プロ内での実権を、田岡に握られることになりかねない。

が、このまま喜美枝を説得できなければ、本当にひばりをどの仕事にも出さなくなるだろう。

〈背に腹は代えられない〉

福島は、他に打つ手がなく、田岡の居場所を探して、ようやく見つけ、事情を訴え、頼みこんだ。

「親分から、説得してください。私の手には負えません」

田岡は、苦笑いした。

「わいは、たいていのことは思いどおりにできるが、ひばりのおふくろだけは、苦手や。どうにもできんからな……」

「そこを、なんとか……」

「わかった」

田岡は、旅先から飛行機で飛んできた。

田岡は、新芸プロに顔を出し、喜美枝を口説いた。

「悪いようには、せん。わいの顔を立てて、今回は出演してやってんか」

喜美枝は、それでも首を横に振った。

「いくら親分の頼みでも、駄目なものは、駄目です」

田岡も、さすがにムッとした。

「そうか。わいがこんなに頼んでも、あかんのか」

田岡は、横に強張った表情で座っている福島に言った。

「福島君、あきらめるんやな。わいは、もう帰る」

田岡は、席を蹴って、部屋を出て行った。

喜美枝は、二、三分考えていた。が、決断は早かった。椅子から立ち上がった。田岡のあとを追うようにして、部屋から出て行った。

ジリジリと焼けるような陽射しの下を、汗を噴き出しながら、走った。

田岡は、四、五〇メートル先を歩いている。

「親分！」

喜美枝は、大声で田岡を呼んだ。

喜美枝は、田岡に追いつくと、田岡の前に回った。苦しそうな息を吐きながら言った。

「堪忍して、親分、堪忍して……」

あたりの眼を気にせず、まるで土下座せんばかりに謝った。何事も直感で判断する喜美枝は、いまは田岡と結びついておくほうが得だと判断したのであった。

喜美枝は、その場で、田岡に約束した。

「ニッポン放送には、かならず出ます」

福島は、ひとまず難を免れたものの、この揉《も》め事《ごと》で田岡に仲介に入ってもらったことは、彼にとって思わぬ悪い展開を見せることになる……。

「新芸プロ」大変動

ニッポン放送への出演をめぐって福島通人と揉めた喜美枝は、新芸プロのなかでも確実に自分につきそうな幹部三人をひばり御殿に呼んで言った。

「これまでのような組織では、私たちが、いったいいくら稼いでいるのか、さっぱりわからないわよ。株式会社に、してちょうだい。ガラス張りに、してちょうだい。株は、わたしにも、お嬢にも、きちんと持たせて」

喜美枝も、長くひばりに付いて興行に歩いていて、興行の内情も薄々わかってきた。ひばりがもっともらってもいいのでは、と欲が出てきていた。その結果が、新芸プロを株式会社に改組させる案である。

「いいわね、福島が反対したら、福島を社長から降ろしてもいいわよ。新芸プロは、別に福島がいなくても、お嬢がいれば、成り立っていくんだから。福島に有無を言わせないためにも、社員には、全員、前もってハンコを押させるのよ」

喜美枝は、外堀から埋める作戦をとった。

そこに、病気が回復した児玉博がもどってきた。

母親側についた幹部が、三十五人の社員の署名捺印をすませ、児玉に迫った。

「児玉さんも、ここに署名捺印してください」

児玉は、署名しながら思っていた。

〈福島の社長としての命も、長くはないな……〉

そのあとは、自分が社長の座にすわれる。喜美枝と田岡組長が見舞いに来たときに、福島の後の社長になってくれ、と頼まれたが、断わった。あのときは、機が熟していなかった。強引に社長の座にすわれば、周囲の反発も食うだろう。が、そろそろ機が熟してきている。

八月十三日付をもって、新芸プロは、喜美枝の要求どおり、株式会社に改組された。福島は、この改組を認めたことにより、かろうじて社長にとどまった。

が、喜美枝は、福島をどうしても追放しなければおさまらない。

「株式会社にしただけでは、気がおさまらないわよ！　私はね、とにかく、福島から、契約書も見せてもらったことがないんだよ。仕事先の会社の重役だって、紹介してくれたことがないんだ。福島が新芸から出るか、お嬢が新芸から出るか、二つに一つしかないわよ！」

喜美枝は、福島とはまったく口をきかなくなった。会うこともしなくなった。

福島も、ほとほと疲れ果てた。

〈もう、このお母さんとの付き合いも、こりごりだ。これだけ尽くしてきたのに、礼の一つも言われたことがない……〉

『ひばりの三役　競艶雪之丞変化』のときなど、一人三役という理由をつけて、二本分の六百万円ものギャラを取った。

喜美枝に礼を言われて当然のはずなのに、「三役なら、三人分取ってもいいのに」となお文句を言われた。

福島にも、男の意地がある。

〈よし、そこまで言うなら、おれも独立して、第二のひばりをつくってみせる。そのときこそ、おれの力を思い知らせてやる〉

福島は、ひそかに新しいプロダクションをつくる動きに出た。

その動きを察した喜美枝は、激怒した。新芸プロの幹部たちに言った。

「あんたたちも、私をとるか、福島をとるか、どっちかに決めて！」

営業部長で、福島とも親しい嘉山登一郎が、福島に言った。

「ママが怒り狂っとるから、ひとつママのところへ行って謝ったらどうだ。ひばりちゃんを、子供のころから知っとるんだから……」

しかし、福島には、これ以上喜美枝に頭を下げる気はなかった。

「おれは、もう、いやだよ」

嘉山は、新芸プロのなかでは、もっとも田岡と親しかった。田岡に、この件を伝えた。

田岡は、嘉山に言った。

「次の社長は、児玉ということになるが、ええか」

「私は、児玉を好きじゃないけど、流れからいくと、仕方ないでしょう」

嘉山は、溜め息まじりに言った。

「結局は、福島さんは、児玉に庇《ひさし》を貸して、母屋を取られたことになりますね……」

暮れも押し迫った底冷えする夜、新芸プロに、児玉、嘉山、監査役、それに田岡も加わり、緊急会議が開かれた。

児玉が言った。

「ここまできたからには、福島さんには辞めてもらうしかない。福島さんも、ちらりと〝アクメビルがもらえるなら……〟と言ったというから、丸裸にして追い出すという形は避け、このビルを退職金がわりにして折り合いをつけましょう」

アクメビルは、土地とともに二千三百万円で購入したものである。

嘉山が言った。

「福島さんが、このビルの相続で一銭の税金もかからないように、監査役にうまくやってもらおう」

福島の退陣が決まった直後、福島の親戚でもある文芸部長の旗一兵は、新芸プロから出て銀座を歩いていた。夕闇に、小雪が舞っていた。

そこに、田岡が寄り添うようにして来て、ささやくように言った。

「福島が辞める。わかっていると思うけど、あんたにも辞めてもらうよ」

旗は、言われなくても居残るつもりはなかった。

「わかっています」

旗は、田岡から離れ、一人で雪のなかを歩きながらつぶやいた。

「兵どもが、夢の跡か……」

昭和三十二年十二月三十日をもって、福島が新芸プロを退陣し、児玉が社長に就任した。

「ひばりプロ」運営に山口組と正式縁組

嘉山登一郎は、昭和三十四年の七月初旬、ホテル・オークラからタクシーに乗り、新橋に向かうため、江戸見坂を下った。

嘉山の眼に、「美空ひばり後援会の集い」という看板が飛びこんできた。

「運転手さん、止めてくれ」

タクシーは、急停車した。

消防会館の前であった。

〈ひばりちゃんに、久しぶりに会っていくか……〉

嘉山の足は、懐かしさについ消防会館の中へと向かっていた。

嘉山は、新芸プロの社長が、福島通人から児玉博に移って三ヵ月後の昭和三十三年三月、新芸プロを辞めていた。児玉と反りが合わなかったためである。

福島社長時代には、児玉と嘉山は仲良くやっていた。福島に内緒で闇の興行を毎月いくつか入れていた。その儲けを、二人で折半して稼ぎまくった。

「社の失敗は、福島に任せ、おれたちは、銭儲けすりゃいいのさ」

とうそぶいていた。

ところが、児玉は、社長になると、とたんに嘉山を煙たがり始めた。

嘉山に旧悪を握られているうえ、嘉山が、それまでどおり、五分の口をきく。

「社長」と呼ばないで、「児玉さん」と呼ぶ。

児玉は、ついに、嘉山の出勤時間にまで文句を言い始めた。

「他の社員といっしょに、遅くとも九時半までには出てこい」

毎朝勤め人のように九時半前に出勤する生活は、嘉山には性に合わない。

「それじゃ、辞めさせてもらうよ」

と、さっさと辞めてしまった。

嘉山は、楽屋に入った。舞台から、ひばりの新曲『大川ながし』が聞こえてくる。彼は、ひばりの歌に聞き惚れた。

〈いつ聴いても、うまいねえ……〉

嘉山の眼と喜美枝の眼が、合った。が、喜美枝は、挨拶をするでもなく、ぷいと顔を背けてしまった。

嘉山が新芸プロを辞めたのは、ひばり一家が気に食わないため、と誤解していた。喜美枝には、世の中の者を、敵か味方かの二色に色分けしてしまう傾向がある。

嘉山は、自分のほうから愛想をする必要もないので、楽屋の隅に座ってひばりの歌に耳を傾けていた。

その嘉山を見つけ、小林敏夫が声をかけてきた。

「久しぶりですねえ……」

小林は、昭和二十六年七月に「ひばり後援会」が発足して以来、会長をつとめている。中央区佃にある「一秀社」という印刷会社の社長であった。

小林は、嘉山の隣りに座ると、訊いた。

「いま、何をしてるんですか」

「しばらく休んでいるんだ。そろそろ仕事を始めようとは思っているんだが」

「それなら、ありがたい。実は……」

小林は、喜美枝に聞こえないように言った。

「児玉さんも離れて、いまは佐藤一夫さんがやっているんだが、佐藤さんも、喜美枝さんと折り合いが悪くなっているんだ。つい最近も、揉めてね」

ひばりが、児玉と袂を分かち、ひばりプロを独立させてから、まだ一年も経っていない。

小林は、喜美枝のところに行き、勧めた。

「喜美枝さん、嘉山さんにマネージャーをやってもらってはどうです」

喜美枝のそれまでの仏頂面が、嘘だったように、にこりとした。

喜美枝は、嘉山に大きな声で言った。

「嘉山さん、相談したいことがあるから、間坂の家に明日の夜の七時に来て」

嘉山は、ひばりプロの仕事をふたたび引き受けるべきかどうか、迷った。

〈福島さん、児玉、それに佐藤まで、うんざりして離れていっている。ひばりのおっ母は、なにかと飽きっぽい性格だから、おれもいずれは、ソデにされるに決まっている……〉

しかし、興行一筋に生きてきた彼にとって、ひばりプロを動かせることは、強い魅力であった。

嘉山は、今回、ひばりプロを引き受けるかどうか、一晩眠らないで考え続けた。夜の明けるころ、結論が出た。

〈もしおれの出す条件を呑んでもらえるなら、引き受けよう……〉

翌日の夜、嘉山は、間坂の〝ひばり御殿〟を訪ねた。

増吉と喜美枝、ひばりの三人が、応接間にきちんと正座して嘉山を迎えた。

増吉は言った。

「全面的に任せますので、よろしくお願いします」

嘉山は、訊いた。

「田岡親分は、私に任せることを了承しているんですね」

喜美枝が頷いた。

「親分は、〝嘉山がやるなら、ええわ〟と言っております」

嘉山は、改まった口調で言った。

「引き受けるに際し、ひとつだけ条件があります。引き受けるには、興行面でのいろいろの揉め事は避けたい。そのためにも、田岡親分と盃を交わさしていただきたい」

喜美枝が、胸を叩くようにして言った。

「すぐに、親分と連絡を取りましょう」

嘉山は、山口組の先代山口登と縁が深かったので、田岡組長とも、親しかった。新芸プロで田岡ともっとも縁の深かったのは、嘉山である。

が、ひばりプロを運営していくためには、対外的に睨みをきかす意味でも、山口組と正式に縁組をしておく必要があると思った。

それから半月後の夜、赤坂の料亭「千代新」の座敷で、田岡と嘉山の縁組がおこなわれた。

田岡一雄個人と、嘉山登一郎との親戚縁組の盃であった。ただし、一代限りのものである。

裃《かみしも》姿の畏《かしこ》まった儀式は避けた。おたがいに背広姿、立会人は、いつも田岡といっしょに歩いている山本健一であった。

田岡が、盃に注がれた酒を半分飲んだ。

嘉山が、田岡から盃を受け取り、残りの半分を飲み干した。

この盃と同時に、嘉山はひばりプロの社長となった。ひばりプロ会長の田岡との二人三脚が始まっていく。

ひばりをめぐり山口組VS稲川会の一触即発

昭和三十四年八月三十一日、横浜山下町のナイトクラブ「ブルースカイ」を借り切り、小野透の後援会発会式がおこなわれた。

小野透は、ひばりの弟の加藤益夫の芸名である。

昭和十六年一月十五日生まれで、ひばりより四歳歳下であった。昭和三十二年にコロンビアより歌手デビューした。

小野透は、後援会の者からもらった花束を両手に抱えながら、声を震わせて挨拶した。

「この三月におこなわれました『平凡』の男性歌手人気ベストテンで、思いがけなく、第八位に選ばれました。デビュー一年もたたないのに、光栄に思っております。今年は、ぜひ、ＮＨＫの紅白歌合戦にも出演したいと思っております」

会場いっぱいに、割れんばかりの拍手が起こった。

透が席に帰ると、隣りのひばりが言った。

「今年の暮れは、大丈夫よ。コロムビアを通して、ＮＨＫに申し入れさせるから。小野透といっしょでなければ、私が出演しないって」

「お姉ちゃん……」

「私の歌を削っても、透を歌わせるわ」

ひばりは、前年暮れのNHK紅白歌合戦に「ぜひ弟の透といっしょに出演させてくれ」と申し入れた。

が、「小野透は、今年出たばかりの新人だから」と、一蹴された。

ひばりは、NHKがその気なら、とNHKの担当者に言った。

「小野透といっしょでなければ、私も絶対に出ないからね」

困ったNHKは、作曲家の米山正夫に泣きついた。ひばりは、恩人の米山に説得され、ようやく紅白歌合戦に出演したのであった。

が、今年は、なんとしても小野透をいっしょに出演させるつもりであった。

田岡が、同席していた香山武彦に言った。

「武彦も、お兄ちゃんに負けるんやないで」

香山武彦は、昭和十八年六月二十八日生まれで、ひばりより六歳下、小野透より二歳下であった。昭和三十三年十二月封切りのひばり主演の東映映画『唄祭り・かんざし纏』でデビューしていた。芸名は花房錦一で、それ以後も、『殿さま弥次喜多』『いろは若衆・ふり袖ざくら』『鞍馬天狗』『お役者文七捕物暦・蜘蛛の巣屋敷』『お染久松・そよ風日傘』『江戸っ子判官とふり袖小僧』と立て続けに出演している。

田岡は、神戸の自分の家に、武彦をしばらく預かったことがある。中村錦之助のところに修業にいく直前である。武彦は、兄の益夫に比べ、やんちゃ坊であった。朝早く起きて、便所掃除もやらせた。田岡は、武彦がひばり同様かわいかった。

発会式が終わり、田岡とひばりと嘉山は、そのまま「ブルースカイ」で飲んだ。

夜に入ると、一般の客も入ってきた。

客の一人が、ひばりを見つけるや、クラブのマネージャーを呼びつけて要求した。

「おい、ひばりに、一曲歌わせろ！」

客は、稲川一家の幹部、後藤義助であった。

稲川一家を率いる稲川聖城は、戦前は、福島通人の後ろ楯でもあった加藤伝太郎の若い衆であった。が、戦後間もなく、鶴岡政次郎の子分となり、頭角をあらわしてきた。このころは、横浜三親分といわれていた鶴岡政次郎、笹田照一、藤木幸太郎をはるかに凌ぎ、三千人を超える、東海道一の勢力にのし上がっていた。

稲川一家の者にとってみれば、横浜出身のひばりの興行権は、本来なら稲川一家が持ってしかるべき、という気持ちがあった。それなのに、山口組が興行を仕切っているので、ひばりへの反発も強い。

クラブのマネージャーは、ひばりと田岡の席に行き、何やら話していた。

クラブのマネージャーは、後藤のところに引き返してきて告げた。

「田岡さんから、今夜はおしのびで来てるんだから、勘弁してくれ、とのことでございます」

後藤は、食ってかかった。

「なにィ……田岡が、どうした。ぐずぐず言ってないで、ひばりに歌わせろ！」

田岡のまわりには、六人ほどの若い衆がついていた。

「おい、表へ出んかい！」

彼らは、後藤を誰もいない駐車場に連れ出した。後藤の胸に、拳銃を突きつけた。

このとき、後藤の胸のバッジに気づいた。

「なんや、稲川一家の若い衆や」

田岡と鶴岡は、兄弟分の盃を交わしていた。田岡と稲川は、鶴岡をはさんで、姻戚関係にあった。田岡は、稲川のオジキにあたる。

田岡は、その場は手を引いた。

が、後藤はおさまらなかった。田岡の一行を、横浜中八方手を尽くして探した。もちろん、間坂の〝ひばり御殿〟にも押しかけた。が、田岡は、すでに神戸に引き揚げていた。

今度は、田岡の腹がおさまらなかった。

〈オジキにあたるわいに、歯向かうとは……〉

二百人近い山口組の軍団を、横浜に送りこんだ。

情報を事前に摑んだ神奈川県警は、非常警戒の態勢をとった。東海道線の車内や通路で、片っぱしから職務質問や検問を繰り返し、凶器などの発見につとめた。

ひばりの歌をめぐって起こったこの揉め事は、結局、話し合いでおさまった。が、まさに一触即発の危機であった。

ひばりの存在は、裏の世界ではしだいに、山口組のシンボルの一つと見なされるようになっていく……。

山口組と姉ひばりの狭間に揺れる小野透

小野透は、ひばり同様、歌手としてだけでなく、役者として映画に出演し始めた。

喜美枝が、ひばりプロ社長の嘉山登一郎に頼んだ。

「透を、脇役でなく、主役にするよう東映とかけあって」

透が歌手として「紅白歌合戦」に出場できないように、役者として東映の主役を張ることができないことは、誰の眼にもあきらかであった。のちに有名になる高倉健ですら、まだ主役らしい主役のないときである。

嘉山は、大泉の東映東京撮影所の担当者をなかば脅して、小野透を主役にさせた。

「ひばりが、これほど東映に貢献しているんだ。ひばりのご機嫌をそこねると、あとでいろいろとうるさいよ」

担当者も、しぶしぶながら呑んだ。

「わかりました。第一東映では無理ですが、第二東映の主役にさせてもらいましょう」

東映では、当時第二東映がつくられ、二本立て興行の添え物映画を製作していた。透は、『台風息子』シリーズの主役に異例の抜擢をされた。

小野透は、中学時代からの不良仲間の黒崎真一郎らと遊ぶうち、ヤクザへの憧れを強くしていった。

黒崎が、透に頼んだ。

「おまえは、益田さんと親しいんだから、益田さんに頼み、こっそりと山菱のバッジを借りてこい」

山菱は、山口組の代紋であった。益田芳夫は、山本健一といっしょに田岡組長のボディーガードとしてついていた。

透は、益田に頼んだ。

「すみません。おれのダチ公にぜひ山菱のバッジが見たいという者がいますんで、ちょっと貸してもらえませんか」

透は、バッジを借りると、黒崎らといっしょにバッジ屋に行き、注文した。

「これと同じものを、五つばかり急いで作ってくれ」

バッジができあがると、透や黒崎らは背広の胸につけた。田岡組長のあとを山口組の若い衆という顔で、誇らしそうについて歩いた。

透は、歌手としても役者としても、力の限界を感じ始めている。

〈おれは、とうてい、お姉ちゃんのような大物にはなれない……〉

しかし、何かで自分をまわりの者より大きく見せたかった。

透は、巡業からの帰りの汽車の中で、ひばりプロのスタッフの一人に言った。

「おい、裸になって、背中を見せてくれ」

スタッフは、裸になって透に背を向けた。透は、スタッフの裸の背に、フェルトペンで入れ墨を描き始めた。昇り竜を描きながら、熱に浮かされたように言った。

「おれも、早く墨を入れてえなあ……」

家の男たちは、ひばりや喜美枝を意識することにより、さまざまな屈折と歪みを見せていた……。


小野透は、昭和三十六年十一月、〝ひばり御殿〟の自分の部屋に、有名な彫り師、初代彫よしを呼び、背中に入れ墨を彫らせた。

ひばりには、内緒であった。

透は、彫られながら、歯を食いしばって耐えた。

〈おれは、男になるんだ。姉ちゃんに頼らんでもいい、立派な男になるんだ……〉


「透が、ついに入れ墨を彫ってしまったよ」

花房錦一が、ひばりに吐き捨てるように言った。

「兄貴は、馬鹿だな。墨を入れりゃあ、箔がつくというわけでもないのに。神戸の親分を見ろよ、墨を入れてなくたって、頭を下げる者は下げるじゃないか」

ひばりは、きっぱりと言った。

「入れ墨を彫った以上、役者としては使えないわ。引退させましょう。透には、お父さんの藤美産業を継がせましょう」

昭和三十七年五月初め、透が引退発表をした。五月二十九日には、ひばりと小林旭の婚約が正式に発表された。

結婚式は、十一月五日と決まった。旭の二十五歳の誕生日の十一月三日に合わせるつもりであった。が、その日は仏滅だったので、二日延ばしたのである。

病んでいたひばりの父親の増吉の代理としては、田岡一雄が出席することになっていた。

結婚式は、日活国際ホテルで昭和三十七年十一月五日の午後三時からおこなわれた。また結婚披露宴は、午後六時から、六階のシルバールームでおこなわれた。

披露宴には、東映からは、片岡千恵蔵、市川右太衛門、鶴田浩二、大川橋蔵、大友柳太朗、日活からは、浅丘ルリ子、和田浩治、長門裕之、ひばりの友人としては、雪村いづみ、ジャック・セラー夫妻、江利チエミ、清川虹子、三橋美智也ら四百人が招待されていた。

山口対稲川の抗争防止で小野を逮捕

三十八年三月十九日午後二時過ぎ、京都の川端警察署員は、左京区岡崎法勝寺町のひばり邸に急いでいた。

小野透を、逮捕するためである。

透は、前年、「小野透引退記念ショー」を最後に、芸能界を引退していた。

表面的には、増吉の跡を継いで藤美産業の社長になったが、裏では、横浜に進出して中区山下町に事務所を構えた山口組系益田組の舎弟頭として迎え入れられていた。

彼は、賭博の「回銭屋」を任されていた。賭博の額を大きくするために、負けた客に資金を貸す役である。困ったときには、いつでもひばりの金を引き出せるため、透が金に不自由することはない。そのため、回銭屋に仕立てられたのである。

透の罪状は、前年十二月三十日の午前零時から朝方の五時まで、横浜市中区大和町の益田組の幹部花村雄の家で、花札賭博を開帳したことにあった。

透は、バーのマダムや商店主などの客十二人に二十数万円の博打資金を貸し、あがりの一割をテラ（寺《てら》銭《せん》）として取り上げた。その後も、この年一月までに中区山下町の彼の配下の家や料理店などを使い、十回にわたり、花札賭博を開帳した。

全国制覇を目指す山口組は、かつて横浜のナイトクラブ「ブルースカイ」での事件で、一触即発の状態までいった稲川会の支配する横浜に、着々と進出していた。

昭和三十五年十月、神戸の山口組系井志組が、中区山下町のいわゆる〝南京街〟に進出し、キャバレーの清掃、沖仲仕手配の仕事を始める。

翌三十六年十二月には、山口組系菅谷組の剛派が、中区山下町に進出し、菅谷興業横浜支部の看板を掲げている。

三十七年六月には、益田組が配下三十五人で山下町に進出し、賭場を開いた。

小野透が逮捕された数週間後の夜、地元の稲川会の幹部五人と、井志組の横浜支部員とが山下町のサパークラブ「グランド・パレス」で揉める。

井志組の組員二十名が、日本刀を持ちグランド・パレスを包囲。が、客の通報で駆けつけた神奈川県警によって、騒ぎはおさまった。

横浜を縄張りとする稲川会にとって、自分たちの縄張り内で賭場を開かれることは許せなかった。山口組と稲川会のさらなる激突は、目に見えていた。

神奈川県警捜査四課は、それを未然に防ぐため、小野透らの摘発に踏み切ったのであった。

三月十九日朝には、県警捜査四課と加賀町署は、〝ひばり御殿〟、藤美産業の事務所、益田組の横浜事務所など市内八ヵ所を家宅捜索した。

小野透は、京都岡崎法勝寺町のひばり邸で病気の静養をしている喜美枝に付き添っていた。

この情報を耳にした川端署の署員が、十九日の午後二時過ぎ、ひばり邸に踏みこむ。

川端署員は、小野透に、手錠を掛けた。

「小野透だな。逮捕する！」

喜美枝は、眼の前で手錠を掛けられる透の姿を見て、半狂乱になった。

「透が……何かの間違いでは……」

透は、そのまま連行された。黒の背広に、緑色のサングラス姿であった。

その日のうちに、横浜に移送され、加賀町署に連行された。透は、護送車から降りるや、体を折り曲げるようにしてコートを頭からすっぽりとかぶった。

取り囲んだカメラのフラッシュから逃れるようにして、取調室に入った。

しかし、取調室にも、カメラの列が並んでいた。フラッシュが焚かれ続ける。

わずか九ヵ月前まではスターとしてカメラのフラッシュを浴びていた彼が、いまやカメラを避け、手で顔を覆い続けていた。

ひばりの興行に影落とす広島戦争

森田組の森田幸吉組長は、自分の家に遊びに来ていた兄弟分の山口英弘の電話が終わるや、訊いた。

「どうしたんかいの、兄弟。浮かん顔して……」

森田組は、広島県尾道市を縄張りにする組である。当時組員は、六十人いた。

山口英弘は、広島市を本拠とする打越会の若者頭であった。山口が電話で話していた相手は、広島で打越会と対立している山村組の幹部樋上実である。

山口は、険しい表情で森田組長に言った。

「明日、田岡親分が、ひばりに付いて防府に来たら、殺る、いうんじゃ」

「田岡さんを……」

「ああ、田岡親分は、かならずひばりの興行にゃ、付いてくる、いうんじゃ。もし、今回来なかったら、代わりに、ひばりをメッタ斬りにする、とまで言うとるんじゃ」

打越会の打越信夫会長は、山村組との対立から、神戸の山口組に助けを求めた。まず、山口組重鎮の安原政雄と兄弟分の盃を交わし、続いて、田岡組長とも、舎弟の盃を交わしている。

打越会と山口組との連合に怒った山村組は、山口組がバックアップするひばりの興行を、命を取ってでも阻止する、と息巻いているのであった。山村組にとっては、ひばりは、田岡と一心同体に映っていた。

「いくら山口組がついていても、この中国筋では、通用せんぞ」

ということを思い知らせるための動きであった。

山口英弘と樋上実は、打越会と山村組が対立関係に入る前から兄弟分の仲にあった。そのため、樋上は、つい気を許し、山口英弘に重大な計画を打ち明けたのであった。

森田は、ひばり襲撃の計画について聞くや、眉を曇らせた。

〈ひばりが防府で斬られれば、尾道でのうちの興行が、ふいになる……〉

この年五月一日に、防府市公会堂でひばりのショーがおこなわれたあと、五月二日に、広島公会堂で、五月三日に、尾道公会堂でもショーがおこなわれる予定である。

山口組の「神戸芸能」が裏にいる「関西芸能」から荷（歌手ほか公演一式のパッケージ）を買い、森田組が尾道公会堂での興行を打つことになっていた。

一日三回興行で、すでに六百万円もの前売券を売っていた。もし尾道での興行ができないことになると、面子《メンツ》は丸潰れである。

森田は、呉にいる樋上に、すぐに電話を入れた。

「ひばりを襲撃することだけは、やめてくれ」

樋上は、厳しい声で言った。

「もう、手遅れじゃ。鉄砲玉は、すでに防府に入っとる」

「尾道で興行ができんようになると、わしにも、考えがあるけえの。あんたらにゃ、線はそろえんど」

森田は、打越会と山村組との対立には中立を保っていた。が、もし中国、九州制覇をもくろむ山口組が広島に乗り込んでくるときには、広島のヤクザとして、山村組といっしょに立ち上がってもいい、と思っている。が、今回山村組がひばりを襲うなら、今後山村組と「線をそろえない」、つまり行動を共にすることはありえない、と迫ったのである。

樋上は、苦りきった声で言った。

「わかりました。鉄砲玉と連絡が取れたら、引き返させる。もし取れんときにゃあ、辛抱してもらうしかありませんよ」

鉄砲玉として送り込まれた者は、中止の指令がないかぎり、かならず命令どおりに動く。

その鉄砲玉の動きを中止させるためには、目的にそなえ潜伏している彼らを見つけ出し、彼らに直接中止を伝えなければならない。

もし彼らに新たな指令を伝えることができないときは、計画どおりにおこなわれる。田岡かひばりが襲われる。

森田は、連絡を待ち続けた。夜の十二時になっても、樋上からの電話は入らない。

〈駄目かもしれん……〉

森田は、腸《はらわた》の捻《ねじ》れる思いがした。

深夜二時過ぎ、樋上から電話が入った。

「まだ鉄砲玉と連絡が取れん。やつらの行き先が、摑めんのじゃ。全力をあげて探しますけえ、待っといてください」

一睡もしないうちに、夜が明けた。朝の七時過ぎ、樋上から電話が入った。

「やっと、鉄砲玉と連絡が取れました。わしが、責任を持って止めましたけえ」

「本当じゃのォ」

「本当です」

防府市公会堂でのひばりショーには、田岡は、いつものようにひばりに付いて来ていた。

山口県防府市は、打越会と縁の深い田中組の縄張りである。山口組の若い衆と田中組の若い衆は、田岡とひばりが襲撃されるかもしれないという情報を聞きつけ、舞台の袖を固めた。

緊張のなかを、ひばりはいつもと変わらぬ艶のある声で歌い続けた。ひばりには、事情は知らせていない。

防府市公会堂での興行は、どうにか混乱なく終わった。

翌日は、広島公会堂の予定である。広島市に入ることは、敵の山村組の陣に入ることである。もし襲われた場合、防ぎようがない。みすみす、ひばりを組の抗争に巻き込ませるわけにはいかない。

田岡は、若い衆に命じた。

「広島公会堂での興行は、取りやめや。そのかわり、岩国でやろう」

急遽、岩国市の市立体育館でおこなうことにした。

続いて五月三日、尾道公会堂でおこなわれることになっている。

森田は、三日の朝早く、尾道警察に呼ばれた。

「森田よ、山村組が今日のショーに攻めて来るんじゃないか。広島の興行は中止になっとるけえの……」

森田は、きっぱりと言った。

「わしの命を懸けても、喧嘩は起こさせません」

森田は、組の事務所に帰ると、若い衆を集めてハッパをかけた。

「今日のひばり興行を潰しに来る者がおったら、容赦はするな。たとえ山村のもんが来ても、勝負せえ！　全員の命を懸けても、興行は成功させろ！」

森田組の若い衆は、楽屋の手伝いに入った。いつも興行を主催する森田組の若い衆が手伝うことに決まっている。

が、この日にかぎって、山口組の若い衆が森田組の手伝いを制止した。

「誠に申しわけございませんが、今日は、楽屋の手伝いは結構です。われわれでやります」

山口組の若い衆たちは、殺気立っていた。自分たちの組の者以外、誰一人楽屋に入れない厳重な警戒ぶりである。

尾道公会堂の興行は、無事に終わった。

森田は、その夜、ひばり一行を栄旅館に泊めるよう予約してあった。

が、田岡は、断わった。

「せっかくですが、今日のうちに、次の興行先の岡山に向かいます」

ひばり一行の車は、濃い闇の中を、岡山に急いだ。このまま広島にとどまっていると、どういう事態が起こるかわからない。

岡山には、不慮の事態に備え、山口組の組員三百名を急遽集結させていたのである。

新レコード会社クラウンの紛糾

福島通人は銀座七丁目にある若松築港の社長室に、前もって電話も入れずに駆けこんだ。

昭和三十八年五月初旬の昼下がりである。

福島は、有田一寿社長に訴えた。

「日本コロムビア常務の伊藤正憲さんが、長沼弘毅会長との意見の対立からクビを切られましたよ」

「あれほどの功労者が、どうして……」

「長沼会長と、どうしても肌が合わないんです」

昭和三十八年七月二十七日、杉並区和泉の若松築港の有田一寿社長の自宅を、日本コロンビアの伊藤正憲会長、目黒賢太郎、福島通人、そして作曲家の米山正夫の四人が訪ねた。

米山正夫もまた、他の三人と同じくひばりとの縁が深かった。『リンゴ追分』をはじめとするひばりのヒット曲を数多く手がけている。

伊藤が、有田に申し入れた。

「レコード会社を設立することになりました。相談に乗っていただきたい」

喜美枝にとって、損得勘定を考えるより、義理人情が先行した。こういうときの喜美枝の決断は早い。ひばりも、喜美枝の決定に異存はなかった。

喜美枝は言った。

「ただし、コロムビアとの二年契約がもう一年残っている。すぐには動けないわよ。一年後に契約の切れたところで、新会社に移るわ」

伊藤と行動を共にすることに決めた馬渕は、嘉山登一郎を銀座二丁目の「ひばりプロ」に訪ねた。ちょうど田岡も居合わせた。

馬渕は、嘉山に頼んだ。

「とりあえず、ひばりのお祝い曲を一曲いただきたい」

田岡が、嘉山に言った。

「馬渕君は、ひばりの歌より、名前ほしがってんのや。一曲、やるとええやないか」

専属歌手が、他の会社の歌を吹き込むのは前代未聞のことである。それを、あえて了承したのは、ひばりの移籍を田岡も認めたということである。

ひばりの祝儀レコードは、米山正夫作詞作曲の『関東春雨傘』と決まった。

新会社の名は、「日本クラウン」と決定した。

九月六日午後四時から、大手町のパレスホテルで、創立総会が開かれた。有田が社長、伊藤が専務と決定した。福島は、監査役に名を連ねた。

クラウンの幹部は、ひばりの移籍は確定的なものと信じきっていた。田岡が、クラウンのディレクターを前に言った言葉も耳に入っていた。

「コロムビアの連中が無理矢理阻止するなら、やつらの前に機関銃でも据え付けて引導を渡したる。大船に乗った気でいるとええのや」

ところが、ひばりのクラウン移籍問題は、意外な展開をみせることになった。

喜美枝は、とくに懇意にしているクラウンのディレクターから耳打ちされた。

「おたくのプロダクションの者が、クラウンから五百万、コロムビアから五百万円借りて、サパークラブをつくったそうですよ」

喜美枝の顔が、怒りにゆがんだ。

〈私たちに相談もなく、勝手にクラウンから……〉

喜美枝は、その直後に上京してきた田岡に会ったとき、つい不満をぶちまけた。喜美枝は、田岡も知っていてやったことではないのかと、疑っていたのである。

「親分、お嬢をクラウンに移すとは言ったけど、まだ正式な契約書まで交わしていないうちにクラウンから金を引き出すのは、ひどいじゃないですか」

田岡の顔色が、変わった。

「なんのことやねン」

田岡は、喜美枝から詳しい事情を聞くや、クラウンから五百万円借り出した男と、五百万円を出したクラウンのディレクターを呼びつけた。

田岡は、二人を怒鳴りつけた。

「筋の通らんことを、するんやない！」

クラウンのディレクターは、無心されて仕方なく出したことで、いくら田岡とはいえ、頭ごなしに怒鳴られ、ムッとした。

「私が怒られる筋合いでも、ありません」

すると、懐に手を入れた五人の若い衆がディレクターを取り囲み、睨み据えた。

田岡は、テーブルに五百万円を叩きつけるように置いた。

「この金は、持って帰ってもらおう！」

田岡はそう言うと、怒りを全身にあらわし去っていった。

喜美枝は、ひばりを前に怒り狂った。

「お嬢、クラウンに移るのは、取りやめよ！　誰がなんと言ってこようと、私が一度こうと決めたら、梃子でも動かないからね」

「ひばりプロ」への怒りもさることながら、クラウンに対しても怒った。まだ正式に移籍の調印もすませていないのに、自分たちに内緒で「ひばりプロ」に金を貸している。ひばりと自分をないがしろにしたことが許せない。

あわてたのは、クラウン側である。ひばりに親しいディレクターたちが懸命の説得にかかったが、喜美枝は頑として聞き入れなかった。

ひばりのクラウン移籍の話は、この事件により、立ち消えになってしまった。

ただし、ひばりがクラウンのために吹き込んだ『関東春雨傘』は、「ＣＷ－１」という記念すべき番号がつけられ、その年十二月十日に発売された。

神戸芸能から離れる「新宿コマ劇場」構想

昭和三十九年一月、新宿コマ劇場の企画担当者、北村三郎は、世田谷区上野毛にひばりたち夫婦と別居している喜美枝を訪ねた。

彼は、ひばりが昭和二十二年に日劇小劇場に出演したころから知り合いの東宝の演出家山本紫朗の紹介状を見せて、必死に口説いた。

「新宿コマ劇場は、いままで不入りで有名でした。しかし、江利チエミさんが大成功をおさめました。次は、どうしても本家に出ていただきたいんです。ひばりさんが出てくれたら、新宿コマにもあとに続いてたくさんの大物が出てくれるはずです」

喜美枝は、座卓を手で叩きながらまくしたてた。

「チエミが成功しているのは、よろこばしいことです。でも、お嬢が出たら、それ以上のことをやってみせます！　お嬢は、いままで難しいといわれてきた正月の浅草国際の第二週を、十四年も連続して超満員にしてきました」

喜美枝は、後述するひばりの離婚後の再出発にかける構想をまくしたてたあと、山口組のことを暗に匂わせながら拳を握りしめていた。

「ひばりの再出発には、いろんなしがらみや問題がある。でも、あんたたちみたいな素人になんかは、絶対に手をつけさせないし、かかわりのないようにしてあげるからね。わたしは、決心している。そのために手を取られたら足で、足を取られたら口で、口を塞がれたら命を張って、お嬢を守ってみせる。お嬢の芸を守るためなら、命を張ってみせる！」

浅草国際劇場での興行には、「神戸芸能」が入っていた。浅草国際劇場から、東宝系の新宿コマに移るということは、「神戸芸能」と手を切ることである。容易なことではない。

喜美枝は、それからしばらくして、東映の東京撮影所所長の岡田茂のところに駆けこんだ。

「岡田さん、助けてください。田岡親分を怒らせてしまって……このままだと、お嬢の地方巡業は、まるでできなくなってしまう」

喜美枝は、新宿コマとの契約を田岡に内緒でしてしまったことが発覚し、田岡の逆鱗に触れたことを打ち明けた。東映との専属契約は切れたが、いざというときに泣きつくのは、東映時代から世話になっている岡田所長であった。岡田所長を通して、田岡の怒りを鎮めてもらおうという魂胆であった。

喜美枝は、翌日、岡田所長を伴って兵庫県尼崎市の病院に療養していた田岡を訪ねた。

喜美枝は、病室に入るなり、まるで土下座せんばかりにして詫びた。

「親分！　申しわけありません！」

田岡は、ベッドから身を起こして言った。

「お母はん。そんな芝居、やめえや」

喜美枝は、一瞬ハッとしたが、なお大袈裟に涙を浮かべて頭を下げ続けた。

田岡は、険しい表情のまま言った。

「わかった。そやけど、東宝とは、もう契約をすませたんやろ。新宿コマの舞台はやれ。今後のことは、あらためて話し合おう」

喜美枝は、車に岡田所長といっしょに乗りこむや、先ほどの涙はどこへやら、ケロリとした表情になっていた。田岡の怒りがひとまずながら、とにかくおさまったことにホッとしていた。ひばりの舞台に負けず劣らず、実人生の役者であった。

喜美枝は、すでに先のことを考えていた。

〈お嬢の新しい花道となる芝居は、川口松太郎先生に頼もう……〉

川口松太郎がひばりのために書き下ろした『女の花道』は、昭和三十九年五月三十一日から新宿コマ劇場でおこなわれた。

小林旭・美空ひばり「理解離婚」

長期公演中の六月二十五日午後三時、〝旭御殿〟で、緊急記者会見がおこなわれた。ひばりとの離婚の会見である。

数十人の報道陣がごった返すなかへ、小林旭があらわれた。憔悴《しょうすい》しきっていた。田岡と、嘉山登一郎が付き添った。

記者から現在の心境を訊かれ、旭は答えた。

「寝耳に水としか言いようがない。二人が話し合って決めたのではなく、ぼくが和枝の考えを田岡さんから聞いて初めて理解したわけだから、これは、理解離婚だ」

「理解離婚」という耳慣れぬ言葉に対し、記者から質問が飛んだ。

田岡が、旭に代わって答えた。

「今度の旭さんとひばりさんの離婚は、〝理解離婚〟というものです。意味ですか？　私が中に入って、双方とも理解しあったうえで離婚に踏み切ったので、〝理解離婚〟といいます。協議離婚というのは、二人が話し合って決めることとで、今回とは違いますから……」

こんな形で心残りはないか、と訊かれ、

「それは、いっぱいある。みなさんの前で泣きたいくらいだ」

とうなだれた。旭は、ついにひばりが入籍してくれなかったことを思い、屈辱をあらたにした。いくら籍を入れてくれ、と喜美枝に迫っても、「不動産処分の問題があるから」と拒否され続け、ついに入れてもらえなかった。

旭は、田岡から、「今後、絶対にひばりについてしゃべるんやないで」と泥仕合を避けるよう釘を刺されている。

旭は、最後に、苦笑いを交えて言った。

「和枝は、ぼくといっしょにいるより、〝美空ひばり〟として芸術と結婚したほうが幸せだろうと思い、踏み切りました」

ひばりは、旭の記者会見の終わった四時半から、新宿コマ劇場の食堂で記者会見をおこなった。やはり、田岡が付き添った。

ひばりは、記者の矢継ぎ早の質問に、

「私が、舞台を捨て切れないことに対する無理解です。芸術を理解してもらえなかった」

と答え、目頭をそっと押さえた。

離婚会見に同席した田岡一雄（右）、左は美空ひばり

ひばりは、「芸を捨て、母を捨てることはできなかった」ということを繰り返し言い、最後に今後の仕事についてきっぱりと語った。

「仕事は、やはり、舞台が主になるでしょう。自分で選んだ幸せな道です。それを大切にしてゆきます」

離婚の直後、昭和三十九年十一月、名曲『柔』が発売された。あっという間にすさまじい売れ行きを見せ、一年間で百五十万枚を売る大ヒットとなった。まるで、離婚で傷ついた心を一掃するような勢いで売れ続け、翌昭和四十年には、第七回日本レコード大賞を受賞する。

ひばりの歌手生活における、一つの頂点であった。

「かとう哲也締め出し旋風」と〝五本の矢〟論

昭和四十八年一月十七日、鹿児島県の鹿屋、川内、名瀬の三市の「美空ひばりショー」会場管理者である市教育委員会は、次のように決定した。

「暴力団山口組系益田組舎弟頭であるひばりの弟のかとう哲也を、出演メンバーから外してほしい。どうしてもかとうを外せないのなら、三月初旬に予定されているひばりショーは、断念するほかない」

ひばりの弟の小野透は、昭和四十四年から「かとう哲也」と改名している。

翌十八日には、高知県中村市も、一月二十二日には、川崎市教育委員会も、決定した。

「かとう哲也を出演メンバーから外さないかぎり、ひばりのショーには会場を貸さない」

同じ日、民音も、東京近郊の「ひばりショー」の公演を中止した。

西日本から燎原の火のごとく広まった「かとう哲也締め出し旋風」は、関東だけでなく、福島県をはじめとする東北地方にまで広がった。

しかし、喜美枝は強気であった。世論の矢を全身に受けながら、取材に来た記者を前に叫び続けた。

「四人の子供は、私をふくめ、五本の矢と考えています。一本一本では、簡単に折れてしまうかもしれません。が、五本集まれば、決して折れることはありません。だから、どういうことがあっても、哲也という一本を外すことはできないのです」

ひばりも、敢然と言い放った。

「どうしてもかとう哲也を降ろせ、というなら、美空ひばりは死にます。加藤和枝という三十六歳のただの女になって、お粥を啜《すす》ってでも、土方をやってでも、親子いっしょに生きていきます」

かとう哲也は、昭和三十八年三月に賭博幇助《ほうじょ》容疑で初めて逮捕された。横浜地裁で、懲役一年、執行猶予五年の判決を受けた。

さらに、翌三十九年には、拳銃不法所持、四十一年には、傷害、暴行と拳銃密輸事件、四十七年には、また暴力事件を起こして再逮捕されていた。

「美空ひばりショー」の地方興行を請け負っていた「ジャパン・トレード」社長の田岡満は、今後の興行のことを考え、ひばりに言った。

「あまり強行突破すると、他にもいろいろと問題が波及してくる。今回は、哲也を外したらどうやろう」

田岡満は、山口組田岡一雄組長の長男である。

田岡一雄の手がけてきた神戸芸能は、昭和三十九年度は一億三千万円を超える興行収入を上げていた。が、傘下四百二十四団体、九千四百五十人もの大組織にふくらんだ山口組への兵庫県内を中心とする広域暴力団壊滅作戦は、執拗をきわめた。

神戸芸能は、昭和四十一年、脱税の容疑で、四十三年、労働大臣の許可なしでタレントを斡旋していたとして、職業安定法違反に問われ、事実上活動を停止してしまう。が、ひばりと田岡一雄との縁は切れたわけではない。

田岡満は、昭和四十四年、慶応大学の経済学部を卒業後は、堅気《カタギ》の道を進んだ。父親の経営する甲陽運輸に入社し、その年九月に、その一部門として芸能部門「ジャパン・トレード」を設立した。

ジャパン・トレードは、昭和四十七年八月には、東京に進出し、赤坂に東京事務所を構えた。田岡満は、東京進出を機に、ひばりの地方公演の一部を扱い始めた。

田岡満の提案にも、ひばりは首を横に振った。

「哲也を外すことは、私が許しません」

喜美枝が、そばから言った。

「ショーの百二十分を演出するには、どうしても哲也が必要なのよ」

「だって、哲也が歌うのは、せいぜい二、三曲じゃないですか」

「そう簡単なもんじゃないのよ。地方のファンは、お嬢がいろいろな姿で舞台に出てくるのを期待している。そのためにも、最低四回は、衣装を替えたい。その衣装替えの間のつなぎの役者がいる。ショーの途中だといっても、お嬢が歌ったあとに歌う形となる。それには、お嬢を超える歌手でなければ、かっこうがつかないでしょう」

喜美枝は、田岡満に訊くように言った。

「ＮＨＫの紅白歌合戦でも、お嬢がトリと決まっているでしょう。いまの芸能界で、お嬢に見合う歌手がいる？　いるわけないでしょう。いくらつなぎとはいえ、他のタレントを持ってきては、お嬢のプライドが許さないのよ」

喜美枝は、独特な論法を展開した。

「哲也なら、肉親だから、その点は問題がない。どうしても、哲也が必要なのよ」

田岡満は、ひばり母子がそこまで強行突破をはかろうというのなら、従うしかない、と肚を決めた。

が、かとう哲也は、その後の昭和四十八年三月五日にも、賭場開帳・図利《とり》容疑で、三月二十七日には、脅しの疑いで、九月三日には、暴力団から拳銃を買っていた疑いで再逮捕された。目黒区青葉台に新築した〝ひばり御殿〟まで手入れを受けた。

ＮＨＫ紅白歌合戦に美空ひばり落選

かとう哲也が、この年に入って三回目の逮捕を受けた直後から、ＮＨＫは、大晦日の紅白歌合戦のメンバーを選ぶためのアンケート調査に入った。対象は、視聴者懇談会約七千人、ヤングメイト約千人、このほかＮＨＫ各支局の放送局長、音楽部員など九千百六十人であった。

ＮＨＫには、前年の紅白歌合戦にひばりの出場が決定したときから、抗議の電話が殺到していた。抗議の内容は、厳しいものであった。

「なんで、札つきの弟を持っているひばりを、紅白に出すんだ」

「ひばりも、暴力団とかかわりがあるんじゃないか」

が、NHKの坂本朝一総局長は「罪、親族に及ばず」と主張し続けた。

が、抗議は、さらに激しくなった。

「公民館がボイコットしているのに、NHKが暴力団の肩を持つとは、何事か」

NHKの紅白担当者のあいだでは、アンケート調査を出すころからささやかれていた。

「今年は、ひばりを降ろさざるをえないだろうな……」

十一月二十日の午前十時から、NHK内の会議室で部長会が開かれた。

演芸班の小幡泰正をはじめとする各班の十人の部長が、紅白の出場メンバーの選考結果を吟味した。

すでにこのときには、紅白を実際に企画、制作している演芸班により、紅白出場のメンバーは決められていた。そのメンバー表と、アンケートの集計表に眼を通しながら、吟味がおこなわれる。

部長の一人が、アンケート表の美空ひばりのところに赤線が引いてあるのに気づき、信じられない表情になった。

「へーえ、ひばりは今年、こんなに下なのか。こいつは驚いた」

ひばりは、小林旭との離婚後の昭和四十年に『柔』、四十一年に『悲しい酒』、四十二年に『真赤な太陽』とヒットを放った。が、その後これといったヒット曲はなかった。それでも、前年までは悪くても八位には入っていた。が、昭和四十八年は、一挙に三十五位に転落していた。

「やはり、ひばりは出さないほうがいいんじゃないか、この際……」

演芸班の選んだ案にも、すでにひばりの名はなかった。

しかし、昭和二十八年以来芸能一筋に歩んできて「紅白歌合戦」を現場で指揮し続け、ひばり教の信者を自任しているもう一人の部長は、冗談まじりにひばりの出場を主張した。

「ひばりが出ない紅白は、なんとかを入れないコーヒーみたいじゃないか」

が、思い切って落としたほうがいい、という意見が大勢を占めた。

部長会で選んだ二十二組の出場女性歌手のなかからも、ひばりは外される。

が、それでも、「いちおう、『ご意見を伺う会』にかけてみるか」と保留にされた。

十一月二十一日正午、ＮＨＫ内のスタジオで、「ご意見を伺う会」のメンバー十人による最終審査がおこなわれた。

この会で一番問題になったのは、当然、ひばりの出場についてである。

「弟が、暴力団がらみではねえ」

「いや、弟というより、ひばり自身も、山口組の田岡一雄と関係が深いんだ」

「田岡のことを、おじさんと言っていたそうじゃないか」

慶応大学教授の池田弥三郎が、いくつかの意見が出たところで言った。

「私自身は、肌で感じた国民感情は、ノーと思う。これは、理屈や法理論ではなく、総合的に判断した」

出席したメンバーの誰一人として、異論を差し挟む者はいなかった。

この日午後三時半、ＮＨＫ十四階の記者クラブで、十七年間紅白に出場し続けてきた女王ひばりの「紅白歌合戦」落選が発表された。

ひばりは、翌二十二日の昼の大阪梅田コマ劇場の「美空ひばり特別公演」で、ＮＨＫに対し挑戦するように言った。

「紅白に出なくても、大晦日には、ＴＢＳのレコード大賞でお目にかかれます」

ひばりは、あえて、その挨拶に続いて、かとう哲也の作曲した歌を歌った。

「弟が作曲した『思い出の鞄』を聴いてください」

歌い終わったひばりは、キッとした表情で言った。

「美空ひばりは、健在です。いまは黙して語らず、じっと我慢の子です。雑草は、踏み潰され、唾をかけられるほど、強く、たくましくなるのでございます」

田岡一雄の死と美空ひばりの弔辞

ひばりは、喜美枝の死後二十四日目の昭和五十六年八月二十二日、今度は田岡一雄の葬儀を迎えることになる。田岡は、七月二十三日に心不全のため急死した。六十八歳であった。

田岡組長の長男であり、ジャパン・トレード社長としてひばりの興行を手がけたことのある田岡満が、かとう哲也に電話を入れてきた。

「葬式には、ひばりさん頼むで」

が、哲也はすぐには返事をしなかった。

たしかに、ひばり一家は、田岡に義理がある。しかし、昭和四十八年一月からの「かとう哲也締め出し旋風」以来、世論は、ひばり一家と田岡との繋がりにいっそう非難の眼をそそいでいる。

昭和五十年二月には、山口組壊滅作戦を執拗に続ける捜査当局により、田岡満も、東映映画『山口組三代目』の違法入場券発行、公正証書原本不実記載の罪で逮捕された。ジャパン・トレードも解散に追いこまれたのである。

それ以来、田岡や山口組との関係は切れていた。今回、もしひばりが田岡の葬儀に出席すると、また写真を撮られ、マスコミの格好の餌食になる。田岡との古い結び付きを問題にされる。

哲也は、ひばりに申し出た。

「満ちゃんから、電話があったが、姉貴は、何か理由をつけて休みなよ。その分、おれが姉貴の名代として出席する」

ひばりをかばっての進言であった。

が、ひばりは、きっとした表情で言った。

「私、出る。弔辞も、読むわ」

ひばりは、益田組の盃を受けた哲也以上に腹が据わっていた。

八月二十二日午後二時、新幹線新神戸駅のすぐ裏手にある布引山を背後にした臨済宗徳光院で、田岡の合同葬がいとなまれた。

ひばりは、八百人を超える参列者を背に、弔辞を読んだ。

「……私の舞台をよく観に来てくださったし、また、子供だった私が少しでも機嫌が悪く、口をきかないときがあれば、口笛を吹きながら、ふっと外へ行ってしまうのです。しばらくして帰って来るときには、少しお酒を飲んでいるのです。そうしたやさしいおじさんの姿も、いまとなっては、懐かしい思い出です」

台風15号の接近で、雨こそまぬがれたものの蒸し暑く、喪服の下が汗に濡れる。

境内の楠の大木から、頭上に、狂ったような蟬時雨が降りそそぐ。

ひばりは、三十三年にわたる田岡との思い出に胸を詰まらせながら、最後の呼びかけをおこなった。

「おじさん！　どうか安心して天国へ行ってください。母がいまここにいれば、きっと同じ気持ちだと思います……」

ひばりは、田岡の死から八年後の平成元年六月二十四日、逝去した。五十二歳であった。

著者略歴

一九四四年、広島県に生まれる。広島大学文学部を卒業。「週刊文春」記者をへて、作家として政財官界から芸能、犯罪まで幅広いジャンルで旺盛な創作活動をつづけている。

著書には『十三人のユダ　三越・男たちの野望と崩壊』（新潮文庫）、『実録　田中角栄と鉄の軍団』シリーズ（全三巻、講談社+α文庫）、『昭和闇の支配者』シリーズ（全六巻、だいわ文庫）、『トップ屋魂　首輪のない猟犬』『電通の深層』（以上、イースト新書）、『安倍官邸「権力」の正体』（角川新書）、『石破茂の「日本創生」』（河出書房新社）、『高倉健の背中　監督・降旗康男に遺した男の立ち姿』（朝日新聞出版）、『孫正義に学ぶ知恵』（東洋出版）、『落ちこぼれでも成功できる　ニトリの経営戦記』（徳間書店）、『逆襲弁護士　河合弘之』『専横のカリスマ　渡邉恒雄』『激闘！闇の帝王　安藤昇』『永田町知謀戦』（1・2）『百円の男　ダイソー矢野博丈』（以上、さくら舎）などがある。

日本《にほん》のドン　血《ち》と弾丸《だんがん》の抗争《こうそう》

二〇一八年七月　八　日　第一刷発行
二〇一八年九月一九日　第四刷発行

著者　大下英治《おおしたえいじ》
発行者　古屋信吾
発行所　株式会社さくら舎　http://www.sakurasha.com
東京都千代田区富士見一-二-一一　〒一〇二-〇〇七一
電話　営業　〇三-五二一一-六五三三　ＦＡＸ　〇三-五二一一-六四八一
編集　〇三-五二一一-六四八〇　振替　〇〇一九〇-八-四〇二〇六〇

装丁　石間　淳
印刷・製本　中央精版印刷株式会社

ISBN978-4-86581-157-5